交通事故路段行车风险评价与安全管理

张文会 裴玉龙 著

哈尔滨工业大学出版社
HARBIN INSTITUTE OF TECHNOLOGY PRESS

内 容 简 介

本书系统地介绍了高速公路交通事故现场路段交通特性、二次交通事故致因因素，叙述了二次交通事故的概念、分类、形式等，阐述了交通事故现场路段限速控制和安全标志设置。

本书可为事故路段的交通管理提供一定参考和指导，同时也可供研究生、科研人员和其他交通运输工程领域从业人员参考。

图书在版编目（CIP）数据

交通事故路段行车风险评价与安全管理/张文会，裴玉龙著. —哈尔滨：哈尔滨工业大学出版社，2019.12（2024.6重印）
ISBN 978-7-5603-7248-8

Ⅰ.①交⋯ Ⅱ.①张⋯ ②裴⋯ Ⅲ.①公路运输-交通事故-路段-安全管理-研究 Ⅳ.①U491.3

中国版本图书馆 CIP 数据核字（2020）第 004022 号

策划编辑	张凤涛
责任编辑	王　玲
出版发行	哈尔滨工业大学出版社
社　　址	哈尔滨市南岗区复华四道街 10 号　邮编 150006
传　　真	0451-86414749
网　　址	http://hitpress.hit.edu.cn
印　　刷	哈尔滨博奇印刷有限公司
开　　本	787 mm×1 092 mm　1/16　印张 17.75　字数 350 千字
版　　次	2019 年 12 月第 1 版　2024 年 6 月第 2 次印刷
书　　号	ISBN 978-7-5603-7248-8
定　　价	158.00 元

（如因印装质量问题影响阅读，我社负责调换）

前　　言

高速公路发生交通事故以后，事故现场部分或全部车道封闭，交通警察在事故现场展开救援和勘查工作，事故现场的合理处置是交通警察和现场其他人员人身安全的基本保证。近年来频发的高速公路二次交通事故，一方面说明交通警察和现场其他人员缺乏安全意识，另一方面也说明事故现场处置规范还不够完善。

为了提高交通事故现场区域安全性，预防二次交通事故，按照道路交通是由人、车、路（环境）构成的复杂系统观点，本书从分析二次交通事故的致因因素出发，详细阐述了交通事故路段区域的交通特性，对事故现场危险区域进行划分，并研究了交通事故现场路段限速控制和安全标志设置，旨在为事故路段的交通管理提供一定参考和指导。

本书分为六章，依次为绪论、高速公路交通事故现场路段交通特性、高速公路二次交通事故致因因素分析、交通事故路段行车风险评价模型、高速公路交通事故现场路段限速控制和高速公路交通事故现场安全标志设置。

本书为作者多年科研成果的总结，也参阅了大量的相关文献，在此向文献的所有作者表示感谢！硕士研究生苏永民、孙舒蕊、宫之巍、于秋影、沈航先、祁杉杉和宋贺贺参与了本书部分内容的整理和校对工作，在此一并表示感谢。

本书依托教育部人文社会科学研究项目"基于多源信息的高速公路事故路段风险分布与限速管理研究（17YJCZH250）"、河北省交通安全与控制实验室开放基金项目（JTKY2019003）、中央高校基本科研业务费专项资金项目"交通事故路段安全管理机制设计"（2572018BG01）、国家重点研发计划项目"不同道路类型与交通环境下人-车交互影响机理"（2017YFC0803901），特此致谢。

　　本书各章的撰写分工如下：张文会撰写第三章、第四章和第五章，裴玉龙撰写第一章、第二章和第六章。

　　由于作者水平有限，书中难免有不妥之处，恳请读者批评指正。

作者
2019 年 6 月

目　　录

第一章　绪论 ………………………………………………………… 1
　第一节　研究背景 ………………………………………………… 3
　第二节　研究现状 ………………………………………………… 12
　第三节　研究目的及意义 ………………………………………… 24
　第四节　主要研究内容 …………………………………………… 26

第二章　高速公路交通事故现场路段交通特性 …………………… 28
　第一节　人员行为特性 …………………………………………… 28
　第二节　车辆速度特性 …………………………………………… 36
　第三节　交通流干扰特性 ………………………………………… 59

第三章　高速公路二次交通事故致因因素分析 …………………… 72
　第一节　二次交通事故的概念 …………………………………… 72
　第二节　二次交通事故的分类 …………………………………… 75
　第三节　二次交通事故的形式 …………………………………… 77
　第四节　二次交通事故致因因素 ………………………………… 79
　第五节　事故路段行车风险因素 ………………………………… 86
　第六节　致因因素系统动力学分析 ……………………………… 104

第四章　交通事故路段行车风险评价模型 ………………………… 115
　第一节　事故路段行车风险评价 ………………………………… 115
　第二节　杜芬振子模型 …………………………………………… 127
　第三节　神经网络模型 …………………………………………… 135
　第四节　熵权云模型 ……………………………………………… 141
　第五节　熵权属性识别模型 ……………………………………… 159

第六节 基于可拓学的事故路段风险等级识别模型 …………………… 166

第五章 高速公路交通事故现场路段限速控制 …………………………… 176
　第一节 交通事故现场路段区域划分 …………………………………… 176
　第二节 限速值计算模型 ………………………………………………… 180
　第三节 限速控制方案 …………………………………………………… 193
　第四节 限速控制方案仿真 ……………………………………………… 196

第六章 高速公路交通事故现场安全标志设置 …………………………… 220
　第一节 标志设置参数 …………………………………………………… 221
　第二节 标志设置位置 …………………………………………………… 225
　第三节 双向四车道高速公路交通事故现场标志设置 ………………… 228
　第四节 双向六车道高速公路交通事故现场标志设置 ………………… 231
　第五节 双向八车道高速公路交通事故现场标志设置 ………………… 236
　第六节 简易程序处理的事故现场标志设置 …………………………… 243
　第七节 其他安全设施 …………………………………………………… 244
　第八节 特殊条件下交通事故现场的处置 ……………………………… 252

参考文献 ……………………………………………………………………… 266

第一章 绪 论

高速公路的兴建是交通事业向现代化迈进的标志,高速公路的快速发展给人们带来了巨大的经济效益和社会效益,为车辆运行提供了良好条件,极大改善了道路交通运输状况,但同时也给其管理者和使用者带来了不可弥补的重大财产损失和人员伤亡。随着经济的不断发展,人们的生活水平不断提高,在快速发展的道路形式多样化的基础上,人们的出行方式也开始呈现出多元化,出行环境日渐复杂,我国高速公路在运营中出现了较为严重的安全问题,如交通事故频发。一旦有交通事故发生在复杂路网环境下的高速公路上,将极易产生重特大交通事故,由此导致的二次事故便成了高速公路的一大杀手,高速公路二次事故的预防成为高速公路安全运营的关键。

美国对二次事故的定义为:初次事故发生之后,在事故现场附近的车流中及车流的边界(尾部)发生的、由初次事故导致的通行条件改变诱发的继发事故。我国将二次事故定义为:初次事故发生后,其他车辆冲入事故现场,与事故现场内的相关车辆、人员或安全设施等再次发生碰撞而产生的事故。综上所述,高速公路二次事故是指发生交通事故后,交通事故现场的人员、车辆、抛洒物与过往车辆发生碰撞导致再次发生事故,是高速公路交通事故的一种形态,除了具有高速公路交通事故的共性之外,还具有其特殊性。

分析近年全国多起高速公路二次事故,可发现高速公路二次交通事故原因主要有四类:初次交通事故方造成的;初次事故处理方造成的;途经初次事故现场方造成的;上述两个或两个以上方面共同造成的。一般来说,高速公路二次事故和初次事故有明显的相关性,后果比初次事故更为严重,影响更大,直接威胁到初次事故逃生者、事故救援人员和现场勘查人员的生命安全。与高速公路初次交通事故相比,二次事故有较高可防性和可控性。高速公路发生交通事故以后,事故现场部分或全部车道封闭,交通警察在事故现场进行勘查工作,事故现场的合理处置是交通警察和现场其他人员人身安全的基本保证。近年频发的高速公路二次交通事故,一方面说明交通警察和现场其他人员缺乏安全意识,另一方面也说明事故现场处置规范还不够完善。

为了提高交通事故现场区域安全性,预防二次交通事故,需要从分析二次交通事故的致因因素出发,对高速公路二次交通事故开展研究,调研事故现场区域的交通特性,进行事故现场危险区域划分,并研究交通事故现场路段限速方案和安全标志设置。

应用系统动力学方法建立高速公路交通事故现场安全系统模型,得出模型中各因素的重要度。从系统安全性的角度分析驾驶员、交通警察和其他人员行为特性与事故现场安全性的关系。调研事故现场上游路段各特征点断面运行车速和车头时距,并确定各样本的分布函数,为事故现场区域划分提供数据支持。

根据运行车速空间分布特征及驾驶员行为特征对高速公路交通事故现场进行区域划分,建立各区域长度计算模型。基于交通事故现场的信息多维特征建立区域限速值计算模型,并开发了限速值辅助决策系统。为了验证限速值计算模型的可行性,利用微观交通流仿真软件将推荐的限速方案与不限速方案比较,考察影响交通事故现场安全性的指标,从而得到双向四车道、双向六车道和双向八车道高速公路典型交通事故现场划分区域的限速方案。

基于驾驶员对交通标志的视认过程,建立高速公路交通事故现场标志前置距离和设置方式的计算模型,提出双向四车道、双向六车道和双向八车道高速公路典型交通事故现场及特殊条件下的事故现场的限速标志、警示标志和指示标志等设置方案。

第一节 研究背景

高速公路的发展作为交通业向现代化迈进的标志给人们带来了不可估量的经济效益和社会效益,在社会经济发展中起着举足轻重的作用。实践证明,高速公路作为基础设施,对沿线物流、资源开发、招商引资及产业结构的调整都起到积极的推动作用。此外,由于高速公路快速、便捷和通行能力强等运输上的明显优势,大大加速了人流、物流和信息流的运转,极大地降低了运输成本。同时,高速公路的大力发展也改善了我国高速公路的路网结构,促进了各区域的经济联系,推动了地区的经济繁荣和发展,对各地区经济发展和空间格局的演化具有重要作用。

随着我国经济发展水平的不断提高,高速公路作为一个国家经济实力的象征之一,近年来也在不断飞速发展,目前我国高速公路总通车里程为141 500 km,一方面高速公路作为基础建设项目,在推动一个国家 GDP 增长方面起着举足轻重的作用;另一方面,高速公路作为物流、人流、信息流高速交换的平台,在促进国家经济增长等方面也占据着不可替代的位置。但是高速公路也有一些负面作用,其中之一便是交通事故。尤其是近年来,在国内各条高速公路上屡屡发生重特大二次交通事故,严重危胁司乘人员的生命财产安全,给道路交通管理工作带来很大压力,同时也严重威胁着广大人民群众的出行安全,如何解决高速公路二次及二次以上交通事故的威胁及预防问题,已经成为交通从业人员面临的亟待解决的问题。

我国城市化和机动化进程加快,交通运输需求也随之不断增长,客流、物流、商品流大幅增加。为了解决交通运输需求与道路通行能力间的矛盾,充分发挥高速道路运输的高效性、方便性和快捷性的突出优势,我国正在加快高速公路的建设。2000~2017 年我国高速公路通车总里程变化情况如图 1-1 所示。

2000 年全国高速公路总里程仅有 16 314 km,至 2009 年,增幅达 48 705 km;2009 年全国新建通高速公路 4 719 km,通车总里程已超过

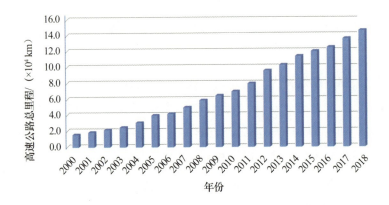

图1-1 2000~2018年我国高速公路通车总里程变化情况

65 000 km,达到65 019 km,较2008年末同比增长7.83%,年均通车里程5 412 km,居世界第二位;2016年我国新增高速公路7 485.7 km,总里程达到124 500 km;截至2017年底我国高速公路总里程为138 700 km,位居世界第一;截至2018年年底,我国高速公路总里程突破140 000 km。

随着我国经济社会持续快速发展,机动车保有量继续保持快速增长态势。2017年,在公安交通管理部门新注册登记的机动车3 352万辆,其中新注册登记的汽车2 813万辆,均创历史新高;2018年,我国新注册登记机动车3 172万辆。2013~2018年我国机动车新注册登记情况如图1-2所示。

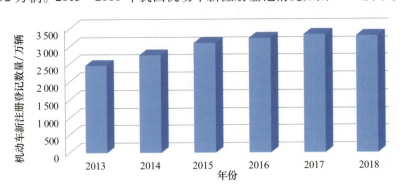

图1-2 2013~2018年我国机动车新注册登记情况

由图1-2可见,我国机动车新注册登记数量逐年增长。2013年我国机动车新注册登记数量仅为2 486万辆,2017年新注册登记机动车达3 352万辆,创历史新高。

图1-3所示为2003~2017年我国机动车保有量变化情况。据公安部统计,截至2017年年底,全国机动车保有量达3.10亿辆,其中汽车2.17亿辆,与2016年相比,全年增长2 304万辆,增长率为11.85%,并且汽车占机动车的比例近五年一直在持续升高,从54.93%提高至70.17%,已成为机动车构成的主体。从车辆类型看,载客汽车保有量达1.85亿辆,其中以个人名义登记的小型和微型载客汽车(私家车)达1.70亿辆,占载客汽车的91.89%;载货汽车保有量达2 341万辆,新注册登记310万辆,为历史最高水平。2017年,全国机动车驾驶员达3.85亿人,其中汽车驾驶员3.42亿人。

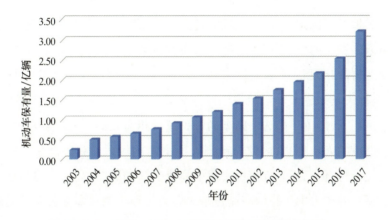

图1-3　2003~2017年我国机动车保有量变化情况

图1-4所示为截至2017年12月我国汽车保有量超过250万辆的城市。从汽车保有量分布情况看,全国有53个城市的汽车保有量超过百万辆,24个城市超过200万辆,7个城市超过300万辆,分别是北京、成都、重庆、上海、苏州、深圳和郑州。

高速公路通车里程往往是一个国家或地区经济发展水平的标志,而民用汽车保有量也能够反映居民的生活质量。这两项指标的不断增长,为创造舒适的交通运输环境提供了基础条件。但是,现代化的高速公路和载运工具在物质流通时间价值和空间价值提升的同时,如果与交通参与者的耦合失调,就会发生交通事故。

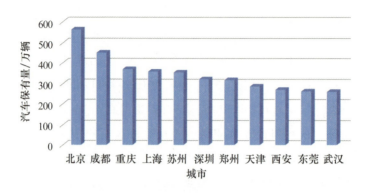

图1-4 截至2017年12月我国汽车保有量超过250万辆的城市

　　与其他发达的国家相比,我国的道路交通事故一直是最为严重的,道路交通事故多发,并且危害极大。随着汽车制造业及道路交通运输业的发展,道路交通事故出现的频率也越来越高。道路交通事故中的死亡率居高不下,经济损失越来越大。虽然我国高速公路交通事故数量所占交通事故总数的比例不大,但由于高速公路车辆行驶速度相对较高,一旦事故发生往往造成较严重的人员伤亡,因此财产损失所占比例较大。我国高速公路的发展历史比较短,但已经大规模地实现了高速公路的通路,高速公路的建设规模还在逐步的扩大中。我国高速公路的驾驶员和车辆对高速公路的适应力度还不足,高速公路在设计、建设和管理方面还不够完善,还需要一定的实践才能发展。我国道路交通事故中高速公路交通事故占有很大一部分,高速公路为人们提供了方便快捷的运输方式,但由于速度快,带来了种种安全隐患。

　　2005~2017年我国道路交通事故数量、死伤人数、直接财产损失如图1-5~1-7所示。

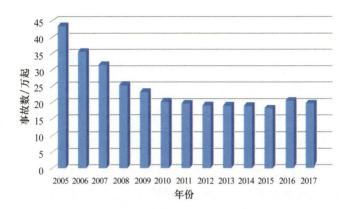

图1-5　2005~2014年我国交通事故起数

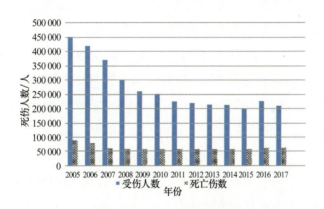

图1-6　2005~2017年我国交通事死伤人数

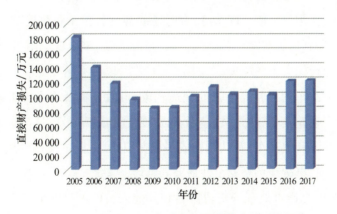

图1-7　2005~2017年我国交通事故直接财产损失

由图1-5和图1-6可见,随着各级部门管理方式和技术手段的不断进步,自2005年后,全国道路交通事故数量和死伤人数呈逐年下降的趋势,2011~2015年维持稳定,2016年有小幅增长,次年有回落趋势。由图1-7可见,2005~2009年,全国交通事故直接财产损失逐年下降,自2009年后,有上升趋势,至2013年得以有效控制,2016年继续上升。我国高速公路发展迅速,截至2013年底,高速公路通车里程超过3 000 km的省份已增加至22个,全国的高速公路通车总里程突破104 500 km;2017年,通车总里程达到131 000 km,位居世界第一。十几年间虽然我国高速公路交通事故数量大幅下降,形势有所好转,但交通事故的死亡人数却并未呈现出逐年下降的趋势。由此可见,我国高速公路的交通安全问题已经成为当前不容忽视的重大社会问题,高速公路交通事故预防任务迫在眉睫。

根据人身伤亡或者财产损失的程度或数额,交通事故可分为轻微事故、一般事故、重大事故和特大事故。任何交通事故的发生,都有事故现场的存在。交通事故现场的客观存在性,是分析事故过程的依据和判断事故原因的基础。交通事故现场是指发生事故的路段和地点,以及与事故有关的车辆、人(物、畜)及痕迹、物证所占有的空间和时间。交通事故现场是判断交通事故性质,发现和提取有关证据,证实交通事故发生过程或查获肇事车辆的基础,是鉴定事故责任的主要依据。

发生在高速公路上的重特大交通事故,交通警察现场勘查时间较长,事故现场封闭,占用部分或全部车道,有时还要等待救护车和救援车。从交通警察封闭现场到现场解除、恢复交通的一段时间里,事故现场附近形成交通瓶颈,道路通行能力突然下降。现场上、下游路段存在着车道变换、车辆合流、车辆分流和车辆跟驰等复杂的交通现象,事故车辆及现场各类人员(包括当事人、交通警察、路政人员、急救人员、乘客和过路人)、过往车辆(包括救护车、救援车和消防车)等共同构成了极其复杂、危险的交通环境。因此,在这段时间内,事故现场是安全性最差的路段。

为了保护交通事故现场交通警察和其他人员的人身安全,2008年8月27日公安部发布新的《交通事故处理程序规定》,对交通事故现场的警戒范围、交通诱导和交通警察现场指挥工作做了具体规范。公安部于2008年12月25日发布了修订后的《交通警察道路执勤执法工作规范》，对交通警察处理各类交通事故现场时的勘查行为和安全装备均有明确规定。

但是由于初次交通事故发生时间和空间的随机性，通过事故现场车辆的驾驶员往往反应不及，而诱发二次交通事故。二次交通事故是初次交通事故的继发事故，除了具有一般交通事故的特点外，常常引起多车追尾相撞，人员伤亡惨重，社会影响恶劣。目前还没有专门针对二次交通事故的数据统计，但事实上这类事故比比皆是。从事故发生的道路类型来看，高速公路百公里交通事故率为0.8起，明显高于一般公路而且呈上升趋势，因此高速公路二次事故预防成为重特大交通事故预防的关键。

高速公路上由于汽车行驶速度快，运行时动量大，因此冲击力强，一旦发生事故往往危害性大，后果严重。在普通道路上，车辆若发生意外事件，如车辆机械故障、轮胎损坏、突然失火、抛锚等情况时，由于车速不快，且周围容易找到求助的人员，一般不会造成太大损失。而在高速公路上，如遇以上情况，很可能导致交通事故发生，而且很多情况下会引起二次连锁事故的发生，其危害程度往往会超过普通公路上同类事故的几倍、十几倍，甚至几十倍、上百倍。近年来，我国高速公路屡屡发生重特大二次交通事故。

2005年3月14日，哈大高速公路发生一起重特大二次交通事故，一辆小型客车冲入事故现场，造成1名交警大队现场勘查员、4名搬运工人及4名无关人员当场死亡。

2006年1月15日晚上19时30分左右，在深圳市惠盐高速公路发生一起轻微事故，由于驾驶员麻痹大意，在没有采取任何安全措施的情况下在高速公路上停车协商赔偿事宜，被随后驶来的一辆大货车追尾，造成8人死亡、4人受伤的特大交通事故。

2006年4月26日，长常高速公路距长沙59.5 km处，一辆由常德向长沙方向行驶的山东牌照大货车与同向行驶的一辆常德牌照的大货车发生刮擦，山东大货车方向失控，在碾翻10余米中央护栏后横在对面的高速路上，并拦住了车道。事发后，双方司机并未立即报警，导致一辆由长沙往常德方向行驶的轿车钻入山东大货车车底。

2007年8月8日，津滨高速公路发生一起小型客车撞击中央分隔带的交通事故，初次事故只是造成车辆轻微变形，驾驶员轻伤，但驾驶员并没有将事故车辆移至紧急停车带，也未设置警示标志，而是站在车旁的高速公路行车道拨打电话。另一辆小型客车因为超速行驶，制动不及时，与停在中央隔离带旁的小型客车刮擦，正拨打电话的驾驶员也被撞成重伤。

2007年12月20日，一辆捷达轿车在躲闪另一辆车时，超速行驶，撞上高速公路中心隔离带。事发后，驾驶员并未及时将事故车移至紧急停车带，也未放置反光警示标志牌，而是站在车旁拨打110报警。这时，一辆奔驰轿车疾驶而来，撞上横在路中的捷达轿车，驾驶员也被撞出5 m受重伤。

2009年4月25日，昆楚高速公路发生大型货车与护栏相撞的单车交通事故，初次事故并没有造成人员伤亡，交通警察在距离现场约500 m处设置警示锥桶。但事发时间为凌晨，光线较暗，一辆大型客车和一辆大型货车冲入事故现场，共致20人死亡、20多人受伤。

2009年4月26日，成温邛高速公路发生大型货车爆胎事故，交通警察在事故现场摆放了锥形桶，形成了单车道封闭的事故现场，又在货车后200 m处设立了警示标志，但一辆大型客车由于车速较高，制动不及时，冲入事故现场，一名交通警察当场死亡。

2009年12月5日，同三高速公路由于降雪路滑，一辆小型客车撞上中央分隔带，在该段高速公路巡逻的两名执勤警察发现案情后停下警车，正要准备设立警示标志时，被后方一辆高速驶来的大型客车撞上，一名交通警察当场死亡，另一名交通警察受伤。

2016年6月13日，沪昆高速嘉兴段发生两起交通事故导致人员死亡，原因都是车辆故障后停在高速公路上修理，未设置警示标志。

2016年12月10日，张某驾驶一辆轻型货车搭载两人沿昆玉高速公路行驶，欲前往玉溪某工地，行至K42弯道路段时，车辆发生故障。随即，张某下车到路边折断了几根树枝放在几十米处，开始修车，既没有开启危险报警闪光灯，也没有在故障后方150 m以外设置警示标志。姜某驾驶一辆微型面包车经过该路段,避让不及,将张某当场撞死,经查,姜某是无证驾驶出行,最终,姜某犯交通肇事罪,被判处有期徒刑2年,缓刑3年。

2017年1月12日,凌晨,雾天,尹某驾驶轿车行驶到昆曲高速公路小龙段,遇前方蒋某驾驶的轿车失控侧滑,避让不及追尾相撞,造成蒋某所驾驶的轿车侧翻,5 min后,梅某驾驶重型货车行驶至事故现场,未能及时避让,又与蒋某所驾驶的轿车相撞,发生事故后,梅某未采取任何现场防护措施,随后又被后方驶来的李某驾驶的轻型货车撞上。最终造成1人当场死亡,4车受损。梅某驾驶超载的车辆在夜间、雾天行驶未降低行驶车速,且发生事故后未按规定设置警告标志等现场安全防护措施,是造成事故的原因;另外,尹某、蒋某驾车在高速公路上发生事故后,未按规定设置警告标志,且未将人员及时转移到安全地带,也是造成事故的原因。

2017年4月28日,凌晨3时30分,G15W常台高速通往绍兴方向166 km处,两辆货车发生追尾事故。两辆车并没有很大的损失,后面货车司机没有下车,坐在驾驶室内打电话,另外一名乘客下了车后,和前面货车司机一道去查看情况。事故发生四五分钟后,两辆车上的人均没有意识到要在车后面竖立三角警示牌,也没有离开现场到安全地带。3点35分左右,一辆快递货车从后面驶来,等到司机发现前面有情况时已经来不及采取制动,直接撞在前面的货车上,将货车向前推动了很远。受惯性的作用,货车上的钢板猛地撞在驾驶室上,巨大的撞击力使得驾驶室狠狠地撞向前面货车货箱成捆的钢管上。驾驶室严重变形,驾驶员被卡在里面。这本是一起普通的追尾事故,结果却由于肇事司机安全意识不强等,险些造成人员死亡的二次事故。

2018年8月1日,南京某公路立交匝道处,一辆黑色轿车突然减速并从第一车道向右连续变道,后方直行的白色轿车避让不及直接撞了上去。发生事故后,两辆轿车上下来的人在没有摆放任何警示标志的情况下,在高速路中间进行协商,随后驶来的一辆黑色轿车因为疏于观察,直接从后方撞了上来,虽然没有造成人员伤亡,但当事人均受到了严重的惊吓。

2018年8月15日,宁洛高速上一辆轻型货车因操作不当撞向中心隔离护栏，停在高速公路最左侧车道。司机并未按相关要求摆放警示标志，而是在车辆后方 5 m 的位置放了一个黄色塑料箱。16 min 后，后方一辆小车由于疏于观察，撞上了这辆小货车，造成两车受损。

此类事故不胜枚举。目前我国尚无专门的二次交通事故统计数据，但通过上述案例可发现，二次交通事故发生数量虽少，但只要发生，就会带来较为严重的人员伤亡和财产损失。

此外，由对上述案例发生原因的分析可知，二次交通事故主要是初次交通事故现场处置不规范、交通警察疏忽大意或者驾驶员失误等单一或多个原因造成的，与一次交通事故相比，具有更大的可预防性。纵观众多高速公路交通事故，一次交通事故有的只是刮擦等轻微事故，但是由于事故双方安全意识比较低而造成的二次事故往往比一次事故还要严重，造成的损失也相当大。基于以上分析，研究高速公路二次交通事故的原因，并根据其提出预防策略迫在眉睫，对防止高速公路二次事故有非常重大的作用。

随着我国高速公路通车里程和汽车保有量的持续增加，高速公路交通事故起数不会大幅降低。只要交通事故发生，事故现场就是客观存在的，2008 年高速公路即产生 10 848 个交通事故现场，平均每天约 30 个。高速公路交通事故现场的高危险性给交通警察等事故现场工作人员带来很大的工作压力，急待安全有效的事故现场处置方案。本书主要围绕预防二次交通事故、保障高速公路交通事故现场安全性展开研究工作，研究成果可为交通事故现场的合理处置提供理论支持和工程参考。

第二节　研究现状

由于驾驶员对道路事故处置经验不足、事故检测设施缺乏、救援不及时等原因，二次交通事故经常发生，发生地多为城郊、高速公路、市内快速道路等。据公安部交警部门统计，在所有的道路交通意外事故中，相当一部分事故都是由于车辆在路上发生故障，或司机在路上临时停车，或车辆在路上发生轻微的碰撞后，当事人没有迅速在事故现场后方较远的距离处设置危险警示标志,警示后方来车,才导致二次交通事故发生。

形成交通事故现场的基本因素为空间、时间、车辆、人(物、畜)及与交通事故有关的痕迹、物证等。

空间是事故现场存在的首要因素。没有可造成交通事故的空间,交通事故也就无从发生,现场也就不能形成。车辆、人(物、畜)及与交通事故有关的痕迹、物证等都限定在交通事故的空间范围内。

交通事故现场的形成还具有时间性。任何交通事故都是在特定的时间内发生的。尽管交通事故现场的存在具有客观性,但由于天气、环境和其他交通事件的影响,随着时间的推移,事故现场的痕迹、物证和参与事故的车辆、人员等事物会被移动位置或消失。

与交通事故有关的车辆、人员(物、畜)也是形成交通事故现场的基本因素。事故参与者加上特定的时间和空间构成了复杂的交通事故现场。

国内外对交通事故现场安全性的研究多从上述事故现场的基本因素出发,分析交通事故对交通流的时间和空间影响,以及事故现场的快速处置等。

国外对高速公路交通安全预警及事故救援的研究开始得比较早,也比较多,但多数是基于智能交通及完善的检测系统,这对于还处于快速发展中的我国高速公路管理部门来说,具体的实施意义不大,还需要针对我国的发展情况研究适合的高速公路安全预警系统。

我国高速公路发展迅速,但是对交通安全预警的研究还处于初期阶段。虽然在城市道路与高速公路方面的交通安全预警研究有所开展,但研究较少,且多为理论研究,很少涉及系统的实施方案,也没有在实践中被应用。现有的交通预警主要是研究恶劣天气、特殊路段、地质灾害等对城市道路、山区公路及高速公路等的交通影响,对事故条件下车辆的运行环境安全,即二次事故预警的研究较少,并且多数预警研究仅局限于单纯的安全技术预警。

一、国外研究现状

在国外,预防和减少高速公路二次交通事故是放在全社会的综合行动大环境中实现的,如欧盟就把改善汽车性能和对车用安全带的推广作为重要措施进行推广,在车流控制上主要是通过限速来改变司机的驾驶习惯。美国的交通事故紧急救援已经成为一个成熟的体系,结构完善、功能全面,紧急救援体系中包含高速公路事件管理系统和紧急救援系统。日本在交通事故紧急救援方面,道路管理部门可以自行处理交通事故,减少冗烦的处理程序,加快处理速度,以减少二次事故发生。

一些国家对交通事故现场的安全处置有严格的规定,并开展了理论研究,主要采用接近度法和数学模型法判别和预测二次交通事故的发生概率,依据事故现场的环境特征和过往车辆的行驶特征来判断二次交通事故发生的时间和空间阈值。此外,初次交通事故发生后,很多国家都要求以最短的时间发现并到达事故现场,尽量减少事故现场的存在时间,防止诱发二次交通事故。

为应对高速公路交通事故及事故救援,美国建立了高速公路事故管理系统和紧急救助系统。高速公路事故管理系统主要由各州警察和公路巡查队负责,通过计算机尽心管理,整个系统拥有完备的通信设备和巡逻警车、应急设备和枪支。紧急救助系统主要是修复自然灾害和其他大灾难对公路造成的各种重大破坏,以恢复公路的基本通行条件为首要目的,保护安全设施,减少危害等。

从二十世纪六七十年代起,欧洲、日本等发达国家就开始研究智能运输系统,并将研究成果应用到高速公路的日常管理中,构建了先进、完善的高速公路交通安全保障体系。智能运输系统手段先进、方法科学,能全方位地控制比较大的范围,可以有效地对交通进行管理,以减少交通事故和二次交通事故的发生,对于交通运输的安全性有很大的提高。欧洲的智能运输系统是将紧急事故管理与先进的交通管理系统和相应的安全控制系统融合为一体。日本的紧急事态管理则属于先进道路交通系统中的一个子系统,该系统根据日本地震多发的实际国情,构筑了通过监视卫星数据和行驶车辆传来的信息,把握灾害发生时网络和受灾状况的地理信息系统、紧急救援车辆、紧急修复车辆的行驶线路指引等多方面支援系统。

德国、瑞典等许多国家都对高速公路事故预警管理给予了足够的重视。20世纪90年代,德国宝马公司开发了COMPANION事故管理系统,实际上,该系统是为城市间公路设计的路侧危险预警系统,它能通过路侧电子指导标志发出的黄色信号来警示驾驶员前方发生了事故,从而减少二次事故的发生。

国外有关交通安全的研究方法主要包括回归分析法、交通冲突技术、专家分析法及速度中介法。国外针对交通预警的理论研究较少,有关预警的研究主要集中在经济、军事等方面。

欧洲国家(如法国、英国、德国等)对预防二次事故采取的主要措施有限制行车速度,对超过限速标准的驾驶员采取严厉的处罚措施;推广安全带的使用,在一般安全带的基础上研发了相关60多种技术对策;改善汽车性能,重点改善事故发生后车辆对人体的保护等。美国为了预防二次交通事故发生采取的主要措施有建立较为健全的道路法律、法规体系;道路设计人员和运行管理人员对相关安全规范高度自觉遵守;推广应用道路安全保障理念,实施道路安全评价措施。

1982年,Taniguchi等通过在道路上设置交通流量传感器,测试路段交通流的变化来监测交通事件的发生。交通流量传感器与摄像机配合合成二维时空图像,及时监测交通事件的发生,并把结果传输到指挥中心。据称该装置减少了1/3的高速公路二次交通事故。

1987年,Kamijo等提出在交叉口设置摄像机,通过隐马尔可夫模型(Hidden Markov Model,HMM)技术分析视频图像来监测异常事件的发生,正确识别率达到96%,期望以最快时间发现事故的发生,从时间上把事故对交叉口过往车辆的影响降到最低。Ryan等采用全球卫星定位、移动通信和计算机远程监控技术,开发了交通事故车辆实时监测系统,该系统可以及时发现事故车辆位置,还能够实现远程协助。

1997年,Lee建立了交通事件发生的预测模型,该模型利用指数平滑预测法,以车道占有率作为输入参数,计算得出实际车道占有率,并与设定的参考标准比较,以确定事故的发生位置。该算法为后续研究工作提供了借鉴,推动了交通事故监测技术的发展。

1997年,Ivan基于神经网络和数据融合技术,开发了以监测车为实物的交通事故监测平台。系统通过计算行程时间和占有率等指标自动判别交通事故的发生时间、地点及对上下游路段的影响。该系统较好地解决了交通事件管理中心反应过慢的问题,但传感器的7 s采样周期过长。对此,Sheu和Stephen于1998年将系统模块化,每个模块也采用神经网络技术单独监测一个交通流参数,最后将多参数融合,形成系统神经网络结构,利用人工智能与专家系统辅助判定交通事故是否发生。该系统能够在较短的时间完成一条路段的检测,但对整个交通网络检测效果不佳。

在交通事故对路网通行能力影响方面,国外有关专家也有研究。1991年,Sanso等基于保持行驶路径和变更行驶路径的思想,建立了路网失效、路网可靠度、路径选择及路径变更等数学模型,提出利用交通事故引起的交通流状态变化来评价交通网络功效的一般框架。

1999年,Milot等利用修正的静态UE均衡模型,建立了交通事故对城市道路交通网络影响的评价模型。

1999年,Hollind等开发了车载交通事故定位系统。根据道路交通流突变原理,实时地识别事故发生地点及事故现场对整个路网通行能力的影响。该系统结合GPS和最优路径选择模块来确定最佳的救援机构最短路径。路径导引系统能够辅助救援中心选择车辆最优路径,从而将事故现场的存在时间缩短约5 min,降低了事故现场路段的危险时间。

2000年,英国公路管理机构实施的"智能公路计划"对可变信息标志、自动事故探测仪和全国通信光纤传输网等技术都进行了革新。其中,自动滞留警告系统有效减少了拥挤路段上游排队车辆的事故率。交通控制中心提供实时的交通管理策略,有效减少了交通干扰和交通事故。

2006年,Chris等分析发生交通事件后路段瓶颈对整个路网通行能力的影响,利用太阳能限速标志或者电子信息情报板等设备进行车辆限速,提出可变限速控制方案,并进行仿真,对不同的限速方案进行评价。

2011年,Carlson等对限速方法进行了研究,提出了运算速度快、鲁棒性强的在线交通流协同控制(MTFC)模型。该模型可以在线反馈交通流控制，具有较强的实用性，同时可以对大范围路网进行联动控制。

2011年,Heydecker等根据英国M5高速公路的交通检测数据,统计并分析了在不同限速值下的交通流参数,建立了相应的速度-密度模型。

2013年,Jalil等在美国Missouri 270号公路上应用了基于简单规则的瓶颈路段交通流限速控制方法,试验表明,交通流的限速控制会影响流量-密度关系曲线的趋势,而不同地点的交通拥堵减少时间会存在一定程度的差异。

在交通事故对交通流的影响方面,国外学者早在20世纪70年代就开始了研究。

1971年,Dial建立了高速公路交通事故发生后车辆排队模型。该模型利用车辆到达时间间隔和离去时间间隔两个参数,提出事故区上游车辆排队长度和排队时间的计算方法。但模型假设过多,如将时间间隔假定为常数,与实际交通运行状况并不相符。

1981年,Michalopoulos和Pishaody以发生在高速公路上的交通事故为例,基于流体力学原理,建立了车流波动模型。该模型描述了拥挤波的形成及消散波的传递过程。这种研究思路为研究交通事故引起交通流波动问题提供了借鉴。

1993年,Newell综合车流波动理论和排队论模型,对高速公路发生交通事故后的上游路段交通流演变过程进行分析,得到了交通事故引起交通流紊乱后的流量-占有率、流量-车辆到达和流量-车辆驶离等曲线模型,但该模型只能做定性分析。

1997年,Lawson等通过分析交通事故现场造成瓶颈路段的交通流特征,得出交通延误和车辆排队间的关系,建立事故区上游路段车辆排队的时间和空间影响范围算法模型。该算法模型综合描述了交通事故的影响范围,为研究意外事件引起的交通流突变奠定了理论基础。

1997年,Boccara等在NaSch模型的基础上提出了车辆事故模型,并且对处于事故系统中的车辆表现做了研究。

2003年,Moussa等研究了事故系统下,反应时间延迟对交通流的影响。

2004年,Sheu和Chou对交通事件引起的车辆排队拥挤过程进行分析,基于驾驶员的变换车道行为建立每个车道排队长度估计值。虽然将驾驶员安全换道车头间距考虑在内,但由于变换车道涉及驾驶行为参数的复杂性和时变性,所建模型具有一定的局限性。

2009年,美国出版了《美国高速公路运营管理手册》,管理手册中对美国高速公路信息发布方式做了详细介绍,并简单阐述了各种信息发布方式的发布内容及标志位置的选定。

综合以上分析可看出,国外对交通事故现场安全问题的研究起步相对较早,主要研究内容为:

(1)重视交通事故监测系统的高科技含量,研发先进的交通事故监测和诱导设备,同时将设备系统化和网络化,系统集成主要以神经网络、遗传算法、小波理论及统计决策为理论基础。研究成果缩短了交通事故现场的存在时间,减少了交通事故的影响范围,对预防二次交通事故的发生起到了积极的作用。但所研发的系统和设备都是以检测器提供的数据为基础,对检测器的可靠性要求较高。

(2)对高速公路交通事故引起的交通流突变进行较为系统的研究,研究方法多是基于流体力学原理,模型边界条件不断外延,应用范围也从高速公路交通事故拓展到城市道路交通事件,从供应性交通拥挤到需求性交通拥挤。

二、国内研究现状

在国内,对于高速公路二次交通事故的预防也有很多研究。例如,李斌提出了智能车载电子三角警示器,刘克旺提出了基于红外线技术的汽车警示系统,孙根提出了交通事故警示装置。

由王建军教授主持的国家高技术研究发展计划("863"计划)项目"路网环境下高速公路交通事故影响传播分析与控制",在第二部分路网环境下高速公路交通事故紧急交通组织的研究中,在分析一次事故对交通影响的基础上,构建了高速公路二次交通事故预警管理系统,并分析了二次交通事故的原因,建立了一套科学的预警管理指标体系,以及设置各指标的警限区间;在实现二次预警后,对预警信息的发布形式、内容及可变限速标志的设置位置进行了研究。

吴建霞在论文《基于台风天气的高速公路安全预警系统研究》中,针对台风天气对高速公路交通安全造成影响的主要因子,分析其对行车安全的影响,将车辆不侧滑作为研究目的,建立了"风雨－车－路"三大系统相互作用的模型,从而形成了在台风天气条件下高速公路的安全预警系统。此外,BP 神经网络模型也被应用到高速公路的安全评价中。

付丽萍以城市道路为研究对象,应用流体力学原理,分析了高峰时段的交通流过饱和现象,建立了排队长度和排队时间等数学模型。模型考虑了拥挤状态下的车头时距特征及车辆类型间的转换系数,排队长度也因此转换成为小型客车数量。

近年来,我国先后制定并颁布了《中华人民共和国道路交通安全法》《道路交通事故现场安全防护规范》《高速公路交通事故现场处置工作意见》《加强交通民警查处交通违法行为和勘查交通事故现场安全防护工作意见》《交通事故处理工作规范》《交通事故处理工作规定》等相关法规,对提高交通事故现场安全性,保证交通警察及事故现场其他人员的人身安全起到了积极作用。

除了以上相关法规,国内很多专家学者对交通事故引发的交通流波变化及车辆排队等不安全交通状况进行了理论研究。

长安大学王建军运用流体力学和车流波理论,对发生交通事故后高速公路交通流参数的变化进行分析,建立了集结波和启动波等车流波模型,为研究城市道路和等级公路交通事件引发的交通流状态突变提供了理论依据。后来又将以上理论推广到一般交通事件,详细分析干预波与集结波、启动波等相互作用模型。

复旦大学吴正、汪茂林基于交通流的非线性特征建立了交通事故引起的非线性车流波模型,运用显式差分格式对车流波的传播过程进行数值分析,并以实例验证了该模型的实用性,事故模型和事故干涉模型如图 1-8 和图 1-9 所示。

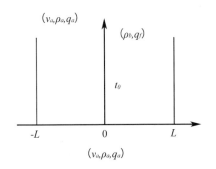

图 1-8　事故模型

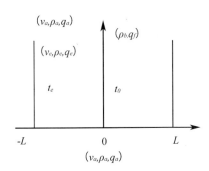

图 1-9　事故干涉模型

图中,$-L \leqslant x \leqslant L$ 为一均匀路段,v_a 为车流速度,ρ_a 为密度,q_a 为流量;$x=0$ 处发生交通事故;在事故持续时间为 t_0 时,流量 $q = q_f < q_a$,密度 $\rho = \rho_b > \rho_a$;在 $t = t_e < t_0$ 时刻分流,此时,流量 $q = q_e < q_a$,密度 $\rho = \rho_e < \rho_a$。得到的数学模型为

$$\frac{\partial \rho}{\partial t} + \frac{\partial q}{\partial t} = 0 \qquad (1-1)$$

$$\frac{\partial q}{\partial t} + \frac{\partial}{\partial t}\left[\frac{q^2}{\rho} + \frac{(n-1)^2}{4n}u_f^2 \rho_0 \left(\frac{\rho}{\rho_0}\right)^n\right] = 0 \qquad (1-2)$$

边界条件:

$$t = 0: \quad \rho = \rho_a, \quad q = q_a \qquad (1-3)$$

$$x = -L: \quad \rho = \rho_a, \quad q = q_a \qquad (1-4)$$

$$x = 0: \quad \rho = \rho_b, \quad q = q_f \quad (0 < t \leqslant t_0) \qquad (1-5)$$

考虑上游干涉时,式(1-5)写为

$$x = -L: \begin{cases} \rho = \rho_a, & q = q_a \quad (0 < t \leqslant t_e) \\ \rho = \rho_e, & q = q_e \quad (t > t_e) \end{cases} \qquad (1-6)$$

同济大学臧华和彭国雄、中铁道第四勘查设计院集团有限公司孔惠惠等应用车流波动理论分析交通事故发生后事故现场上下游路段车辆排队的形成与消散过程,并绘制了车流波动传播图,得出排队长度、排队消散时间、

车辆行程时间和车辆等待时间等数学模型，研究成果为分析交通事故现场的空间和时间影响范围、提出有效的安全性措施提供了一定的理论依据。

北京交通大学贾顺平、唐祯敏建立了城市快速路交通事故影响的微观模拟评价系统框架，该系统由快速路及进出口设置模块、车辆动态随机发生模块、车辆跟驰行为模块、事故现场设置及延迟处理模块、数据检测器设置模块和事故影响分析评价模块等组成。通过设置数据检测器，可以采集到更加丰富的交通流及车辆本身行驶状态的信息，从而为研究事故影响范围提供了定量分析的平台。

东南大学俞斌为了确定交通事故空间影响范围，将交通事故影响时间分为接警时间（T_1）、事故处理时间（T_2）和事故持续影响时间（T_3），建立了每段时间内车辆排队长度的计算模型，该模型描述如下：

在接警时间 T_1 和事故处理时间 T_2 内，车辆排队长度为

$$L = \omega \cdot T_1 \qquad (1-7)$$

式中　ω——集结波速。

事故现场解除后，由于启动波传递的延时性，一段时间内车辆排队长度继续增加，消散波的波速 ω_{san} 为

$$\omega_{san} = -\frac{u_f k_2}{k_j} = -(u_f - u_2) \qquad (1-8)$$

式中　u_f——事故路段的自由流速度，km/h；

　　　k_2——事故点上游的交通密度，veh/km；

　　　k_j——路段的交通堵塞密度，veh/km；

　　　u_2——事故路段的可通行车流速度，km/h。

在消散波传播至停止波的时间内，车辆排队长度即为 T_3 时间段内事故影响范围。

针对以上交通事故引起的车流波及车辆排队等不安全状况，国内专家学者也研究了相应对策，提出了安全跟驰和分段限速等数学模型和解决方案。

长安大学陈斌、魏朗分析了高速公路交通事件发生后车辆间的跟驰行为，建立了车辆跟驰行为模型。该模型以图1-10所示的车辆跟驰模型框架

为基础，得出了信念模型、速度愿望模型、意图模型、间距愿望和加速度愿望模型。

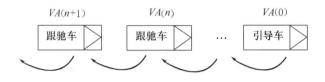

图1-10　车辆跟驰模型框架

复旦大学吴正对高速公路发生交通事件后交通瓶颈与交通拥堵的形成机理进行分析，基于空气动力学建立描述交通拥挤的数学模型，研究了完全堵塞和部分堵塞两种交通状态下的交通流参数。

交通事故现场事故车辆的停定增大了速度离散程度，提高了路段危险性。哈尔滨工业大学裴玉龙、程国柱研究了高速公路车速离散性与交通安全的关系，建立了车速标准差(σ)与事故率(AR)的关系模型，即

$$AR = 9.5839 e^{0.0553\sigma} \tag{1-9}$$

由式(1-9)可见，事故率随着车速标准差的增大而增大，即车速分布越离散，事故率越高。

同济大学干宏程、孙立军结合我国高速公路和城市快速路的特点，建立了交通事故上游路段可变限速(Variable Speed Limits, VSL)控制模型，即

$$v_{\lim}(i) = \{20,30,40,50,60,70,80,90,100\} \tag{1-10}$$

$$v_{\lim}(i) \leqslant v_{\text{uplim}}(i) \tag{1-11}$$

$$O(i) = f(O(i,1), O(i,2), \cdots, O(i,m)) \tag{1-12}$$

$$v_{\lim}(i) = f(O(i)) \tag{1-13}$$

$$v_{\lim}(i) - v_{\lim}(i-1) \leqslant p(i), \quad i = 1,2,\cdots,N \tag{1-14}$$

式(1-10)~(1-14)表示限速值的取值条件，即只能取有限个离散值，且不大于道路自身规定的限速值，与占有率有一定的关系，还要考虑相邻限速段的限速差。因此，分段限速值计算模型为

$$v_{\lim}(i) = \min\{v_{\text{uplim}}(i), f(O(i)), v_{\lim}(i-1) + p(i)\} \tag{1-15}$$

经过实例验证，VSL控制策略可以平滑交通流、缩短车辆排队长度，并对

预防二次交通事故起到一定的作用。该研究成果为我国高速公路和城市快速路交通事故发生后路段的交通控制提供了理论支持。但是，可变限速控制的作用最终还要取决于驾驶员对其的遵守情况，采取可变限速控制方案时，还要综合考虑驾驶员行为。

吴晓周等应用 PARAMICS 仿真平台对交通事故路段的分段限速方案进行了模拟，首先建立了城市道路模型，对不限速方案的行程时间、排队时间、平均行驶速度和事故现场处的速度等指标进行模拟分析。结果表明，与不限速方案相比，限速方案使交通流得到有效的缓冲和平滑，降低了二次交通事故发生的可能性。

在研究交通事故实时监测及控制事故现场存在时间等方面，国内专家起步较早，理论和实践成果也很丰富。数学判定模型方面，人工神经网络、小波分析、模糊数学、人工智能等理论都有所应用；近年来，对这些基本算法进行了改进和修正，比较有代表性的有 Adaboost 方法、FCM 与模糊粗糙集理论、Adaboost 集成 RBF 神经网络、Logit 模型等。在软、硬件系统方面，国内很多专家学者开发了事故现场快速勘查处理方面的软件，勘查人员只要携带标定物和普通摄像机，把事故现场的基本信息拍摄下来，即可解除现场，然后通过图像后处理技术得到事故现场的特征。软件的应用大大缩短了事故现场勘查时间，为交通警察带来了便利和安全保证。此外，为了保护事故现场勘查人员，也有人研制了事故安全防护杆和高等级公路交通事故现场勘查模具等。

综合国内文献，对交通事故现场安全性的研究主要有：

(1) 公安部和交通部等有关部门颁布了相关法规，对事故现场勘查时交通警察的着装、工具和装备等都做了具体要求；规范了交通事故现场的防护措施和安全标志的设置。这些法规虽然具有可操作性，但缺乏一定的理论基础，而且提出的主动防护措施和装备对车速较快的高速公路事故现场并不完全适用。

(2) 交通事故使路段的交通密度、车头时距和通行能力等交通流参数发生变化，专家们对交通流波动进行了较为深入的研究，丰富了特殊事件影响下的交通流模型。大量的研究工作反映了对交通事故影响的关注,但理论模型均是对整个路段交通流的宏观描述,缺乏对车辆个体行为的研究,如车辆个体行驶速度变化及驾驶员应激行为变化等。

(3)基于排队理论,建立排队长度和排队消散等数学模型,分析交通事故的空间影响范围;利用排队时间、交通延误和行程时间等指标分析交通事故的时间影响范围。但车辆排队只是封闭的交通事故现场对路段影响的表象,对潜在的事故现场上下游路段的危险状态分析较少。

(4)在交通事故现场路段管理控制和组织方法研究方面,注重理论模型的建立,虽然对所建模型进行了实践验证,但实际应用中缺乏一定的可操作性。此外,研究内容多集中于交通事故对路段的影响,并没有从通过车辆、交通流和事故现场人员对事故现场安全性影响的角度进行理论研究,因此始终没有提出科学合理的二次交通事故预防对策。

第三节　研究目的及意义

无论在发达国家还是发展中国家,高速公路交通事故都已成为威胁人类生命财产安全的世界性公害,严重影响了道路交通系统的正常运行。交通事故的发生必然带来人员伤亡和财产损失,但这只是直接损失,间接损失有时比直接损失更大。高速公路具有容量大、运行速度快、运输成本低及社会效益显著等优点,然而,高速公路上路段拥挤导致的交通事故次数及惨烈程度让人触目惊心。我国高速公路交通事故率及严重程度大大高于普通公路并居世界首位,在交通事故分析和预防对策等方面存在着迫切需要研究和解决的理论与实践问题,它们直接关系到事故率及其严重程度。

第二次"技术革命"之后,全球汽车制造业进入了空前繁荣的阶段,20世纪70年代末我国开始实行对外开放的政策。经过数十年的发展,中国的经济水平发生了质的飞跃,私家车的数量呈现出了高速的增长。2003年前后,我国汽车的数量出现了第一次井喷。金融危机时期,全球汽车市场萎靡,唯独我国仍然保持增长的势头,2011年,国内汽车达到一亿辆,居世界首位,截至2017年增至3.1亿辆,创历史新高。汽车数量的爆发式增长给我国的交通带来了巨大的压力,我国平均每天发生大小交通事故577起,每年的交通事故数量在万起左右,更是给国家带来了超过十亿元的经济损失,无数的家庭毁于交通事故。高速公路上的许多偶发性事故会一定程度上影响路段通行能力,从而造成交通拥堵,增加二次事故的风险。高速公路事故中多于20%的交通事故属于"二次事故",这类事故本可以避免发生。然而,事故现场的局势混乱,后来车辆没有警觉,导致这类事故发生率居高不下。

二次交通事故的发生主要是由驾驶员对道路事故缺乏经验,不能果断采取行动引起的。事故多发地段通常为郊区、高速公路、市内快速交通干线,事故发生的时间不固定,夜晚更容易发生二次交通事故。高速公路上的车辆行驶速度较高、车流量较大,大型车辆比例也比其他道路高,所以车辆的动能大,冲击力强,一旦发生交通事故,危害严重,后果难以估量。高速公路与普通道路不同,普通道路上若发生意外,由于车速不快,道路开放,一般较容易采取措施救援及规避后续可能的意外,而高速公路属于封闭设施且车速较高,交通环境瞬息万变,如遇意外、事故检测装置不足或救援不及时,二次交通事故发生的概率将大大提高,通常情况下,此类事故的危害程度远超过常态下的一次事故。二次交通事故凭借其影响范围广、破坏程度高的特点,已经成为高速公路的一大杀手,直接导致了高速公路交通事故死亡率居高不下。据不完全统计,全国超过50%的交通事故发生在高速公路上,特别是在大雾、阴雨、下雪等天气,交通事故更容易发生,而且高速公路发生交通事故时,不是死亡就是重伤,现场都惨不忍睹。车辆抛锚或发生事故后处置不当,引发二次交通事故,已经成为高速公路上的一大杀手。因为高速公路是高指标线形的全封闭道路,司机通常对侧向及前方的突发障碍预计不足。当前方有事故而且自身车速又偏高时,往往刹车不及时,引发二次交通事故。

近年来,在国内各条高速公路上屡屡发生重特大二次交通事故,严重危胁司乘人员的生命财产安全,给道路交通管理工作带来很大压力,同时也严重威胁着广大人民群众的出行安全,如何解决高速公路二次及二次以上交通事故的威胁及预防问题,已经成为交通从业人员面临的亟待解决的大事。二次交通事故是初次交通事故的发展,其带来的损失也可归为初次交通事故的间接损失,且二次交通事故的损失一般也比初次交通事故的损失更大。为了把一次交通事故的损失和影响降至最小,发生事故后现场的处置工作显得格外重要。

我国境内高速公路发生的二次以上交通事故大多发生在急变陡坡地段或雨雪雾等恶劣天气,事故发生突然,驾驶员反应不及时造成采取措施不力往往引发多车连续相撞和群死群伤等恶性重特大事故,成为目前高速公路安全方面亟待解决的问题。通过对我国高速公路交通事故形势的初步分析,可以看出,我国高速公路交通安全状况十分严峻,对高速公路交通事故深入分析十分必要和紧迫。

虽然我国颁布了相应法规,对交通事故现场的处置工作进行了规范,但由于交通参与者的复杂性,以及初次交通事故发生时间和空间的不确定性,交通事故现场路段依然危险,二次交通事故屡有发生。研究发现,每一起道路交通事故现场千变万化,造成交通事故的原因也各不相同,均有其特殊性,也称为个性,但同时也有其共性。二次交通事故作为继发的交通事故,其共性为过往车辆冲入事故现场,造成人员伤亡或财产损失,与初次事故现场的路段交通特征、处置方案和人员警惕性密切相关,且有很大的可预防性。

二次交通事故可视为一类特殊的交通事故,其共性表明,交通事故现场的科学处置及有效的交通组织方案是交通警察及现场其他人员人身安全的基本保证。因此,研究交通事故现场的交通特征,分析交通事故现场的安全性因素,规范交通事故现场处置方案,提出有效的二次事故预防对策,对于保护交通警察和现场其他人员的人身安全,降低初次交通事故的直接和间接经济损失,促进交通运输系统和谐发展都具有重要的现实意义。

第四节　主要研究内容

本书从分析影响高速公路交通事故现场安全性的因素出发,分析各因素重要度;研究交通事故现场路段的交通特性,得出人员行为特性、车辆速度特性和交通流干扰特性与事故现场安全性的关系。基于以上交通特征,并参考因素重要度分析的结果,对高速公路交通事故现场进行区域划分,建立各区域限速值计算模型。采用仿真的方法考察限速方案与不限速方案事故现场路段车辆行驶速度离散性等指标,验证模型的可行性,得出双向四车道、双向六车道和双向八车道高速公路典型交通事故现场的限速方案。最后计算各区域的限速标志、警示标志等交通安全标志的前置距离和重复间距,得出典型交通事故现场及特殊条件下事故现场的安全处置方案,旨在提高高速公路交通事故现场安全性,以及预防二次交通事故,主要内容如下:

(1)界定二次交通事故的概念与构成要素,分析二次交通事故的分类及形式;提出二次交通事故的致因因素,并分析各因素的重要度。

(2)通过分析影响高速公路事故路段交通安全的各个因素,分析高速公路事故路段存在的安全隐患,进而为高速公路事故路段风险评价提供理论基础。

(3)将交通事故现场视为客体,分析交通事故现场路段的人员行为特性、车辆速度特性和交通流干扰特性,以及这些变化后的交通特性对事故现场安全性的影响,为交通事故现场路段速度控制及安全标志设置提供数据支持。

(4)为了提高交通事故现场的安全性,将事故现场进行区域划分;根据各区域的人员、车辆和道路条件特征,确定各区域的长度计算模型。建立各区域限速值计算模型,并对模型推荐的限速值和限速方案进行仿真评价,以验证模型的可行性,提出各类型高速公路交通事故现场的限速方案。

(5)为了规范高速公路交通事故现场的处置,保证事故现场人员的人身安全,对事故现场路段限速标志及其他安全标志的设置类型、设置位置和设置方式进行研究,对各类型高速公路及特殊条件下的交通事故现场标志设置提出建议。

第二章 高速公路交通事故现场路段交通特性

高速公路发生交通事故后,事故路段的交通特性发生改变,较未发生交通事故的路段而言,事故路段的行车风险影响因素的不安全性增加。因此,通过分析影响高速公路事故路段交通安全的各个因素,能够为进一步的高速公路事故路段风险评价提供理论基础,从而发现安全隐患,提高高速公路的安全水平。交通事故现场的形成过程一般分为3个阶段,即交通事故发生前的动态阶段、发生时的变化阶段和发生后的静态阶段。这3个阶段依次衔接,最后形成具有整体性的交通事故现场。由于交通事故发生的形式、对象及地点的不同,交通事故现场也不可能完全相似,但它在一定的时间和空间内都会对过往车辆带来一定的影响,其主要表现形式就是交通流密度、路段通行能力、车头时距等参数的变化。与此同时,交通事故现场的几何特征、人员数量、交通流特征和交通标志等也会影响过往车辆驾驶员的行为。因此,交通事故现场区域的安全性与驾驶行为、交通警察和其他人员的活动范围、过往车辆的运行特征及变化后的交通流特性有关。

第一节 人员行为特性

在道路交通系统中,各类人员处于能动地位。一般道路交通系统中的人员涉及驾驶员、乘客和行人。但对高速公路交通事故现场路段进行安全性分析时,系统中有关人员主要包括过往事故现场车辆的驾驶员、交通警察、路政人员、事故无关人员和事故当事人等。为了揭示高速公路事故现场路段行车风险,并确定合理的车速管理方案,也可将事故现场有关人员分为驾驶员、围观者和交通警察 3 类,基于驾驶行为理论分析驾驶员的信息处理和操作行为特征,基于心理特点和工作流程分析围观者和交通警察的警卫特征。

一、驾驶员行为特性

道路交通系统是由人、车、路及管理等因素构成,这些因素之间相互依赖,单因素的可靠度及多因素的相互作用决定这个复杂系统的运行状况和交通安全水平。交通事故的发生是人、车、路以及环境等多因素耦合失调的结果,而且从交通事故的发生来看,在人、车、路(环境)3 个系统要素中,每个要素都可能出现异常而导致系统的失调。人作为道路交通的参与者,是引发道路交通事故最重要的因素。在高速公路事故路段,涉及的人主要包括驾驶员、乘客及事故现场的管理人员,并不存在行人和非机动车使用者,加之驾驶员是车辆的操纵者和管理者,对车辆的安全行驶起着至关重要的作用。在车辆或道路在出现异常时,由于驾驶员的调控作用,有可能避免交通事故的发生。一旦驾驶员在行车过程中行为出现异常,交通事故就难以避免。统计结果表明,在发生交通事故的直接或间接原因中 80% ~ 90% 与驾驶员有关,因此对于影响事故路段行车风险的人的因素中应主要考虑驾驶员的因素。

一般在高速公路事故现场上游路段都会放置交通标志,以提示驾驶员事故现场的存在,并约束驾驶行为。交通标志是以信息的方式传递的,因此驾驶员对信息获取的及时性、信息判断的准确性及操作的可靠性是避免二次交通事故的关键。

根据人的行为理论,驾驶员认知过程模型可以简化为感知、判断和操作 3 个阶段,如图 2 - 1 所示。

图 2 - 1 驾驶员认知过程模型

图2-1所示的驾驶员认知过程模型是基于刺激(S)-机体(O)-反应(R)的经典行为模式(SOR)。往来于道路的车辆和人员,固定的交通标志及车辆行驶方向、速度和交通流密度等信息,通过视觉和听觉等感官传递给驾驶员,驾驶员通过感官感知这些信息的存在,然后由中枢神经系统对感知的信息进行判断和处理,最后由运动系统做出相应的动作。驾驶员要根据信息内容做出当前驾驶行为是否合理的判断,判断结果指导驾驶员对车辆进行操作,保证车辆安全可靠运行。随后,车辆运行状况、车头间距及当前道路环境状况再以信息的方式反馈给驾驶员,驾驶员再进行一次信息感知和判断。这个过程循环往复,直至驾驶任务结束为止。

交通事故现场是高速公路上的特殊路段。车辆通过交通事故现场时,驾驶员操作行为与其他路段不同。在交通事故现场附近相对较短的上下游路段,驾驶员要根据交通标志和交通流特征完成车辆减速、合流、跟驰、分流和加速等行为,在一段时间内处理的信息量相对较多,要求驾驶员有较高的驾驶安全可靠性。

驾驶安全可靠性与驾驶可靠性、驾驶安全性的关系以及相应的行为特征,如图2-2所示。

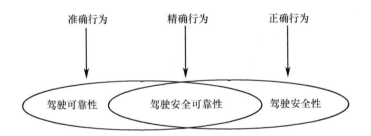

图2-2 驾驶安全可靠性与驾驶可靠性、
驾驶安全性的关系以及相应的行为特征

道路交通系统状态对驾驶可靠性有一定的影响,其关系如图2-3所示。

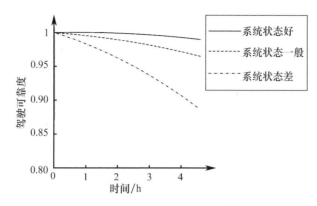

图2-3 道路交通系统状态对驾驶可靠度的影响

由图2-3可知,道路交通系统的运行状态影响驾驶可靠度。如果系统的状态较差,影响关系曲线的斜率变大,一段时间后驾驶可靠度将降到0.90以下。

交通事故现场的存在改变了高速公路路段的交通状态,在交通警察勘查事故现场及救援车辆清理事故现场期间,系统状态始终较差,这也直接影响驾驶可靠度。要使车辆安全通过事故现场,避免二次交通事故的发生,要求刺激机体反应有较高的驾驶可靠度。

通过交通事故现场的驾驶员需要处理的信息量较大,依据图2-1驾驶员SOR认知过程模型,建立驾驶员通过交通事故现场时信息处理过程模型,如图2-4所示。

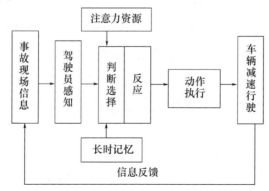

图2-4 驾驶员通过交通事故现场时信息处理过程模型

由图 2-4 所示的驾驶员通过交通事故现场对信息处理模型可知,驾驶员遇到事故现场时做出反应的过程为:

(1)车辆经过交通事故现场时,驾驶员接收来自事故现场的信息,包括道路封闭情况、事故路段道路几何条件、交通标志和交通流密度等,通过感觉器官传入大脑。

(2)驾驶员通过中枢神经反应,感知到信息的存在,并迅速调动注意力资源,将此信息与大脑已存信息做出匹配判断。例如,驾龄较长的驾驶员在长时记忆中可能保存大量类似情景,会熟练做出正确反应。若驾驶员驾龄较短,会需要较长的时间进行判断和操作,如果车速过快,则容易导致判断失误。

(3)驾驶员根据选择判断结果,做出相应的动作,即通过手和脚的动作(转向、制动或加速)来驾驶车辆,控制车辆安全行驶。与此同时,车辆的行驶特征以信息的形式反馈给驾驶员,事故现场不断变化的信息也再次传入驾驶员大脑,重新调节驾驶行为,保证车辆可靠、安全地通过事故现场,避免二次交通事故的发生。

二、交通警察行为特性

交通警察现场勘查工作的主要内容是对交通事故现场进行调查,绘制事故现场图,对当事人和有关人员进行访问,并将结果客观、完整、准确地记录下来。

1. 事故现场交通警察的行为目的

(1)了解事故情节。交通警察到达事故现场后,首先将事故现场封闭,察看事故当事人的受伤情况,查验其身份证件、机动车驾驶证及机动车行驶证、保险标志等,并进行登记,当事人不在现场的,应当立即查找。通过询问事故当事人或者其他人员了解事故发生的主要情节,为进一步分析、研究和掌握交通事故的过程提供事实依据。

(2)发现并提取证据。交通事故的发生是车辆在一定的时间和空间作用于客体的过程,要么造成人员伤亡,要么造成车辆的形变或者固定物的损坏,这必然在事故现场路面或者车体留下痕迹等物证,这些痕迹物证是判定事故发生原因、划分责任的重要证据。但是事故现场的一些物证和状态,只能在一定的时间内存在,人为的破坏、天气的影响都会使一些重要的痕迹消失。所以,事故发生后,交通警察应快速到达现场,并快速完成勘查工作。交通警察勘查道路交通事故现场,应当按照有关法规和标准的规定,拍摄现场照片,绘制现场图,提取痕迹、物证,制作现场勘查笔录。对于发生一次死亡三人以上的道路交通事故,应当进行现场摄像。现场图、现场勘查笔录应当由参加勘查的交通警察、当事人或者见证人签名。当事人、见证人拒绝签名或者无法签名及无见证人的,应当记录在案。

(3)判定事故车辆特点。若肇事车辆逃逸,交通警察要根据提取、收集的痕迹、物证等现场信息,特别是承痕体的形变、颜色、位置等,判定逃逸车辆的特征和逃逸方向,确定逃逸范围。

2. 事故现场交通警察的勘查行为

交通警察到达事故现场后,需要抢救伤者,疏散围观人员至安全地点。根据事故现场的痕迹、物证及散落物的位置,确定现场的空间范围,采用警戒带或隔离墩封闭,并设置警示标志。再开展调查访问、丈量、记录、摄影或摄像,如有必要,还要进行现场试验,填写相关表格,现场复核后解除现场,恢复交通。期间,还应指定专人指挥疏导过往车辆,维护交通秩序,保证现场安全,防止二次交通事故的发生。事故现场交通警察的勘查行为流程如图 2-5 所示。

图 2-5 事故现场交通警察的勘查行为流程

三、其他人员行为特性

过往事故现场车辆的驾驶员和事故现场附近的居民为了紧急救护伤亡人员,常常会在交通警察到达之前进入事故路段,由于没有警戒设施和疏导方案,这些人员的活动空间不受限制,如果这些人员的交通安全防范意识差,其人身安全就会受到严重威胁。

为了调查事故现场其他人员的心理,了解其行为特性,制作了调查问卷,被调查人员主要为驾驶员和高速公路附近居民。统计结果显示,参与调研的驾驶员多为驾龄6年以上的男性驾驶员,比例为83%;其年龄分布多在20周岁以上,其比例为94%。对看到交通事故发生后,交通事故现场围观倾向性统计结果如图2-6所示。

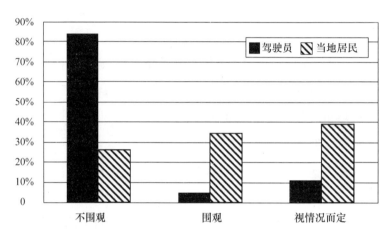

图2-6 交通事故现场围观倾向性统计结果

图2-6的统计结果显示,84%的驾驶员路过事故现场不会停车围观,11%的驾驶员会视情况而定,只有5%的驾驶员会下车围观。在高速公路行车的驾驶员一般都承担物质流通或者人员输送的运输任务,如果不遇到待急救伤员或者全车道封闭等特殊情况,驾驶员一般不会下车围观。26%的当地居民发现交通事故后不去围观,35%的当地居民会围观,39%的当地居民会视情况而定,所以当地居民中可能围观的比例占74%。如果发生重特大交通事故,事故现场会封闭一段时间,由于某些居民的好奇和从众心理,事故现场可能会聚集大量的围观人群,这会给通过事故现场的车辆驾驶员带来很大的心理压力。

由此可见,大部分周围居民有围观倾向性,驾驶员由于承担运输任务,时间意识较强,一般情况下不会下车围观。因此,可在距离高速公路较近的聚居区定期进行宣传教育,提高居民的交通安全意识。

交通事故现场围观时长统计分布情况如图 2-7 所示,该统计针对交通事故现场围观居民。

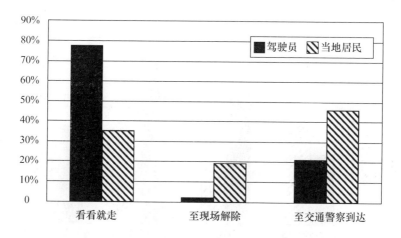

图 2-7 交通事故现场围观时长统计分布情况

图 2-7 的统计结果显示,77% 的驾驶员选择看看事故现场情况就走,只有 2% 的驾驶员会一直围观至现场解除,还有 21% 的驾驶员可能围观至交通警察到达。可见,即使选择围观,大部分驾驶员也不会在事故现场停留太长时间,有的驾驶员为了救护事故当事人,会等待至救护车或交通警察到达。35% 的当地居民选择看看就走,19% 的当地居民会围观至现场解除,46% 的当地居民会围观至交通警察到达,设置完警戒带,甚至劝离。

由此可见,在事故现场封闭后,围观者绝大部分为当地居民。因此,围观的当地群众成为交通事故现场路段的重要危险因素,交通警察应采取疏散措施,将其他人员引导至安全地点。

交通事故现场围观人员活动范围统计结果如图 2-8 所示。其统计结果显示,大多数驾驶员若在交通事故现场围观,行动范围集中在事故现场及现场下游路段,比例共约 64%;15% 的驾驶员可能在事故现场上游路段观看,21% 的驾驶员可能会在事故现场上下游路段行走观看。而大多数当地居民会选择在事故现场上下游路段行走观看,比例约为 41%,21% 的当地居民在事故现场上游观看,只有13%的当地居民会在事故现场观看,25%的当地居民选择在事故现场下游观看。

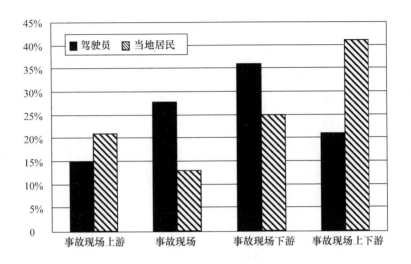

图2-8 交通事故现场围观人员活动范围统计结果

由此可见,大多数驾驶员的活动范围为事故现场及事故现场下游路段,而大多数居民的活动范围为事故现场上下游路段。附近居民的围观地点随机性大,具有一定的盲目性和从众性。

以上统计结果表明,在交通事故现场路段,驾驶员的安全意识要强于附近居民,附近居民是影响事故现场安全性的主要人员。

第二节 车辆速度特性

与城市道路不同,高速公路是全封闭、专供机动车行驶的道路,机动车是高速公路交通事故现场路段的主要交通参与者。车辆的速度空间分布特性是事故现场区域划分的基础,因此,本节调查了典型高速公路交通事故现场通过车辆的速度,从而获得速度空间分布特征,为事故现场区域划分和限速值的确定提供基础数据。

一、数据采集设备

目前,路段的车流速度检测主要基于超声波、红外线反射及视频图像处理技术。测量方法有两种,一种是现场测试,将得到的数据实时记录、存储;另一种是现场摄像,采用多维分形、模糊识别等视频后处理技术获得数据。两种方法各有优势,现场测试技术获得数据的方式直接,可靠性高;视频处理技术获得的参数更加丰富,统计结果也较直观。

本节综合以上两种测量方法的优点,采用图2-9所示CS.8A型雷达测速仪测量特征点的车速。采用普通摄像机获取视频,再利用VTD2000E型视频车辆检测器获得车头时距(图2-10)。

图2-9　CS.8A型雷达测速仪

图2-10　普通摄像机和VTD2000E型视频车辆检测器

CS.8A型雷达测速仪是一种高性能的手持式电子测速设备,利用多普勒原理完成对地面运动目标的速度测量。其有固定和运动两种工作方式,既可由操作人员手持工作,也可安装在运动的巡逻车上检测迎面驶近的目标车辆速度。本节采用静态测量方式,即将雷达测速仪固定在某个位置,检测驶近或驶离的目标车的车速。

37

雷达测速仪的放置位置和角度对测量结果有一定的影响。当光束发射方向与车辆行驶方向有一定夹角时，将产生余弦效应，即测量结果偏小，需要进行修正，测得的速度修正式为

$$v = \frac{v_0}{\cos \beta} \qquad (2-1)$$

式中　v——修正速度，km/h；

　　　v_0——显示速度，km/h；

　　　β——光速发射方向与速度方向的夹角，(°)。

使用普通的数码摄像机即可对车辆视频图像进行采集，再利用 VTD2000E 型视频车辆检测器可对视频图像进行处理和识别。该系统基于自适应的目标和背景分离技术、自动获取模板及匹配技术，对画面内的每个目标进行轨迹跟踪和特征识别，通过对目标运动轨迹和多维特征的分析，对道路交通事件及过程实时检测、报警、记录、传输和存储，同时统计交通流参数。

VTD2000E 型视频车辆检测器通过软件包完成对视频图像的处理，包括通信控制与管理 VTDCOMM 软件、检测区域设置 VTDCFG 软件和数据库管理与查询 VTDDATABASE 软件。软件包主要用来管理 VTD2000E 设备、设置图像处理的检测区域和检测功能，远程查看设备的工作状态、显示、存储实时和历史检测数据，对数据进行分类、统计并显示曲线图和报表。

本节选择哈阿(哈尔滨—阿城方向)高速公路 K452+605 和 K462+210 桩号点作为观测起始点，用锥形桶人为设置事故现场，如图 2-11 所示，事故现场速度观测点的基本特征见表 2-1。

表 2-1　事故现场速度观测点的基本特征

高速公路	里程桩号	圆曲线半径/m	坡度/%	天气
哈阿高速公路 (双向六车道)	K452+605	平直	0.08	晴
	K462+210	平直	0.04	晴

图 2-11　事故现场观测路段

考虑人员的安全性,事故现场只安排两个人。根据《交通事故处理程序规定》,测试过程中在事故现场路段上游 150 m 处放置三角警示标志,测得的车速为自由流状态下的车辆运行车速。

车型主要参考《公路工程技术标准》(JTG B01—2003)中的车辆外廓尺寸,车长小于 6 m 的车辆为小型客车,其他载客车辆为大型客车,载货车辆为大型货车。

二、单车道封闭事故现场

当交通事故现场占据最外侧车道,即单车道封闭,测点 1 设置在警示标志处,测点 2 设置在距警示标志 50 m 处(距事故现场 200 m),测点 3 设置在距警示标志 100 m 处(距事故现场 250 m),测点 4 设置在距警示标志 200 m 处(距事故现场 350 m),其测点布置方案如图 2-12 所示。

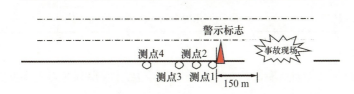

图 2-12　单车道封闭交通事故现场测点布置方案

各个测点得到的各车型断面运行车速样本值,经过统计,得到统计量,见表 2-2。

表 2-2 单车道封闭事故现场各测点断面运行车速样本统计量

测点	测点 1			测点 2		
车型	小型客车	大型客车	大型货车	小型客车	大型客车	大型货车
$v_{85}/(km \cdot h^{-1})$	107	89	78	102	86	77
平均速度/$(km \cdot h^{-1})$	93.61	74.85	64.65	85.38	71.25	62.00
中值/$(km \cdot h^{-1})$	95	74.5	64	86	71	62
总体标准差/$(km \cdot h^{-1})$	13.65	14.24	13.06	16.91	15.34	13.64
样本方差/$(km \cdot h^{-1})$	188.26	204.89	172.53	288.96	237.85	188.06
最大值/$(km \cdot h^{-1})$	139	119	98	122	110	98
最小值/$(km \cdot h^{-1})$	63	38	30	52	36	35
偏斜度	0.23	0.27	0.18	0.03	0.09	0.33
测点	测点 3			测点 4		
车型	小型客车	大型客车	大型货车	小型客车	大型客车	大型货车
$v_{85}/(km \cdot h^{-1})$	114	95	80	112	96	86
平均速度/$(km \cdot h^{-1})$	98.15	79.99	68.47	97.89	80.65	71.90
中值/$(km \cdot h^{-1})$	98	81	68	96	79.5	73
总体标准差/$(km \cdot h^{-1})$	15.73	15.59	10.57	15.75	16.30	13.96
样本方差/$(km \cdot h^{-1})$	250.05	245.42	112.80	250.56	268.23	196.82
最大值/$(km \cdot h^{-1})$	139	112	98	136	125	102
最小值/$(km \cdot h^{-1})$	65	42	42	62	42	35
偏斜度	0.08	0.21	0.26	0.25	0.22	0.49

为了得到各测点断面运行车速分布,经过统计,得到测点 1 小型客车、大型客车和大型货车的断面运行车速分布频率图,如图 2-13 所示。

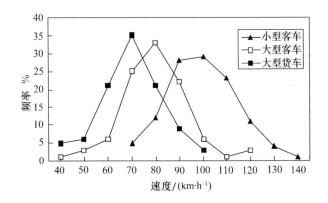

图2-13　单车道封闭事故现场测点1断面运行车速分布频率图

由表2-2和图2-13可见,距离事故现场150 m,即警示标志放置处,小型客车的平均速度为93.61 km/h,高于大型客车和大型货车的平均速度。各车型的速度大致呈正态分布,经过χ^2检验,验证了该假设,与文献的研究结果一致。测点1各车型断面运行车速正态分布参数最大似然估计值见表2-3。

表2-3　测点1各车型断面运行车速正态分布参数最大似然估计值　　km/h

车型		小型客车	大型客车	大型货车
最大似然估计值	$\hat{\mu}$	93.61	74.85	64.65
	$\hat{\sigma}^2$	186.32	202.78	170.56

由表2-3可见,大型客车速度样本方差最大,速度分布最离散,大型货车速度样本方差最小。在自由流下,小型客车经过单车道封闭的事故现场,虽然有所减速,但速度值仍然较高。

经过统计,得到测点2小型客车、大型客车和大型货车的断面运行车速分布频率图,如图2-14所示。

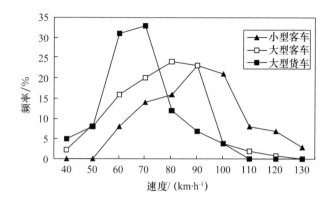

图 2-14　单车道封闭事故现场测点 2 断面运行车速分布频率图

由表 2-4 和图 2-14 可见，距离事故现场 200 m 处，小型客车平均速度为 85.38 km/h，大型客车平均速度为 71.25 km/h，大型货车平均速度为 62.00 km/h，各车型平均速度均低于测点 1 测得的平均速度。各车型的速度服从正态分布，分布参数最大似然估计值见表 2-4。

表 2-4　测点 2 各车型断面运行车速正态分布参数最大似然估计值　　km/h

车型		小型客车	大型客车	大型货车
最大似然估计值	$\hat{\mu}$	85.38	71.25	62.00
	$\hat{\sigma}^2$	285.94	235.31	186.05

由表 2-4 可见，距离事故现场 200 m 处，各车型速度正态分布的均值较低，与测点 1 相比，小型客车速度均值降幅最大，降低了 8.23 km/h；小型客车的速度样本方差最大，速度分布最离散；大型货车的速度样本方差相对较小。

经过统计，得到测点 3 小型客车、大型客车和大型货车的断面运行车速分布频率图，如图 2-15 所示。

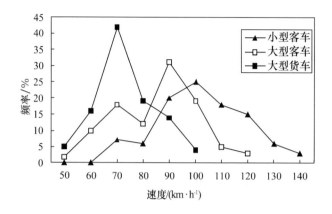

图 2-15　单车道封闭事故现场测点 3 断面运行车速分布频率图

由表 2-2 及图 2-15 可见，距离事故现场 250 m 处，小型客车平均速度为 98.15 km/h，大型客车平均速度为 79.99 km/h，大型货车平均速度为 68.47 km/h。各车型平均速度均高于测点 1 和测点 2 的平均速度。各车型的速度服从正态分布，分布参数最大似然估计值见表 2-5。

表 2-5　测点 3 各车型断面运行车速正态分布参数最大似然估计值　　km/h

车型		小型客车	大型客车	大型货车
最大似然估计值	$\hat{\mu}$	98.15	79.99	68.74
	$\hat{\sigma}^2$	247.43	243.04	111.72

由表 2-5 可见，距离事故现场 250 m 处，大型客车的速度样本方差最大，速度分布最离散，大型货车速度样本方差相对较小。

经过统计，得到测点 4 小型客车、大型客车和大型货车的断面运行车速分布频率图，如图 2-16 所示。

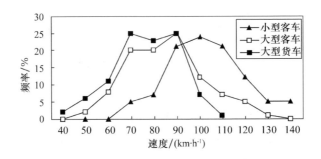

图 2-16 单车道封闭事故现场测点 4 断面运行车速分布频率图

由表 2-2 及图 2-16 可见,距离事故现场 350 m 处,小型客车平均速度为 97.89 km/h,大型客车平均速度为 80.65 km/h,大型货车平均速度为 71.90 km/h,各车型车速与测点 3 测得的结果相差不大,但高于测点 1 和测点 2。各车型速度服从正态分布,参数最大似然估计值见表 2-6。

表 2-6 测点 4 各车型断面运行车速正态分布参数最大似然估计值　　　km/h

车型		小型客车	大型客车	大型货车
最大似然估计值	$\hat{\mu}$	97.89	80.65	71.90
	$\hat{\sigma}^2$	248.06	265.69	194.88

由表 2-6 可见,距离事故现场 350 m 处,各车型速度样本均值较高,基本不受事故现场的影响,各车型为自由行驶状态,各车型速度样本方差较大,速度分布较离散。

以上 4 个测点得到的速度分布特征表明:

(1)测点 3 和测点 4 获得的各项统计值与自由流相比相差不大,因此,距离事故现场 250 m 以上时,驾驶行为基本不受事故现场的影响。距离事故现场 200 m 处,车辆由于变换车道,平均速度降至最低,但各车型速度样本总体标准差均较大,可见测点 2 附近是主要的合流区域;车辆完成合流行为后,

44

经过测点 1,交通流逐渐稳定,驾驶员已掌握事故现场的信息特征,车辆加速行驶;另外由于车道限制,超车行为减少,速度分布相对均匀。

(2)测点 4 与测点 2 相比,小型客车平均速度降幅为 12.51 km/h,大型客车平均速度降幅为 9.4 km/h,大型货车平均速度降幅为 9.9 km/h。可见,车辆经过单车道封闭的事故现场时,虽然车速有所降低,但速度降幅不大,平均降幅为 10.60 km/h,自由流状态下单车道封闭的高速公路交通事故现场对驾驶行为影响较小。

(3)测点 1 各车型的平均速度均较高,事故现场可视为瞬时速度为 0,整个区域速度分布离散性较大,交通事故现场路段安全性差。此外,单车道封闭的事故现场在交通量较小时,对整条高速公路影响不大;但交通量较大时,特别是交通流量达到或超过双车道的通行能力时,就会出现排队,事故现场的空间影响范围将不断扩大。基于以上考虑,应该采取限速方案,缓和交通流。

(4)由于调研时围成的交通事故现场并没有人员伤亡,也没有车辆间的碰撞,对过往驾驶员的视觉冲击不大。在实际单车道封闭的事故现场,过往车辆的速度值应该略低于观测值。

根据表 2-2 测得的速度样本统计值,可得到单车道封闭事故现场通过车辆的平均速度和速度样本总体标准差的空间分布,如图 2-17 和图 2-18 所示。

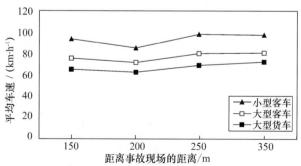

图 2-17 单车道封闭事故现场通过车辆的平均速度空间分布

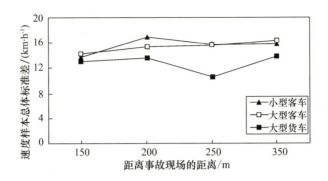

图 2-18　单车道封闭事故现场通过车辆的速度样本总体标准差空间分布

由图 2-17 可见,当事故现场只封闭一个车道时,对各车型的行驶速度影响不大,只在距离事故现场 200 m 处,即距离警示标志 50 m 处各车型平均速度略有降低,经过这一区域,车辆行驶速度有所增大,达到自由流速度。由图 2-18 可见,大型货车在各测点处速度样本总体标准差均最小,速度分布相对集中;小型客车和大型客车的速度样本总体标准差较大,速度分布相对离散。测点 2 附近小型客车速度样本标准差最大,此区域安全性最差。

三、双车道封闭事故现场

当事故现场封闭双车道时,即事故现场占据两个车道,进行了 6 个测点的速度调查。测点 1 设置在警示标志处,测点 2 设置在距警示标志 50 m 处,测点 3 距警示标志 100 m,测点 4、测点 5、测点 6 各距警示标志 200 m、300 m、400 m。多车道封闭交通事故现场测点布置方案如图 2-19 所示。

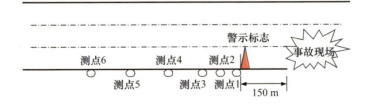

图 2-19　多车道封闭交通事故现场测点布置方案

双车道封闭事故现场各测点断面运行车速样本统计量见表2-7。

表2-7 双车道封闭事故现场各测点断面运行车速样本统计量

测点	测点1			测点2		
车型	小型客车	大型客车	大型货车	小型客车	大型客车	大型货车
v_{85}/(km·h^{-1})	77	70	68	78	69	66
平均速度/(km·h^{-1})	63.41	58.15	57.23	60.64	57.20	55.87
中值/(km·h^{-1})	63	58	58	56	56	58
总体标准差/(km·h^{-1})	12.02	10.79	9.73	16.88	11.97	11.24
样本方差/(km·h^{-1})	145.86	117.60	95.57	287.75	144.67	127.61
最大值/(km·h^{-1})	90	82	77	112	85	82
最小值/(km·h^{-1})	35	32	36	25	25	25
偏斜度	0.15	0.21	0.26	0.79	0.13	0.40
测点	测点3			测点4		
车型	小型客车	大型客车	大型货车	小型客车	大型客车	大型货车
v_{85}/(km·h^{-1})	95	72	68	108	82	75
平均速度/(km·h^{-1})	79.82	59.18	58.80	92.56	69.63	64.36
中值/(km·h^{-1})	76	58	58	93	69	65
总体标准差/(km·h^{-1})	14.56	11.72	9.52	14.18	13.55	10.15
样本方差/(km·h^{-1})	214.01	138.78	91.64	203.02	185.44	104.05
最大值/(km·h^{-1})	123	90	89	136	95	84
最小值/(km·h^{-1})	56	35	33	63	45	36
偏斜度	0.95	0.27	0.13	0.22	0.09	0.41
测点	测点5			测点6		
车型	小型客车	大型客车	大型货车	小型客车	大型客车	大型货车
v_{85}/(km·h^{-1})	112	89	82	115	95	86
平均速度/(km·h^{-1})	96.02	76.42	71.61	97.12	82.84	73.02
中值/(km·h^{-1})	96	78	72	96	84.5	75
总体标准差/(km·h^{-1})	14.78	13.87	11.50	16.32	12.37	11.45

续表 2-7

测点	测点 5			测点 6		
车型	小型客车	大型客车	大型货车	小型客车	大型客车	大型货车
样本方差/(km·h^{-1})	220.43	194.19	133.49	269.18	154.44	132.32
最大值/(km·h^{-1})	125	113	95	139	115	98
最小值/(km·h^{-1})	68	45	36	63	55	42
偏斜度	0.03	0.22	0.44	0.21	0.22	0.39

为了得到各测点断面运行车速分布,经过统计,得到测点 1 小型客车、大型客车和大型货车的断面运行车速分布频率图,如图 2-20 所示。

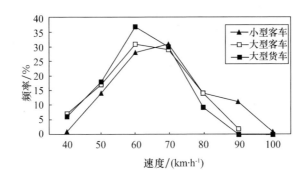

图 2-20 双车道封闭事故现场测点 1 断面运行车速分布频率图

由表 2-7 和图 2-20 可见,距离事故现场 150 m,即警示标志放置处,通过测点 1 测得的小型客车平均速度为 63.41 km/h,大型客车的平均速度为 58.15 km/h,大型货车的平均速度为 57.23 km/h,各车型平均速度相差不大。各车型速度服从正态分布,分布参数最大似然估计值见表 2-8。

表 2-8 测点 1 各车型断面运行车速正态分布参数最大似然估计值 km/h

车型		小型客车	大型客车	大型货车
最大似然估计值	$\hat{\mu}$	63.41	58.15	57.23
	$\hat{\sigma}^2$	114.48	116.42	94.67

由表2-8可见,距离事故现场150 m处,各车型速度样本方差均相对较小,由采集到的视频可知,在测点1之前,车辆都已经变换了车道,通过测点1后,车辆间呈较为稳定的跟驰行为。

经过统计,得到测点2小型客车、大型客车和大型货车的断面运行车速分布频率图,如图2-21所示。

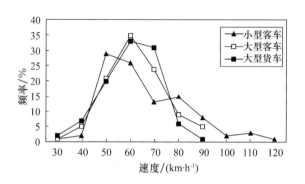

图2-21 双车道封闭事故现场测点2断面运行车速分布频率图

由表2-7及图2-21可见,距离事故现场200 m处,小型客车平均速度为60.64 km/h,大型客车的平均速度为57.20 km/h,大型货车的平均速度为55.87 km/h,各车型平均速度相差不大,均略低于测试点1测得的平均车速,各车型的速度服从正态分布,参数的最大似然估计值见表2-9。

表2-9 测点2各车型断面运行车速正态分布参数的最大似然估计值　　km/h

车型		小型客车	大型客车	大型货车
最大似然估计值	$\hat{\mu}$	60.64	57.20	55.87
	$\hat{\sigma}^2$	284.93	143.28	126.43

由表2-9可见,测点2断面测得的小型客车的速度样本方差较大,大型客车和大型货车速度样本方差相对较小。在此区域,小型客车存在超车及变换车道等行为,造成速度分布较为离散。

经过统计,得到测点 3 小型客车、大型客车和大型货车的断面运行车速分布频率图,如图 2-22 所示。

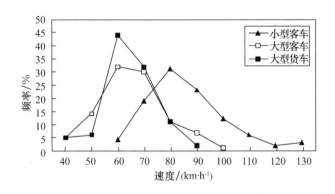

图 2-22 双车道封闭事故现场测点 3 断面运行车速分布频率图

由表 2-7 及图 2-22 可见,距离事故现场 250 m,通过测试点 3 测得的小型客车平均速度为 79.82 km/h,大型客车平均速度为 59.18 km/h,大型货车平均速度为 58.80 km/h,各车型平均速度略高于测点 1 和测点 2 的测量值。各车型的速度服从正态分布,参数最大似然估计值见表 2-10。

表 2-10 测点 3 各车型断面运行车速正态分布参数最大似然估计值　　km/h

车型		小型客车	大型客车	大型货车
最大似然估计值	$\hat{\mu}$	79.82	59.18	58.80
	$\hat{\sigma}^2$	211.99	137.36	90.63

由表 2-10 可见,测点 3 断面测得的大型货车速度样本方差相对较小,速度分布较集中,小型客车速度样本方差较大,速度分布较离散。

经过统计,得到测点 4 小型客车、大型客车和大型货车的断面运行车速分布频率图,如图 2-23 所示。

50

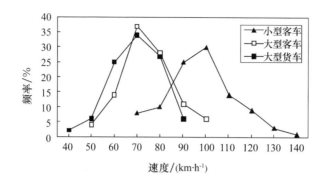

图 2-23 双车道封闭事故现场测点 4 断面运行车速分布频率图

由表 2-7 及图 2-23 可见，距离事故现场 350 m 处，小型客车平均速度为 92.56 km/h，大型客车平均速度为 69.63 km/h，大型货车平均速度为 64.36 km/h。小型客车平均速度较快，大型客车与大型货车平均速度相差不大。各车型速度服从正态分布，参数最大似然估计值见表 2-11。

表 2-11 测点 4 各车型断面运行车速正态分布参数最大似然估计值   km/h

车型		小型客车	大型客车	大型货车
最大似然估计值	$\hat{\mu}$	92.56	69.63	64.36
	$\hat{\sigma}^2$	201.07	183.60	103.02

由表 2-11 可见，小型客车和大型客车的速度样本方差较大，速度分布较离散，大型货车速度样本方差较小，分布相对集中。

经过统计，得到测点 5 小型客车、大型客车和大型货车的断面运行车速分布频率图，如图 2-24 所示。

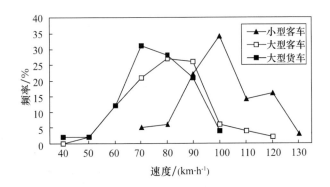

图2-24 双车道封闭事故现场测点5断面运行车速分布频率图

由表2-7及图2-24可见,距离事故现场450 m处,小型客车平均速度为96.02 km/h,大型客车平均速度为76.42 km/h,大型货车平均速度为71.61 km/h,各车型平均速度较高。各车型车速服从正态分布,参数最大似然估计值见表2-12。

表2-12 测点5各车型断面运行车速正态分布参数最大似然估计值　　km/h

车型		小型客车	大型客车	大型货车
最大似然估计值	$\hat{\mu}$	96.02	76.42	71.61
	$\hat{\sigma}^2$	218.45	192.37	132.25

由表2-12可见,在测点5处,小型客车和大型客车的速度样本方差较大,速度分布较离散;大型货车速度样本方差较小,速度分布相对集中。与表2-5和表2-6所示的速度分布参数点估计值相差不大,满足自由流下的速度分布特征。

经过统计,得到测点6小型客车、大型客车和大型货车的断面运行车速分布频率图,如图2-25所示。

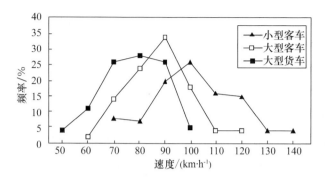

图2-25 双车道封闭事故现场测点6断面运行车速分布频率图

由表2-7及图2-25可见,距离事故现场550 m处,小型客车平均速度为97.12 km/h,大型客车平均速度为82.84 km/h,大型货车平均速度为73.02 km/h,各车型平均速度与测点5测得的平均速度相差不大。各车型车速服从正态分布,参数最大似然估计值见表2-13。

表2-13 测点6各车型断面运行车速正态分布参数最大似然估计值

车型		小型客车	大型客车	大型货车
最大似然估计值	$\hat{\mu}$	97.12	82.84	73.02
	$\hat{\sigma}^2$	266.34	153.02	131.10

在不发生交通拥挤的情况下,距离事故现场550 m,车流接近自由流,小型客车速度样本方差较大,大型货车速度样本方差较小。

以上6个测点得到的速度分布特征表明:

(1)测点1、测点2和测点3各型车平均速度相差不大,测点1处各型车速度样本方差均较小,测点2和测点3处小型客车速度样本方差较大。可见在测点1至事故现场的区域,车辆间相互跟驰,各车型速度较一致;测点2和测点3附近为车辆合流区域。测点2测得的各型车平均速度均为最小,因为在测点2附近车辆要减速行驶,变换车道。合流后,车辆再加速驶离事故现场。

（2）对比测点 6 和测点 2 断面各车型的平均速度，小型客车的平均速度降幅为 36.48 km/h，大型客车平均速度下降 25.64 km/h，大型货车平均速度下降 17.15 km/h；对比测点 6 和测点 1 断面，小型客车平均速度下降 33.71 km/h，大型客车平均速度下降 24.69 km/h，大型货车平均速度下降 15.29 km/h。可见，双车道封闭对驾驶行为影响较大，不在最内侧车道的车辆驾驶员必须首先减速，再合流，加速驶过事故现场。

（3）测点 5 和测点 6 各型车的平均速度相差不大，可见，距离事故现场 450 m 以外的区域，事故现场对过往车辆影响较小。测点 4 距警示标志 200 m，距事故现场 350 m，驾驶员在此区域已经能够判断前方有交通事件，车辆减速行驶，各型车平均速度降幅为 7.62 km/h。

根据表 2-7 测得的速度样本统计值，可得到双车道封闭交通事故现场车辆的平均速度和总体标准差的空间分布，见图 2-26 和 2-27。由图 2-26 可见，当事故现场宽度较大，封闭两个车道时，对各车型行驶速度影响较大，小型客车平均速度下降 36.48 km/h，大型客车平均速度下降 25.64 km/h，大型货车平均速度下降 17.15 km/h。测试点 2 测得的平均速度最低，即距离警示标志 50 m 处、距离事故现场 200 m 处车辆平均速度降至最低。由图2-27可见，测点 1 各车型断面运行车速样本总体标准差最小，小型客车在测点 2 断面运行车速样本总体标准差最大，此区域安全性最差。

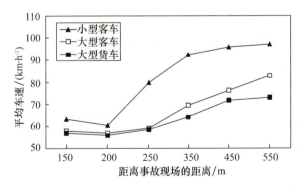

图 2-26 双车道封闭事故现场车辆平均速度空间分布

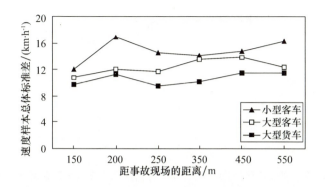

图2-27 双车道封闭事故现场车辆速度样本总体标准差空间分布

四、车速空间分布特性

根据表2-14设置仿真参数,在交通流量为1 000 veh·h^{-1}时,分别对双向四车道、双向六车道及双向八车道高速公路不同几何特征的事故现场路段进行交通仿真。仿真时长设为3 600 s,统计测得的断面平均速度,可获得事故路段车速空间分布图。图2-28~2-30中,原点均为起始检测器的位置,400 m处即为事故现场。

表2-14 仿真参数设置

仿真参数	道路线形	大车比例/%	排队识别/(km·h^{-1})	事故区长度/m	车道宽度/m
设定值	平直路段	20	5~10	100	3.75

1. 双向四车道高速公路事故路段车速分布

发生在双向四车道高速公路上的交通事故,现场占用的几何范围(长度、宽度)并不确定。仿真中现场长度设置为100 m,宽度设置为3.75 m(单车道封闭)。根据各个检测器测得的仿真数据,经统计得到双向四车道高速公路单车道封闭事故路段车速空间分布图,如图2-28所示。

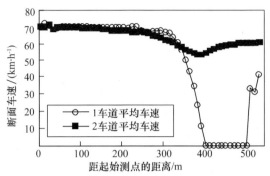

图 2-28 双向四车道高速公路单车道封闭现场路段车速空间分布图

2. 双向六车道高速公路事故路段车速分布

双向六车道高速公路事故现场长度设为 100 m,宽度分别设为 3.75 m(单车道封闭)和 7.5 m(双车道封闭)。根据检测器测得的仿真数据,得到双向六车道高速公路事故路段车速空间分布图,如图 2-29 所示。

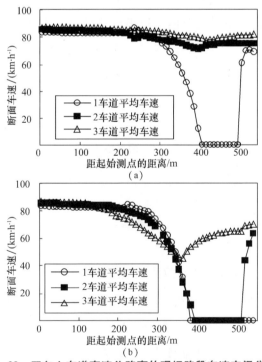

图 2-29 双向六车道高速公路事故现场路段车速空间分布图

(a)单车道封闭;(b)双车道封闭

3. 双向八车道高速公路事故路段车速分布

双向八车道高速公路事故现场长度设为 100 m,宽度分别设为 3.75 m(单车道封闭)、7.5 m(双车道封闭)及 11.25 m(三车道封闭)。根据检测器测得的仿真数据,得到双向八车道高速公路事故路段车速空间分布图,如图 2-30 所示。

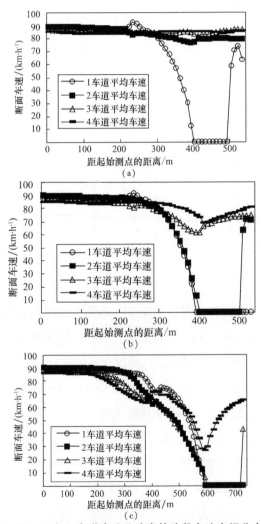

图 2-30 双向八车道高速公路事故路段车速空间分布图
(a)单车道封闭;(b)双车道封闭;(c)三车道封闭

4. 车速空间分布仿真分析

由图 2－28、图 2－29 和图 2－30 中的仿真数据,得到车速空间分布特征参数值,见表 2－15。

表 2－15 高速公路事故路段车速空间分布特征参数值

高速公路类型	事故现场特征	未封闭车道速度特征		封闭车道速度特征
		最小值/(km·h^{-1})	最小值位置/m	速度突变位置/m
双向四车道	1 车道封闭	53.5	380	300
双向六车道	1 车道封闭	71.3	390	320
	1、2 车道封闭	45.3	360	250
双向八车道	1 车道封闭	77.1	390	300
	1、2 车道封闭	61.1	380	300
	1、2、3 车道封闭	26.8	560	240

注:表中位置均指的是距事故现场的距离。

由表 2－15 可见,双向四车道高速公路发生单车道封闭的交通事故,在 0～300 m(距现场 100 m 以上)的范围内,两个车道车速相差不大,均接近 70 km/h,之后 1 车道车速降低较快,事故现场端车速降为 0;2 车道车速呈先降后升的趋势,最小值为 53.5 km/h,位于 380 m 处(距现场 20 m)。由此可知,驾驶员在距事故现场 100 m 处判断现场存在,并开始寻找安全可插入间隙,距现场 20 m 处完成车道变换行为。

双向六车道高速公路发生单车道封闭的交通事故,正常路段车速高于四车道高速公路,为 80 km/h 左右,1 车道车速突变位置为 320 m(距现场 80 m)处,其他车道车速呈先降后升的趋势,最小值为 71.3 km/h,位于 390 m 处(距现场 10 m);发生双车道封闭的交通事故,1 车道和 2 车道车速突变位置较为提前,为 250 m(距现场 150 m),3 车道车速最小值为 45.3 km/h,位于 360 m 处(距现场 40 m)。

双向八车道高速公路发生单车道封闭的交通事故,对 3 车道和 4 车道车辆影响不大,2 车道的车速最小值为 77.1 km/h,位于 390 m 处(距现场 10 m);1 车道车速突变位置为 300 m(距现场 100 m)。发生双车道封闭的交通事故,3 车道车速最小值为 61.1 km/h,位于 380 m 处(距现场 20 m);1 车道和 2 车道车速突变位置为 300 m(距现场 100 m)。发生三车道封闭的交通事故,对各车道车速影响较大,封闭的 3 个车道速度突变位置最为提前,为 240 m 处(距现场 350 m);4 车道车速最小值为 26.8 km/h,位于 560 m 处(距现场 40 m)。

第三节　交通流干扰特性

由车辆平均速度空间分布可知,车辆要经过正常行驶、减速、合流、跟驰和加速等工况通过事故现场,特别是双车道封闭的事故现场,只有单车道供车辆通行,道路通行能力降低,交通密度增大,交通流相互干扰,表现为车头时距的降低和合流行为的出现。

一、车头时距

车头时距是交通流中的一个重要参数,常用来评价交通密度。本节分析正常路段、事故现场占据一个车道和事故现场占据两个车道的车头时距分布特征。选择距事故现场 200 m 的测点 2 断面,即距离警示标志 50 m 处,利用普通数码摄像机获得车流视频,输入 VTD2000E 车辆检测器可得到各车道的车头时距。无论单车道还是双车道封闭的事故现场,大部分车辆都在此前完成合流,交通流呈现稳定流,因此获得的数据可分析交通事故发生前后车头时距的变化。

1. 正常路段

经过统计,得到哈阿高速公路正常路段超车道和中间行车道的车头时距频数分布,如图 2-31 所示。

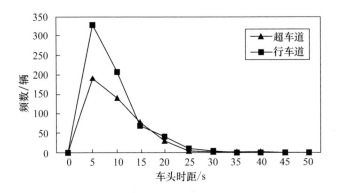

图 2-31 哈阿高速公路正常路段车头时距频数分布

由图 2-31 可见,哈阿高速公路在不发生交通事故的情况下,正常路段超车道和中间行车道的车头时距分布函数相同。经检验,超车道和行车道的车头时距在 95% 置信水平下服从负指数分布,分布参数见表 2-16。

表 2-16 哈阿高速公路正常路段车头时距分布参数

车道	M	D	l	λ	概率密度函数
超车道	8.37	69.36	1.01	0.119 5	$p(t)=0.119\,5\mathrm{e}^{-0.119\,5t}$
行车道	7.03	44.93	1.21	0.142 2	$p(t)=0.142\,2\mathrm{e}^{-0.142\,2t}$

注:M 为均值;D 为方差;l、λ 为参数;t 为车头时距。

由表 2-16 可见,哈阿高速公路正常路段超车道和行车道车头时距均服从 $l=1$ 的爱尔朗分布,即负指数分布。超车道车头时距均值为 8.37 s,行车道车头时距均值为 7.03 s。

2. 单车道封闭事故现场

当事故现场占据一个车道时,合流段(距离事故现场警示标志 50 m,测点 2 处)行车道和超车道的车头时距频数分布如图 2-32 所示。

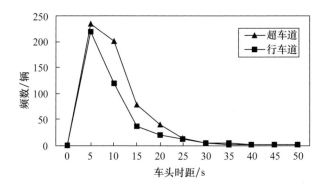

图 2-32 单车道封闭事故现场测点 2 处行车道和超车道车头时距频数分布

由图 2-32 可见,哈阿高速公路发生单车道封闭的交通事故时,超车道和行车道的车头时距分布函数基本相同。经检验,超车道和行车道的车头时距在 95% 置信水平下服从负指数分布,分布参数见表 2-17。

表 2-17 单车道封闭事故现场测点 2 处超车车道和行车道车头时距分布参数

车道	M	D	l	λ	概率密度函数
超车道	7.45	45.49	1.22	0.134 2	$p(t)=0.134\,2e^{-0.134\,2t}$
行车道	10.01	74.22	1.35	0.1	$p(t)=0.1e^{-0.1t}$

由表 2-17 可见,哈阿高速公路单车道封闭事故现场的超车道和行车道车头时距均服从 $l=1$ 的爱尔朗分布,即负指数分布。超车道车头时距均值为 7.45 s,行车道的车头时距均值为 10.01 s。行车道的车头时距均值略高,这是因为中间行车道的驾驶员发现前方单车道封闭,为了规避风险而变换车道选择在超车道行车,导致超车道车头时距降低,车流密度变大。

3. 双车道封闭事故现场

当事故现场占据两个车道时,合流段(距离事故现场警示标志 50 m 处)中间行车道车辆较少,只检测了超车道的车头时距,其频数分布如图 2-33 所示。

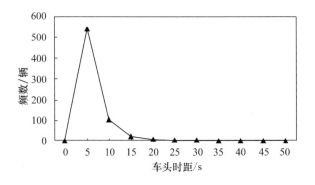

图 2-33 双车道封闭事故现场超车道测点 2 处车头时距频数分布

由图 2-33 可见,哈阿高速公路发生双车道封闭的交通事故时,超车道的车头时距在 95% 置信水平下服从负指数分布,分布参数见表 2-18。

表 2-18 双车道封闭事故现场测点 2 处车头时距分布参数

车道	M	D	l	λ	概率密度函数
超车道	3.67	13.61	0.99	0.272 5	$p(t)=0.272\,5\mathrm{e}^{-0.272\,5t}$

由表 2-18 可见,哈阿高速公路双车道封闭事故现场超车道测点 2 处车头时距服从 $l=1$ 的爱尔朗分布,即负指数分布,平均车头时距为 3.67 s。

二、合流模型

根据车速调查数据和车流视频可知,测点 2 所在位置,即距离事故现场 200 m 附近,大部分车辆完成合流行为。事故现场的封闭性导致原始车道车辆合流的强制性,合流区车辆间横向冲突增加,目标车道交通流特征发生变化。在交通警察放置限速标志,约束驾驶行为前合流区会出现一段时间的交通流紊乱,这也是二次交通事故的易发时段。

在自由流下,可插入间隙是个随机变量,可用安全车头时距描述。交通流理论中的车头时距常以概率分布函数来描述,如负指数分布、移位负指数

分布和 l 阶爱尔朗分布,即

$$P(h \geq t) = e^{-\lambda t} \quad (2-2)$$

$$P(h \geq t) = e^{-\lambda(t-\tau)}, \quad t \geq \tau \quad (2-3)$$

$$P(h \geq t) = \sum_{i=0}^{l-1} (\lambda l t)^i \frac{e^{-\lambda l t}}{i!} \quad (2-4)$$

式中　$P(h \geq t)$——车头时距大于等于 t 的概率;

λ——车辆到达率,veh/h 或 veh/s;

t——车辆处于车队状态行驶时,车辆之间保持的最小车头时距,s;

τ——移位负指数分布参数;

l——爱尔朗分布参数。

若将车头时距 t 看作安全可插入间隙,式(2-2)~(2-4)表明,每 $\frac{1}{P}$ 辆车即有 1 辆车的车头时距不小于 t。假设目标车道车辆的到达率为 λ_1,则 $\frac{1}{P}$ 辆车的到达时间即为产生一次可插入间隙的时间,计算式为

$$t_c = \frac{1}{P\lambda_1} \quad (2-5)$$

式中　t_c——产生一次可插入间隙的时间,s;

λ_1——目标车道车辆平均到达率,veh/s。

在时间 t_c 内,目标车道有 $\frac{1}{P}$ 辆车到达,原始车道车辆到达数为

$$\lambda_2' = \frac{\lambda_2}{\lambda_1 P} \quad (2-6)$$

式中　λ_2——原始车道车辆平均到达率,veh/s。

如果原始车道的 λ_2' 辆车全部汇入目标车道,所需时间为:

$$T = \lambda_2' t_c = \frac{\lambda_2}{\lambda_1^2 P^2} \quad (2-7)$$

在时间 T 内,目标车道车辆行驶的距离即为最小合流区长度,则合流区的最小长度 L_c 计算式为

$$L_c = v_2 T = \frac{\lambda_2 v_2}{3.6 \lambda_1^2 P^2} \quad (2-8)$$

式中　v_2——车辆在合流区的平均速度,km/h。

式(2-4)为 l 阶爱尔朗分布,是通用的描述车头时距的概率分布函数。参数 l 可以反映不同的车流特征: $l=1$ 表示负指数分布,交通流为自由流,车头时距的随机性强; $l=\infty$ 表示车头时距相等,出现交通拥挤状态,车辆稳定跟驰。

参数 l 可由观测数据的均值和方差估算,四舍五入取整,计算式为

$$l = \frac{M^2}{s^2} \quad (2-9)$$

式中　M——样本均值;

　　　s^2——样本方差。

由此可得不同爱尔朗分布参数时最小合流区长度模型:

(1) $l=1$ 时,即车头时距服从负指数分布,可得自由流下最小合流区长度为

$$L_c = \frac{\lambda_2 v_2}{3.6\lambda_1^2 e^{-2\lambda_1 t}} \quad (2-10)$$

(2) $l=2$ 时,可得合流区长度为

$$L_c = \frac{\lambda_2 v_2}{3.6\lambda_1^2 e^{-4\lambda_1 t}(1+2\lambda_1 t)^2} \quad (2-11)$$

(3) $l=3$ 时,可得合流区长度为

$$L_c = \frac{\lambda_2 v_2}{3.6\lambda_1^2 e^{-6\lambda_1 t}(1+3\lambda_1 t+4.5\lambda_1^2 t^2)^2} \quad (2-12)$$

式(2-10)~(2-12)中参数 λ_1、λ_2 可根据实际交通流状况确定;在交通事故现场,车辆在合流区的平均速度 v_2 通常取其限速值。对高速公路合流段的车辆汇入特征进行研究,通过调查数据统计了合流区车辆的插入间隙,结果表明,不同车型的可插入间隙不等,但大部分车辆的可插入间隙 t 为 3~4 s。

以上基于车头时距分布特征得出高速公路最小合流区长度计算模型,在应用时,还要考虑道路具体的交通状况及驾驶员的生理、心理特征和操作水平。

三、排队特性

交通事故是引起高速公路车辆拥堵和排队的主要原因,排队形成和消

散是分析事故空间和时间影响范围的依据。仿真模型中,在事故现场端处设置排队检测器,测得平均排队长度和最大排队长度。

1. 双向四车道高速公路事故路段排队特性

仿真环境参数见表2-19,仿真时最低交通流量设为600 veh/h,并以200 veh/h递增,获得事故现场路段排队特性。限于篇幅,选择1 000 veh/h 和1 200 veh/h交通流量下,双向四车道高速公路事故现场路段车辆排队特性,如图2-34所示。

表2-19 仿真环境参数

仿真参数	道路线形	大车比例/%	排队识别/(km·h^{-1})	事故区长度/m	车道宽度/m
设定值	平直路段	20	5~10	100	3.75

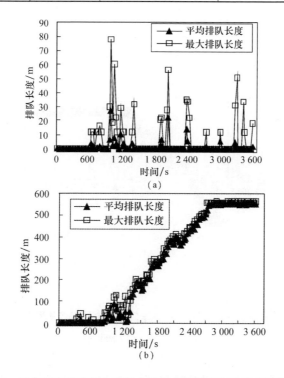

图2-34 双向四车道高速公路单车道封闭事故现场路段车辆排队特性
(a)1 000 veh/h;(b)1 200 veh/h

2. 双向六车道高速公路事故路段排队特性

在双向六车道高速公路单车道封闭事故现场仿真模型中，最低交通流量设为 2 000 veh/h，并以 200 veh/h 递增，获得事故现场路段排队特性。2 600 veh/h 和 2 800 veh/h 交通流量下，双向六车道高速公路单车道封闭事故现场路段车辆排队特性，如图 2-35 所示。

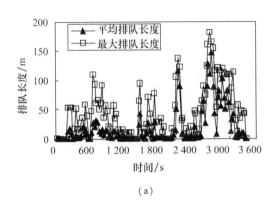

(a)

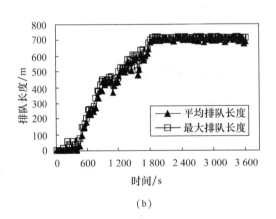

(b)

图 2-35 双向六车道高速公路单车道封闭事故现场路段车辆排队特性

(a) 2 600 veh/h；(b) 2 800 veh/h

双向六车道高速公路双车道封闭事故现场仿真模型中，最低交通流量设为 600 veh/h，并以 200 veh/h 递增，获得事故现场路段排队特性。

1 000 veh/h和1 200 veh/h交通流量下,双向六车道高速公路双车道封闭事故现场路段车辆排队特性,如图2-36所示。

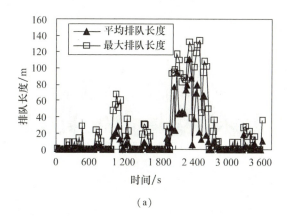

(a)

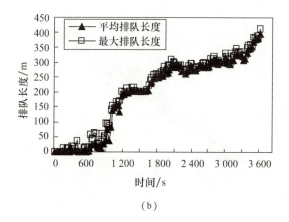

(b)

图2-36 双向六车道高速公路双车道封闭事故现场路段车辆排队特性

(a)1 000 veh/h;(b)1 200 veh/h

3. 双向八车道高速公路事故路段排队特性

在双向八车道高速公路单车道封闭事故现场仿真模型中,最低交通流量设为3 000 veh/h,并以200 veh/h递增,获得事故现场路段排队特性。3 800 veh/h和4 000 veh/h交通流量下,双向八车道高速公路单车道封闭事故现场路段车辆排队特性,如图2-37所示。

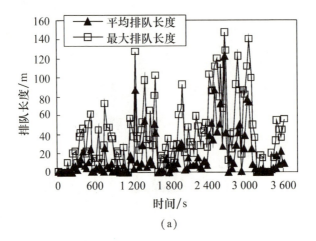

(a)

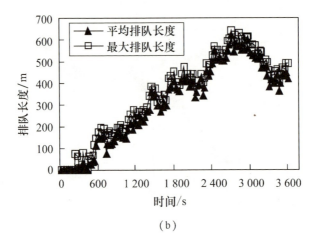

(b)

图 2-37　双向八车道高速公路单车道封闭事故现场路段车辆排队特性

(a)3 800 veh/h；(b)4 000 veh/h

双向八车道高速公路双车道封闭事故现场仿真模型中，最低交通流量设为 2 000 veh/h，并以 200 veh/h 递增，获得事故现场路段排队特性。2 200 veh/h 和 2 400 veh/h 交通流量下，双向八车道高速公路双车道封闭事故现场路段车辆排队特性如图 2-38 所示。

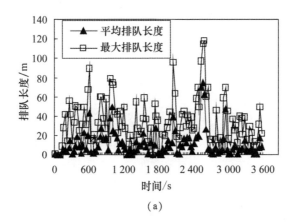

(a)

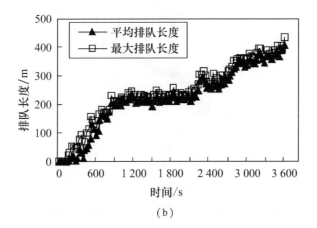

(b)

图 2-38 双向八车道高速公路双车道封闭事故现场路段车辆排队特性
(a)2 200 veh/h;(b)2 400 veh/h

双向八车道高速公路三车道封闭事故现场仿真模型中,最低交通流量设为 600 veh/h,并以 200 veh/h 递增,获得事故现场路段排队特性。1 000 veh/h 和 1 200 veh/h 交通流量下,双向八车道高速公路三车道封闭事故现场路段车辆排队特性如图 2-39 所示。

69

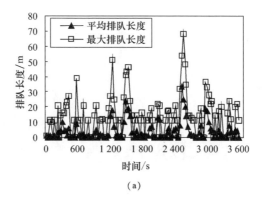

(a)

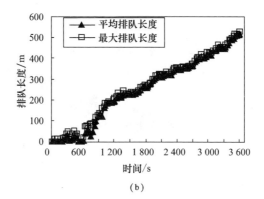

(b)

图 2-39　双向八车道高速公路三车道封闭事故现场路段车辆排队特性

(a)1 000 veh/h;(b)1 200 veh/h

4. 排队特性仿真分析

不同类型高速公路事故路段在临界交通流量下的车辆排队特性见表 2-20。

表2-20 不同类型高速公路事故路段在临界交通流量下的车辆排队特性

高速公路类型	事故现场特征	交通流量临界值/(veh·h^{-1})	平均排队长度		最大排队长度	
			最大值/m	最大值时刻/s	最大值/m	最大值时刻/s
双向四车道	1车道封闭	1 000	27	990	78	990
双向六车道	1车道封闭	2 600	147	2 940	181	2 910
	1、2车道封闭	1 000	111	2 310	134	2 490
双向八车道	1车道封闭	3 800	122	2 640	147	2 640
	1、2车道封闭	2 200	75	2 580	118	2 610
	1、2、3车道封闭	1 000	34	2 520	68	2 550

由图2-34及表2-20可知,双向四车道高速公路发生交通事故单车道封闭,低于1 000 veh/h的交通流量下,虽存在排队现象,但在一定的时间内,排队可自行消散。交通流量为1 000 veh/h时,在3 600 s的仿真时间内,平均排队长度和最大排队长度最大值分别为27 m和78 m,出现时刻均为990 s,说明事故现场路段的空间影响范围较小。交通流量为1 200 veh/h时,从仿真运行至810 s开始,平均排队长度和最大排队长度均无法归0,且逐渐增加;仿真运行至2 820 s时,排队现象已覆盖整个仿真路段。说明系统在1 200 veh/h以上的交通流量时,排队现象以事故现场为起点向上游路段扩散传播,事故现场对路段的空间影响范围较大。双向六车道高速公路发生交通事故单车道及双车道封闭时,临界交通流量分别为2 600 veh/h和1 000 veh/h。双向八车道高速公路发生交通事故,单车道、双车道及三车道封闭时临界交通流量分别为3 800 veh/h、2 200 veh/h和1 000 veh/h。

基于高速公路交通事故现场的多维性、随机性和时变性,采用微观交通流仿真软件分析事故现场上游路段车辆的排队特性。在仿真模型中设置检测器和排队计数器,在3 600 s的仿真时长内,将检测器和计数器测得的数据进行统计处理,绘制排队长度时变图,得到的研究结果可为管理人员采取新的交通管理措施提供理论依据。

第三章　高速公路二次交通事故致因因素分析

第一节　二次交通事故的概念

一、二次交通事故的定义

对于一般交通事故的定义是：车辆在道路上因过错或者意外造成人身伤亡或者财产损失的事件。交通事故不仅可能是由非特定的人员违反道路交通安全法规造成的，也可能是由地震、台风、山洪、雷击等不可抗拒的自然灾害造成的。

由于各国国情不同，道路交通状况、交通规则和交通管理规范有所区别，各国对二次交通事故的理解也不尽相同。美国对二次交通事故的理解是，初次事故发生后，在事故现场附近的车流，以及车流的边界（尾部）发生的，由初次事故导致通行条件改变而诱发的继发事故。

参照国内关于二次交通事故的报道及国外对二次交通事故的理解，根据我国国情和道路交通状况，提出了二次交通事故的定义。二次交通事故，是指发生道路交通事故后，过往事故现场的车辆与事故现场的人员、车辆、散落物或道路设施发生碰撞导致再次发生的事故。

目前，在我国境内高速公路发生的二次交通事故大多发生在急变陡坡地段或雨雪雾等恶劣天气中，且因二次交通事故起因急，驾驶员反应不及时，造成采取措施不力，往往引发多车连续相撞和群死群伤等恶性重特大事故，成为目前高速公路安全方面急待解决的问题。

二、二次交通事故的构成要素

一般交通事故应当具备下列要素：

（1）车辆要素。

交通事故的发生必须是由车辆造成的，且当事人各方中至少有一方使用车辆，如果各方都是行人而发生的事故，则不构成道路交通事故。车辆包括机动车和非机动车，没有车辆就不能构成交通事故。因此，自行车碰撞行人是交通事故，机动车碰撞行人是交通事故，但人与人在道路上发生碰撞，致一人受伤则不是道路交通事故。

《中华人民共和国道路交通安全法》第一百一十九条规定：机动车是指以动力装置驱动或者牵引，上道行驶的供人员乘用或者用于运送物品以及进行工程专项作业的轮式车辆。非机动车是指以人力或者畜力驱动，上道行驶的交通工具，以及虽有动力装置驱动但设计最高时速、空车质量、外形尺寸符合有关国家标准的残疾人机动轮椅车、电动自行车等交通工具。

（2）道路要素。

交通事故必须是在道路上发生的。道路范围的界定，直接涉及道路交通管理调整的范围。准确界定道路的概念，可以解决交通事故处理中不如实统计上报、管辖权限争议、罪与非罪、交通肇事罪与过失致人死亡（伤害）罪、作为与不作为等许多问题。

《中华人民共和国道路交通安全法》第一百一十九条规定：道路是指公路、城市道路和虽在单位管辖范围但允许社会机动车通行的地方，包括广场、公共停车场等用于公众通行的场所。显然该定义表述还不够清晰，但可以看出两层含义，一是指道路的范畴包括公路和城市道路；二是指特定情况，虽在单位管辖范围但允许社会机动车通行的地方，含广场、公共停车场等用于公众通行的场所也属于道路。

（3）交通性质。

交通性质是指在道路上进行的人和物空间位置的移动。空间位置的移动是指行驶状态和短暂的停止状态。因此，行人与短暂停止的车辆发生的碰撞事故,车辆开动后发生的人员挤、摔伤亡事故和公共汽车到站停车后发生的人员挤、摔伤亡事故,都属于道路交通事故。但是车辆尚未开动,发生的人员挤、摔伤亡事故,停车场里从停止的车辆上掉下的事故,不属于道路交通事故。若车辆处于完全停止状态,行人主动去碰撞车辆或乘车人上下车的过程中发生的挤、摔伤亡的事故,则不属于交通事故。非交通性质造成的事故,如军事演习、体育竞赛等活动中发生的事故,均不属于道路交通事故。

(4)后果要素。

事故必须有损害后果的发生。损害后果仅指直接的损害后果,且是物质损失,包括人身伤亡和财产损失。交通事故必须是有人身伤亡、财物损失等后果,没有损害后果的不能称为交通事故。因为处理交通事故是为了解决事故造成的人身伤亡和财产损失,没有造成人身伤亡或财产损失的不属于交通事故范畴。

(5)过错、意外要素。

当事人心理状态的过失或有其他意外因素。过错包括故意和过失。故意是指明知自己的行为会发生危害社会的结果,并且希望或者放任这种结果发生的一种心理状态。明知就是预见到、认识到,会发生包括必然发生和可能发生。故意分为直接故意和间接故意。当事人主观上是故意的行为,同样也是交通事故,如利用交通工具当凶器危害他人、利用交通工具自杀等情况。过错,是指行为人应当预见自己的行为可能发生危害社会的结果,因疏忽大意而没有预见,或者已经预见而轻信能够避免,以致发生危害后果。过失分为两类:一类是疏忽大意,另一类是过于自信。

从定义可以看出,二次交通事故除了具备一般交通事故的要素外,还应具备以下3个要素:

(1)初次交通事故现场的存在性。

交通事故发生后,必然存在事故现场。尽管事故现场的存在具有客观性,但由于天气、环境和其他交通事件的影响,随着时间的推移,事故现场的痕迹、物证和事故车辆及人员(物、畜)等会被移动位置或消失。

由于交通事故现场对事故分析具有重要作用,《中华人民共和国道路交通安全法》对现场保护做了明确规定。因此,从初次交通事故发生至现场处理完毕,交通事故现场一直客观存在。二次交通事故发生在初次事故现场的路段,没有初次事故现场,二次交通事故也没有发生的空间条件。此外,二次交通事故的发生也具有时间条件,是指初次交通事故当事人或者交通警察对事故现场做了基本处置后,过往车辆再冲入事故现场而导致的交通事故。

(2)交通警察或过往车辆驾驶员的主观过失。

很多法规都对交通警察在事故现场的工作内容、工作程序和必须装备做了具体规定,但是,交通警察有时疏忽大意,着装、佩戴标志或所配设备不全,事故现场不按规定处置或处置方法不规范,或者过往车辆超速、驾驶员行驶规避不当等,常常诱发二次交通事故,这些主观过失也是二次交通事故的要素之一。

(3)过往事故现场车辆的参与性。

由于交通事故的发生具有随机性,事故现场的位置也具有不确定性。这种不确定性往往使过往车辆规避不及,冲入现场或与现场附近的交通设施相撞,引起继发事故。过往车辆是二次交通事故发生的主体条件,没有过往车辆的参与,二次交通事故不会发生。因此,初次事故当事人被甩出车辆,与地面或交通设施的二次碰撞、初次事故车辆的爆炸或泄漏引起的人身伤亡事件都不属于二次交通事故。

上述3个要素,再加上一般交通事故的5个要素,是判定二次交通事故的必要条件。

第二节　二次交通事故的分类

交通事故分类的目的在于对交通事故数据进行分析、研究和处理,便于确定交通事故处理标准、进行档案管理和事故统计,找出交通事故的发生规律和原因,以便采取有针对性的预防措施。交通事故分类方法视事故分析需要及事故统计角度的不同而有所区别。

交通事故的分类一般有以下 3 种：

1. 按后果分类

交通事故按后果可分为轻微事故、一般事故、重大事故和特大事故。轻微事故是指一次造成轻伤 1～2 人，或者财产损失的数额中机动车事故不足 1 000 元，非机动车事故不足 200 元的事故；一般事故是指一次造成重伤 1～2 人，或者轻伤 3 人以上，或者财产损失不足 3 万元的事故；重大事故是指一次造成死亡 1～2 人，或者重伤 3 人以上 10 人以下，或者财产损失 3 万元以上不足 6 万元的事故；特大事故是指一次造成死亡 3 人以上，或者重伤 11 人以上，或者死亡 1 人，同时重伤 8 人以上，或者死亡 2 人，同时重伤 5 人以上，或者财产损失 6 万元以上的事故。

2. 按原因分类

交通事故按原因可分为主观原因事故和客观原因事故。主观原因事故是指造成道路交通事故的当事人本身内在的因素，主要表现为违反规定、疏忽大意、操作不当等；客观原因事故是指车辆、道路、环境条件（包括气候、水文、环境等）等不利因素而引发了交通事故。

3. 按交通工具分类

交通事故按交通工具可分为机动车事故、非机动车事故和行人事故。机动车事故是指在事故当事方中机动车负主要以上责任的事故；但在机动车与非机动车或行人发生的事故中，机动车负同等责任的，也应视为机动车事故。非机动车事故是指畜力车、三轮车、自行车等非机动车辆负主要以上责任的事故。行人事故是指事故当事方中行人负主要以上责任的事故。

二次交通事故由于自身特性，分类方法与一般交通事故的分类方法也不尽相同。二次交通事故的分类见表 3-1。

表3-1 二次交通事故的分类

分类方法	按事故原因分类		按驾驶员原因分类			按事故对象分类			
类别	主观原因造成的交通事故	客观原因造成的交通事故	观察错误造成的交通事故	判断错误造成的交通事故	操作错误造成的交通事故	车辆间的二次交通事故	车辆自身的事故	车辆与事故现场人员的事故	车辆和固定设施之间的事故

第三节 二次交通事故的形式

交通事故的形式,即交通事故参与者之间发生冲突或自身失控所表现出的具体事态。二次交通事故的形式与一般交通事故的主要形式基本相同,但每种事故形式的具体内容有所区别。事故形式有碰撞、刮擦、碾压、翻车、坠车、爆炸或失火等。从事故形态的分布来看,二、三级道路又是我国道路的主体,交管部门要重点在二、三级道路上寻求突破。

1. 碰撞

碰撞主要表现为过往车辆的正面部分与初次事故现场车辆、事故现场人员或固定物间的接触,是二次交通事故的主要形式。大多数的二次交通事故形式均为碰撞,碰撞结果往往导致冲入现场的车辆损毁或交通警察、围观者、初次事故当事人伤亡,而且由于现场人员没有准备,伤亡较重。

碰撞事故无论是在事故总量上还是死亡人数上,都是交通事故的主体。在碰撞次数上,侧面碰撞明显高于正面碰撞,但是其死亡人数却低于正面碰撞的人数。这说明正面碰撞事故一般性质都比较恶劣,死亡率非常高。侧面碰撞一般都发生在交叉路口,而在交叉路口驾驶员一般都会下意识地减速,即便发生碰撞,后果不会特别严重。正面碰撞的死亡率远远高于其他事故形式,因为正面碰撞一般都是发生在没有中央分隔带的二、三级道路及转弯路段,这种情况车辆速度一般都比较快,在进入弯道时驾驶员没有减速的趋势,故此时发生的交通事故的性质都比较恶劣。

2. 刮擦

刮擦主要表现为过往车辆侧面部分与初次事故现场车辆、人员或固定物间的接触,造成自身或他方损坏。其主要分为同向刮擦和反向刮擦。同向刮擦主要表现为合流过程中车辆间的刮擦、车辆与事故现场车辆间的刮擦等;反向刮擦主要表现为借用对向车道时,相向行驶车辆间的刮擦。

3. 碾压

碾压主要表现为过往车辆推碾或压过事故现场的交通警察、初次事故当事人或其他人员。由碾压的表现形式可以看出,发生碾压前已发生过碰撞或者刮擦,但为方便统计,这类事故也可归为碾压,碾压往往造成较严重的人员伤亡。

4. 翻车

与一般交通事故一样,翻车表现为过往车辆部分或全部车轮悬空、车身着地,通常是车辆未发生其他事态而造成的翻车。车辆通过事故现场时,车速较高,转向不当,有时会发生翻车事故,翻车事故大多是由驾驶员主观原因造成的。

5. 坠车

坠车主要表现为过往车辆由于躲避不及或车速过高,车辆失控,跌落到与路面有一定高度差的路外,如坠落桥下、坠入山谷等。如果交通事故现场处于桥面或路基较高处,应采取限速或安排旗手、警示灯等提前预警方案。

6. 爆炸或失火

爆炸或失火主要表现为过往事故现场的车辆,因制动减速度过大而导致了爆炸物品或易燃物品达到燃点,从而发生爆炸或车辆着火。此外,若车辆冲入事故现场,与事故现场的车辆或固定物相撞导致爆炸物品或易燃物品达到燃点,也可发生爆炸或车辆着火。

第四节　二次交通事故致因因素

二次交通事故的发生是驾驶员行为、一次事故现场路段交通特征和道路环境条件等因素耦合失调的结果。系统中驾驶员从道路交通环境中获取信息,这种信息综合到驾驶员的大脑中,经判断形成动作指令,指令通过驾驶员操作行为,使汽车在道路上产生相应的运动,运动后汽车的运行状态和道路环境的变化又作为新的信息反馈给驾驶员,如此循环反复,完成整个行驶过程,单一因素状态的变化并不一定能直接导致二次交通事故。

例如,事故现场安全标志设置不规范,但通过驾驶行为调整,却可避免二次交通事故。所以,与一般道路交通事故致因因素分析一样,二次交通事故致因因素分析也不能只对人、车或路等进行单一因素分析。当这些因素组成道路交通系统这个整体时,它们之间就形成了相互依赖的关系,它们之间的相互作用决定了这个复杂系统的运行状况和交通安全水平。

目前,国内关于交通事故致因分析常用的方法有灰色关联分析法、负二项式回归法、神经网络分析法、层次分析法、人机工程学分析法、主成分分析法、分层关联解析法、粗糙集法和模糊聚类法等。这些方法都是应用数理统计对事故原始数据进行静态分析,而未考虑事故致因因素的动态时变性,所以分析结果只能部分反映交通事故发生的规律。

交通事故现场具有多维性、时变性和随机性,而且尚未见有关某一路段二次交通事故的统计数据,所以应用对原始数据依赖性强的统计方法分析其致因并不可行。考虑系统元素间的连带关系,选用系统动力学方法分析二次交通事故的致因因素。

在应用系统动力学进行因素分析前,需要分析与系统相关联的因素。人员因素、车辆因素、道路与环境因素和管理因素是影响系统安全性,导致二次交通事故发生的主要因素。

一、人员因素

现场人员因素即发生第一次交通事故的现场人员因素,其包括交通警察、路政人员、救护人员、消防人员、事故当事人和其他与事故无关人员等出现在事故现场的主要人员,通过事故现场车辆的驾驶员往往是主要交通参与者,而其他与事故无关人员往往是一些现场围观群众。这些都是影响交通事故现场安全性的人员因素。因此,事故现场交通警察、路政人员和其他人员等交通安全意识淡薄及驾驶员疲劳驾驶、超载或超速行驶都会严重影响交通事故现场的安全性。由以上可以将事故路段行车风险因素中现场人员因素分为3类,分别为当事人及围观人员、交通警察及救援人员、通过事故路段的驾驶员。事故现场人员不当行为见表3-2。

表3-2 事故现场人员不当行为

	影响因素	不当行为
现场人员因素	当事人及围观人员	未及时报警;未携带危险警报标志;未按规定摆置危险报警标志;未到安全位置等待救援;相互推诿责任影响救援;现场长时间逗留等
	交通警察及救援人员	出警救援时间长;救援工作不妥当;未及时清理事故现场;救援期间忽视自身安全等
	通过事故路段的驾驶员	超载超速行驶;疲劳驾驶;驾驶注意力不集中;驾驶期间接打电话等

1. 当事人及围观人员

道路交通事故发生之后,当事人应该按照道路交通法规的具体规定进行事故现场布置补救工作。由肇事车辆驾驶员及围观群众造成的事故路段行车风险包括驾驶员未能按照规定随车携带危险警报标志,造成事故发生之后,未设置危险警报标志,后方行驶车辆很有可能造成追尾的严重事故;事故车辆驾驶员在事故发生后,没有及时地疏导乘客到安全的区域等待救援并且没有考虑到事故路段的危险性,在危险区域检查修理受损的车辆或者抢救受伤的人员;围观群众在事故发生之后,不听从救援人员的指挥,在事故路段长时间逗留,极大地增加了二次交通事故发生的可能性。

2. 交通警察及救援人员

接到报警赶来的交通警察和救援人员的一些救援工作做得不到位也会造成二次交通事故的发生。交通警察对事故现场的处理流程如图3-1所示,在交通警察正常处理交通事故现场时各个步骤出现问题都有可能导致二次交通事故的发生。交通警察若接到报警电话赶到事故现场的时间较长会严重影响救援效率,交通警察若赶到事故现场对事故现场的处理不得当,如未将危险警示标志放置在规定位置或者忘记放置,对现场人员的疏导及情绪安抚工作不到位,造成事故现场混乱无序,诱发二次交通事故发生;交通警察若安全意识淡薄,对事故现场的处理工作不完善,造成交通秩序混乱;救援人员在营救期间若未关注自身的安全情况,会增加风险因素;救援人员若处理事故现场速度慢,不按照规章制度进行救援,会增大事故路段行车安全隐患。

图3-1 交通警察对事故现场的处理流程

3. 通过事故路段的驾驶员

通过事故路段驾驶员的驾驶行为状态如图3-2所示。驾驶员感知交通事故发生之后,做出驾驶反应,这一过程操作不当会导致二次交通事故的发生。例如,驾驶员超速行驶,在途经事故路段的时候可能无法紧急制动,或者由于精神不集中未看到危险警示标志而减速不及;驾驶员超载驾驶,由于车辆惯性较大突遇偶然情况会加大行车风险;驾驶员不遵守行车规定,驾车时接打电话,与车内人员交流等都会分散驾驶员的注意力;驾驶员疲劳驾驶或者夜间驾驶注意力不集中都是高危驾驶因素,可能直接导致二次交通事故的发生。现场人员因素具体可以划分为3个二级评价指标,包括当事人及围观人员、交通警察及救援人员和通过事故路段的驾驶员。

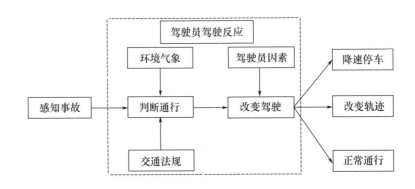

图 3-2　通过事故路段驾驶员的驾驶行为状态

二、车辆因素

车辆因素也是诱发交通事故的主要因素之一。除人为的危险行为之外,车辆的一些器具性损坏或者失控也是很大的交通安全隐患。对于正常行驶车辆而言,制动系统的正常工作显得尤为重要,因为事故现场的道路环境非常复杂,所以车辆制动系统的性能是否良好非常重要;另外就是车辆的转向系统,在正常行驶期间,如果出现转向失灵,那么必然会导致事故的发生;还有夜间行驶过程中,良好的照明条件很大程度上规避了行车风险的发生。由于监督力度跟不上,一些故障车辆在道路上行驶具有很大的危险性,因为很多安全行驶的功能故障车辆已经无法完成,所以这是一个极大的道路行车安全隐患。此外,车辆超载超限运输使轮胎、发动机和转向系统负荷过大,操纵稳定性和制动性能下降,威胁事故现场的安全。根据数据调查,超载驾车事故率占总体交通事故发生率的30%左右,而超载行驶也极易激发二次交通事故的发生。

车辆因素具体可以划分为4个二级评价指标,包括车辆技术条件、故障车辆数、行车速度和违章车比例。

三、道路与环境因素

交通事故现场路段平曲线半径、纵向坡度等道路参数会影响通过车辆驾驶员的视野;道路的交通量、大型车比例及事故现场路段路面附着系数等也是影响事故现场安全性的因素。雨、雪、雾、风或沙尘等敏感性气候条件影响驾驶员的视线及视野,常常造成驾驶员判断失误或采取措施不及;此外,雨雪天气使路面附着系数减小,导致车辆制动不良或失效,也是二次交通事故发生的致因因素。

1. 环境气象条件

根据数据显示,与道路环境因素有直接关系的交通事故约占30%,因此在分析事故现场行车风险的影响因素里,事故路段的环境气象条件必须考虑在内。在一些不良的天气条件下,事故现场的安全行车概率也在下降,如雨雪天气路面湿滑,直接造成路面摩擦系数的减小,车辆制动、车辆转向都会受到严重影响,从而造成二次交通事故的发生。道路能见度较低时发生的交通事故类型如图3-3所示。

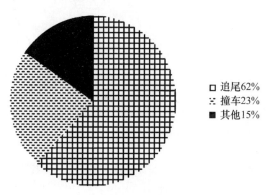

图3-3 道路能见度较低时发生的交通事故类型

2. 道路通行条件

道路交通事故的严重程度不同,事故现场道路两侧的通行条件是影响二次交通事故发生的一个重要因素。如果事故现场还未来得及有效清理,驾驶员在行驶至事故路段时,也会被干扰驾驶,造成安全隐患。另外在夜间行车时,事故路段通行条件更加苛刻,一些警示标志或者道路标线不清楚,照明条件不良都会增加事故路段行车的风险。

道路因素造成的交通事故屡见不鲜。道路因素包括道路车道情况、道路形态和道路结构等方面。例如,道路的线型即弯道或者直道,平直路型或者坡度路型也是很大的影响因素,图3-4所示为道路坡度与车辆发生事故率的关系图。在事故现场,由于大小车不同的转弯特性,在大小车变道期间极易引发二次交通事故。根据调查数据统计,平直路型的交通事故数也非常多,因为驾驶员在驾驶期间,平直路型的道路警示标志较少,潜意识里对平直路型的安全防备意识不足,因此驾驶员途经此类型事故路段时,往往容易放松警惕,造成二次交通事故。坡度路型也很容易造成交通事故的频发,由于道路的坡度问题,此处发生交通事故,之后驾车而来的驾驶员可能很难发现此处为交通事故现场,加之车辆惯性等因素,在采取制动措施或转向操作时,可能会影响紧急补救的措施,从而造成二次交通事故。

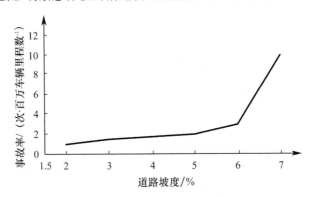

图3-4 道路坡度与车辆发生事故率的关系图

道路与环境因素如前文所述,具体可以划分为3个二级评价指标,包括环境气象条件、道路通行条件和道路因素。

四、管理因素

初次交通事故发生后,对事故现场的处置管理措施是否得当很大程度影响了二次交通事故的发生,如能将事故信息通过媒体及跨路电子屏等渠道及时发布,车辆在到达事故现场前提前减速或者分流就会大大减少事故的发生。管理因素包括事故现场处置方案、事故信息发布及交通警察的日常培训和安全教育等,还包括事故信息发布速度、事故处理规范程度。接到报警赶来的工作人员未严格按照中华人民共和国《道路交通事故处理程序规定》规章制度进行事故现场的及时处理,包括没有按照标准设置危险警示标志,对行驶至事故现场的车辆没有进行有效组织分流,对事故现场的人员没有进行合理的安排处置,没有及时发布发生事故现场的消息,设置的警戒范围不符合安全标准,没有对来往车辆进行限速控制等,均易引发二次交通事故,从而影响进一步的救援及随后车辆的顺利通行等。

根据上述二次交通事故的致因因素,建立的高速公路交通事故现场安全性评价指标体系见表3-3。

表3-3 高速公路交通事故现场安全性评价指标体系

目标层	高速公路交通事故现场安全水平												
准则层	人员因素			车辆因素			道路与环境因素				管理因素		
决策层	事故发生与交通警察到达事故现场的时间间隔	事故现场人群的安全意识	违法违章驾驶员比例	大型车比例	车辆行驶速度	超载超限车辆比例	事故路段平曲线半径	事故路段坡度	气候条件	事故现场封闭车道数	事故路段路面附着系数	信息发布广度和及时性	事故现场处理速度	事故现场处置规范性

第五节 事故路段行车风险因素

为了定量分析事故路段行车风险因素,保障事故现场的安全性,集成 DEMATEL-ISM 方法对其影响因素进行辨识和分析。首先基于人-车-路(环境)及管理的系统理论,建立事故路段行车风险影响因素集,即人员因素、车辆因素、道路与环境因素和管理因素,具体分为年龄、驾龄和性别等 20 个因素。然后以 Delphi 法确定各个影响因素之间的关系。通过集成 DEMATEL-ISM 法,建立事故路段行车风险影响因素辨识模型。通过计算可达矩阵,获得影响因素的 3 层递阶结构模型,即第一层级为驾驶员驾龄、疲劳程度和反应判断能力等 6 个因素,第二层级为驾驶里程及车辆类型等 8 个因素,第三层级为驾驶员年龄等 3 个因素。

发生交通事故后,随之会面临事故路段行车的问题,根据调查数据可知,二次交通事故造成的人身及财产损失极为严重,很大程度上超过了一次交通事故带来的人身伤亡以及经济损失。因此事故路段行车的风险因素需要格外重视。驾驶员、车辆、道路状态环境以及发生事故之后的管理因素构成了道路的交通系统,其中人员因素包括驾驶员或者当事人疏忽大意、违反交通法规或者操作失误等,载运工具的因素包括驾驶车辆制动系统、转向系统等车辆的技术状况不佳,道路状态环境因素包括道路平面形状、道路纵向坡度、所处气象天气条件等。在事故路段行车相对于未发生事故的健康路段而言,行车的不安全因素增多,因此找到事故路段行车的风险因素,通过分析研究,将降低事故路段行车风险的理论加以应用,减少事故路段行车的不安全因素显得尤为重要。

一、事故路段行车风险影响因素集

高速公路发生交通事故后,事故路段的交通特性发生改变,较未发生交通事故的路段而言,事故路段的行车风险影响因素的不安全性增加。因此,通过分析影响高速公路事故路段交通安全的各个因素,能够为进一步的高速公路事故路段风险评价提供理论基础,从而发现安全隐患,提高高速公路的安全水平。

目前,国内外许多学者对影响道路交通安全的因素进行了相关研究,马社强等通过总结,得出中国道路交通事故具有致死率高、经济发达地区高发、弱势道路使用者伤亡严重等特征,以此为基础,分析了经济、文化、人口、交通及管理等因素对道路交通安全的影响。Mercier 等为了探究乡村道路正面碰撞事故严重程度的影响因素,用 Logistic 回归模型分析了年龄和性别与该类事故的关系,结果表明:驾驶员年龄、车辆在道路上所处的位置和道路保护设施的形式与交通事故严重程度显著相关。Li 和 Bai 基于统计的事故数据建立了影响道路养护施工区的交通安全严重程度的因素指标集。Yau 等为了研究时段、驾驶人特性、车辆类型、道路环境和地形条件对多车交通事故严重程度的影响,采用 Logistic 回归模型分析研究它们之间的关系,研究结果表明:男性驾驶员、事故发生时段、限速和道路类型与交通事故严重程度显著相关。综合国内外学者对道路交通安全影响因素的研究,结合高速公了事故路段的自身的特征,基于人 – 车 – 路及环境的思想和交通工程安全理论,从影响其安全的人员因素、车辆因素、道路和环境因素及事故现场的管理因素出发,建立了事故路段的行车风险影响因素集。

1. 驾驶员主观因素分析

在高速公路事故路段,涉及的人主要包括驾驶员、乘客及事故现场的管理人员,并不存在行人和非机动车使用者,加之驾驶员是车辆的操纵者和管理者,对车辆的安全行驶起着至关重要的作用,因此对于影响事故路段行车风险的人员因素中主要考虑驾驶员的因素。

(1)驾驶员疲劳驾驶因素分析。

在高速公路上,一般车流都以车群的形式出现,并且同类型车集中在一起,载货车与载货车同行,小汽车与小汽车同行。同行的载货车中满载车与空车的特性差别很大。坡道伴有自然加速、自然减速,这对于载货车来说,由于载荷的不同而产生很大差别。对于满载车在上下坡处,速度会发生自然变化。满载车与空车相比,自然加速比空车要慢,而自然减速比空车要快,一旦有自然减速,速度则很快地减小。驾驶员驾驶意识正常时,对于不同情况能够适当控制相应速度,但如果驾驶员疲劳造成意识低下后,容易漫不经心地随意驾驶车辆。这种随意驾驶的车辆与车群混杂在一起,与车流中的其他车辆的关系极不协调,车流便发生混乱。当与前车距离缩小到极限时,驾驶员常常猛踩制动,顷刻间追尾事故就发生了。在高速公路上,约90%的追尾事故都是由意识低下引起的。

(2)驾驶员视觉因素分析。

驾驶员作为道路交通的主要参与者,是引发道路交通事故最重要的因素,根据欧美各国的调查数据显示,有80%~90%的交通事故是由人员因素造成的。

从高速行车时驾驶员的视觉特性,不同车辆的驾驶视野特性,车辆的自然加速、减速特性,驾驶员的操纵特性及车速的顺应特性分析来看,车速高,驾驶员的视觉变差,容易发生追尾事故。汽车驾驶员行车过程中80%以上信息靠视觉获得。驾驶员的视觉判断能力与车速有关,车速越高,判断能力越差,观察人、物的视线焦点越远,这样就容易导致车辆追尾。其中对驾驶安全影响较大的是动视力和视野。

不同车型的驾驶视野存在差异,除了车速对驾驶视野有较大影响之外,另一个重要的影响因素就是车辆类型。

由于驾驶视野的不同,从不同类型车辆上观察同一目标,目测的距离就不同。一般从大型载货车上目测的距离总是比实际的要长,从小汽车上目测的距离总是比实际的要短,如观察路面上3~5 m远的限速标志,从小汽车上看,一般认为不足2 m的距离;而从大型载货车上看,则认为有6~7 m的距离,有的甚至认为有8 m的距离。

在高速行车中,当接近前车时,小汽车驾驶员感觉车间距较短,而大型载货车的驾驶员却认为车间距足以保持在安全范围之内。当两车同行,小汽车驾驶员感觉车间距不足时,便迅速减速,而此时大型车驾驶员却认为小汽车与小汽车前面的车间距足够,保持原速行驶,当发现与小汽车间距不足时再采取措施时,为时已晚,追尾事故便发生了。此类事故看似没有注意保持适当的车间距,实际上事故的诱因则是驾驶员视野的差异。

在驾驶过程中,驾驶员要进行一个不断反复的行为过程,包括对信息的感知、判断、决策及做出相应的反应。图3-5所示为驾驶员信息反馈模型图。

图3-5 驾驶员信息反馈模型图

驾驶员对外部信息的处理,是在一定的时间内进行的,并要在一定的时间内准确实施,这是确保安全驾驶的关键。分析图3-5可知,驾驶员通过感官感知事故路段车辆及环境信息,然后由中枢神经系统对感知的信息进行判断和处理,最后由运动系统做出相应的动作。在该过程中,驾驶员造成行车风险的行为因素主要包括驾驶员的基本素质,如驾驶员驾龄、心理特征和性别等;驾驶员状态,如驾驶员行驶里程、疲劳程度以及驾驶员与道路及环境的人机交互,如驾驶员的反应判断能力。

2. 车辆因素

车辆的可靠性影响车辆行驶安全,具有安全隐患的车辆会因系统性能的降低或失效冲入事故现场,造成二次交通事故。

此外,驾驶员缺乏安全意识,不重视对车辆的维护保养,致使车况性能差,达不到高速公路安全行车的技术要求,加之车辆源头化管理不严,在进入高速公路前没进行仔细检查,车辆的可靠性得不到保证,威胁事故现场的安全。车辆在高速公路上行驶时,车速较高,一旦车辆性能出现问题就易发生交通事故,因此需要对车辆性能进行定期检查,确保其在高速行驶时处于良好的工作状态。通过对我国高速公路交通事故的调查发现,引发高速公路交通事故的车辆故障主要有爆胎、制动不良、制动失效、转向失效和灯光失效等。

一直以来，汽车的行驶速度都与交通事故有着直接的影响，调查显示，高速公路上由于速度导致的交通事故要多于普通道路上的交通事故。车辆遇到紧急情况采取制动措施后，还要继续行驶一段距离，称为制动距离，其计算式为

$$L = \frac{v_0 t_1}{3.6} + \frac{v_0 t_2}{3.6} + \frac{v_0^2}{254\varphi} \qquad (3-1)$$

式中　L——制动距离，m；

　　　v_0——行驶车速，km/h；

　　　t_1——驾驶员反应时间，s；

　　　t_2——制动协调时间，s；

　　　φ——道路附着系数。

由式(3-1)可知，车辆制动距离的长短主要与道路附着系数和车辆行驶速度有关，因此高速行驶时制动距离增加，行车风险性增加。此外，高速行驶时容易引起轮胎爆胎，车辆操纵稳定性降低，发动机过热、拉缸等现象，从而增加行车风险性。

为了防止驾驶员在驾车过程中疲劳瞌睡，高速公路每隔一段都要设置一个弯道，车辆要做曲线运动，其离心力计算式为

$$F = Mv^2/R \qquad (3-2)$$

式中　F——离心力，N；

　　　M——汽车总质量，kg；

　　　v——车辆行驶速度，km/h；

　　　R——转弯半径，m。

从式(3-2)可以看出，离心力与汽车质量和行车速度的平方成正比，当车辆超载超限行驶时，离心力增大，当达到路面附着极限时便会飞出车道，发生事故。与此同时，车辆超载超限运输会使轮胎、发动机和转向系统负荷过大，操纵稳定性和制动性能下降，很容易导致车辆侧翻，发生交通事故，影响事故现场的安全。此外，在道路上行驶的车辆类型、交通流量的多少都会影响道路的交通安全情况。

3. 道路及环境因素

道路是交通安全的基础,是驾驶员驾驶环境的主要组成部分。道路设计、路面状况和交通环境不良均是诱发事故不可忽视的因素,这些构成了交通事故中的道路与环境因素。在影响道路交通安全的各个因素中,道路因素是最根本的影响因素,其他因素的影响作用直接或者间接地都与道路因素有关。高速公路发生交通事故后,事故现场一般会处于长时段的封闭状态,此时,事故现场的位置决定了事故现场的线形设计,其严重影响车辆行驶的安全,同时,事故区的通车宽度及事故现场的封闭车道数也会影响事故现场的行车安全。

(1)道路线形。

道路线形是道路的框架,决定着整个道路的设计和沿路交通设施的规划,同时对汽车行驶的安全、舒适、经济和车辆的通行能力起着决定性作用。道路线形必须考虑汽车行驶的运动学、动力学要求,也应考虑驾驶员适应性要求。合理的道路线形,既不会使驾驶员在行车时感到单调疲劳,也不会使驾驶员心里感到紧张,车辆行驶过程中安全系数大大提高。道路线形的几何线形包括直线、平曲线、纵坡度及坡长、竖曲线和线形组合等。

①直线。

直线是道路设计当中最常用的线形,能够以最短的距离连接两目标点。道路设计成直线,既节约了成本,也方便施工。但是,直线过长,驾驶员在行车中,会产生视觉疲劳,不能正确判断自身驾驶车辆的车速及与前车车距,容易在自己感知不到的情况下加快车速,给行车安全带来危害。我国对长直线的运用参照日本经验,最大直线长度一般不会超过 20 vm(v 指的是设计速度,单位为 km/h)。当然,直线也不能过短,过短的直线也不利于行车安全,这是基于保证线形的连续性考虑的。能通视的同向或反向平曲线之间的直线如果过短,驾驶员会将同向曲线看成反向弯曲,增大了行车危险系数,因此,在设计确定直线长度时,必须慎重选择。

②平曲线。

平曲线是一种比较常用的线形,在视觉上能自然诱导驾驶员的视线,驾驶员在平曲线道路上行驶时,能够全身心投入其中,精神上不易松懈疲劳,发生交通事故的次数比较少。但是,在平曲线道路上发生的事故一般都比较严重。如果设计时平曲线半径偏小,驾驶员难以把握车辆行驶轨迹,车辆会受离心力作用而发生侧翻。如果曲线长度很短,则驾驶员操作方向盘的频率会加大,在高速行驶时是很危险的。同时,如果曲线长度设置不足以使离心加速度变化率小于一定值,也会对驾驶员的操作产生负面影响。

③纵坡度及坡长。

道路的纵坡度是影响行车安全的又一主要因素,事故率随坡度的增大而增大。纵坡对交通安全的影响主要表现在:驾驶员在纵坡行车时,视野会变窄,纵坡的背面是一个盲区,驾驶员一般行车速度较慢,若操作失误易造成车辆熄火,在坡度较大的情况下,要求驾驶员坡道起步,尤其增加了货车驾驶员的操作难度,如果操作不当,车辆易后溜酿成交通事故。在下坡时,驾驶员心理一般比较放松,再加上重力作用,易造成车辆加速行驶,进而诱发交通事故。因此,《公路工程技术标准》中对公路坡度做了严格的规定。最大坡度设计表见表3-4。

表3-4 最大坡度设计表

设计速度/(km·h^{-1})	120	100	80	60	40	30	20
最大坡度/%	3	4	5	6	7	8	9

④竖曲线。

竖曲线是实现坡度变化的过渡曲线。竖曲线的半径如果过小,会使驾驶员视距不连续;车辆在通过凸曲线路段时,会出现失重,导致车辆与路面的摩擦系数变小,从而影响交通安全。

⑤线形组合。

各种线形的组合衔接对交通安全非常重要。线形组合的不合理是造成交通事故发生的重要原因,因此,平、纵线形组合时,在尽量不改变地形地貌的基础上,必须发挥各自的优点,不仅要满足汽车性能要求,还要考虑驾驶员的心理和生理要求,使线形平顺、流畅、自然。在组合设计时,应把握:

a. 避免在长直线上出现纵面线形的连续凹凸。

b. 避免长平曲线内设置短的竖曲线。

c. 避免在连续平曲线之间设置短的直线。

d. 应避免长直线终点出现急弯或者陡坡。

e. 避免长竖曲线内设置短的平曲线。

f. 应避免司机在行驶视野内看到两个或两个以上的平曲线或竖曲线。

g. 恶劣天气影响。

雨天尤其是夏季出现的暴雨很大程度上影响驾驶员行车视线,但雨天较好地冷却了车辆轮胎反而在客观上防止了刹车片过热影响制动效果,再加上雨天驾驶员相对能保持较为冷静的情绪,因此,雨天高速公路二次交通事故量较雪、雾天气少。雪天对交通事故的影响主要是冰的形成,受冰的物理特性影响,轮胎在冰面上行驶时极易因侧滑形成事故,且这种侧滑除了安装防滑链及缓慢通行外,几乎没有更好地预防事故的办法。目前国内国外比较可行的做法都是在除冰除雪上做工作。雾天是二次交通事故的诱因之一,其主要原因是驾驶员视线因雾受阻,待发现前方事故等特殊路面情况时来不及做出应对措施致使二次交通事故发生。

4. 管理因素

高速公路发生交通事故后,指挥中心要及时发现并迅速对事故做出响应。高速公路事故的发现主要是通过以下几种方式:一是通过122接警系统,该系统是通过一些先进技术的融合,实现122交通事故报警电话的接警、处警和指挥调度工作;二是通过现场摄像机提供图像,为了对高速公路的路况、行车状况以及突发事故进行实时准确地监控和有效的管理,根据不同高速公路的要求,隔一段距离要安放一台摄像机;三是通过系统自主发现,该系统会实时监测路段上的交通流量,并与历史同期的正常值做对比,继而判断该路段是否出现异常情况,或是通过有排队监测功能的系统实时监测道路上的排队异常现象,若交通流量明显减小或监测到交通拥堵等异常排队现象,则应通过视频等手段监测道路上游或下游的交通状况。

当事故发生后,要对事故做出及时的响应。根据《道路交通事故现场安全防护规范》,高速公路发生交通事故后,白天应在现场来车 100 m 外,夜间应在来车 150~200 m 外连续设置不少于两处的移动警示标志或发光、反光锥形筒,且间隔不小于 15 m。此外,要在事故区上游位置对事故车道进行封闭,并且及时通知交通台,跟踪通报事故及事故的处理情况,尽量做到通过互联网及时发布事故的相关信息,为潜在出行者提供道路交通信息,分散该路段的交通量。此时若对事故响应不够及时、事故信息发布不够广泛、对事故现场处置不够规范,事故现场的速度管理不够恰当,就会加大事故区的行车风险,从而导致二次交通事故的发生。

综上分析,建立的高速公路事故路段行车风险影响因素集见表 3-5。

表 3-5　高速公路事故路段行车风险影响因素集

影响因素	序号	因素集
人员因素 A_1	01	驾龄 S_1
	02	年龄 S_2
	03	性别 S_3
	04	驾驶里程 S_4
	05	疲劳程度 S_5
	06	反应判断能力 S_6
车辆因素 A_2	07	车辆速度 S_7
	08	车辆性能 S_8
	09	超载超限 S_9
	10	车辆类型 S_{10}
	11	货车比例 S_{11}
	12	交通流量 S_{12}
道路与环境因素 A_3	13	封闭道路数 S_{13}
	14	事故区通车宽度 S_{14}
	15	事故现场位置 S_{15}
	16	天气状况 S_{16}
	17	能见度 S_{17}

续表 3-5

影响因素	序号	因素集
管理因素 A_4	18	交通信息发布 S_{18}
	19	事故现场处置 S_{19}
	20	事故现场速度限制 S_{20}

高速公路事故路段行车风险影响因素较多，从理论上讲，建立行车风险评价模型考虑的影响因素越多越好，但在实际问题中，任何一个模型的建立都不会涵盖所有的影响因素，相反，考虑的影响因素越多，样本量就越少，模型精度相对就会越低，不利于实际问题中的应用，同时，考虑的因素越多，模型的移植性也越差；此外，各个因素对高速公路事故路段行车风险影响程度不同，有些因素对高速公路事故现场行车风险的影响可能是间接的，如果控制好其直接影响因素，可能这些间接的影响因素就不会发生作用，因此，为了建立高速公路事故路段行车风险模型，需要对高速公路事故路段的行车风险主要影响因素进行分析与辨识，确定高速公路事故路段行车风险的评价指标。

二、基于 DEMATEL-ISM 方法建立事故路段行车风险因素辨识模型

对风险因素进行辨识，是发现并控制风险源头的重要手段，是风险评定的基础工作。因此，对事故路段行车风险因素进行辨识，有助于预防措施的制定，降低事故现场的行车风险，保障事故现场安全。

由表 3-5 可知，影响高速公路事故路段行车风险的因素有很多，而这些因素不都是影响事故路段行车风险的最直接的因素，有些因素只是对事故路段行车风险有间接的影响。关于高速公路交通事故行车风险因素的辨识就是从影响事故路段行车风险的因素集出发，找出影响事故路段行车风险

的最直接原因。对高速公路交通事故路段行车风险因素进行辨识应该遵循全面真实、科学严谨及理论联系实际的原则。

要了解系统中风险因素之间的关系,需要建立高速公路事故路段行车风险系统的结构模型,应用结构模型化技术辨识高速公路事故区行车风险因素。目前已经开发的静态结构模型化技术有关联树法、解释结构模型(ISM)方法及决策试验与评价实验室(DEMATEL)方法等;动态结构化技术有交叉影响分析、系统动力学、工作设计、凯恩仿真模型(KSIM)和快速仿真模型(QSIM)。综合比较各种结构模型化技术,书中通过集成决策试验与评价实验室方法和解释结构模型(DEMATEL – ISM)方法对高速公路事故路段行车风险影响因素进行辨识。

1. DEMATEL – ISM 方法简介

(1)决策试验与评价实验室方法。

决策试验与评价实验室(Decision Making Trial and Evaluation Laboratory,DEMATEL)方法是 1971 年在日内瓦的 Battelle 协会上,为了解决现实世界中复杂困难问题而提出的方法,是进行因素分析与识别的一种有效方法。这种方法充分利用专家的经验和知识来处理复杂的社会问题。其采用图论和矩阵原理,通过分析各个因素之间的逻辑关系和直接影响矩阵,计算各个指标对其他指标的影响和被影响程度,从而得出各个因素的中心度和原因度,继而判定各个因素是原因因素还是结果因素。目前其在市场营销、城市规划设计、企业规划与决策、全球问题分析、控制系统和安全问题等领域被广泛应用。DEMATEL 方法解决问题的程序如图 3 – 6 所示。

(2)解释结构模型方法。

解释结构模型(Interpretive Structural Modeling,ISM)以定性分析为主,属于概念模型,是可以把模糊不清的思想、看法转化为直观的具有良好结构关系的模型。特别适用于变量众多、关系复杂而结构不清晰的系统分析中,也可用于方案的排序等。ISM 是定性表示系统构成要素,以及要素之间的相互依赖、相互制约和关联情况的模型。ISM 方法通过系统元素间相互影响关系的辨识,建立系统要素相邻矩阵和可达性矩阵,对可达性矩阵进行分析,最

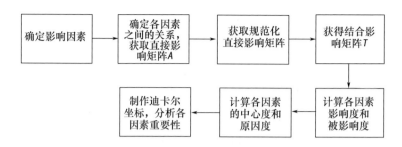

图3-6 DEMATEL方法解决问题的程序

终将复杂的系统分解成多级递阶结构形式。该方法能够把模糊不清的看法和思想转化成直观的具有良好结构的关系,继而通过有效分析结构要素之间的内在影响关系,使变量众多、关系复杂的要素之间的关系结构化和层次化。目前该方法已经在通信领域、渔业系统、房地产价格、城市交通系统可持续发展的影响因素分析及风险因素分析等领域得到了广泛应用。

ISM方法在揭示系统结构,尤其是分析教学资源内容结构和进行学习资源设计与开发研究、教学过程模式的探索等方面具有十分重要的作用,它也是教育技术学研究中一种专门的研究方法。

ISM的工作程序分为以下7步:
①实施ISM小组一般由技术专家、协调人、参与者三方面人员组成。
②设定关键问题。
③选择构成系统的要素。
④列举各导致因素的相关性。
⑤根据各要素的相关性,建立邻接矩阵和可达矩阵。
⑥可达矩阵分解后,建立结构模型。
⑦根据结构模型建立解释结构模型。

ISM方法解决问题的程序如图3-7所示。

ISM通过对表示有向图的相邻矩阵的逻辑运算,得到可达性矩阵,然后分解可达矩阵,最终使复杂系统分解成层次清晰的多级递阶形式。解释结构模型在制订企业计划、城市规划等领域已广泛使用,尤其对于建立多目

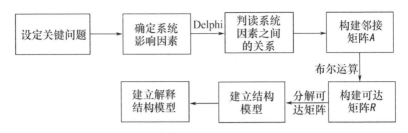

图3-7 ISM方法解决问题的程序

标、元素之间关系错综复杂的社会系统及其分析,效果更为显著。多级递阶结构模型非常直观清楚地反映了该系统元素之间的结构关系。ISM方法使用方便,不需要高深的数学理论,易为系统分析人员所掌握。

该方法计算可达矩阵时需要进行大量复杂的矩阵运算。因此,将DEMATEL方法和ISM方法相结合,集成DEMATEL-ISM方法对高速公路事故路段行车风险影响因素进行辨识。

(3) DEMATEL-ISM方法。

DEMATEL-ISM方法是将两种方法结合,采用DEMATEL方法得出的整体影响矩阵计算可达矩阵,从而得到影响因素的多级递阶结构,目前该方法也得到了较为广泛的应用。张学睦等为了寻找安全管理的有效途径,保证煤矿安全管理的实施,基于DEMATEL和ISM方法,建立了影响煤矿安全管理指标体系的系统结构;周德群等提出集成DEMATEL-ISM构建系统层次结构的方法,给出二者集成的理论依据和算法,并通过实例验证表明DEMATEL和ISM的集成可以降低可达矩阵的计算量和复杂程度;杜纯等提取了复杂系统安全事故的致因因素,基于航空复杂系统实例,集成DEMATEL-ISM方法得到了关键致因因素及致因因素的多级递阶结构。采用DEMATEL-ISM方法的具体步骤如下:

①确定直接影响矩阵。

结合高速公路事故路段行车风险影响因素集,基于Delphi法确定影响因素两两之间的关系,建立直接影响矩阵W^d:

$$W^d = [a_{ij}]_{n \times n} \qquad (3-3)$$

②确定综合影响矩阵。

首先将直接影响矩阵规范化,公式为

$$W = \frac{1}{\max\limits_{1 \leqslant i \leqslant n} \sum\limits_{j=1}^{n} a_{ij}} \quad (3-4)$$

在此基础上计算综合影响矩阵 T。由于 $\lim\limits_{k \to \infty} W^k = 0$,因此

$$T = \lim\limits_{k \to \infty}(W + W^2 + \cdots + W^k) = W(I - W)^{-1} = [t_{ij}]_{n \times n} \quad (3-5)$$

式中 I——单位矩阵,表示因素对自身的影响。

③确定整体影响矩阵。

综合影响矩阵只考虑了不同因素之间的相互关系,并没有反映对自身的影响,因此需要计算反应系统因素的整体影响矩阵,计算公式为

$$H = T + I = [h_{ij}]_{n \times n} \quad (3-6)$$

④确定可达矩阵。

由整体影响矩阵 H 确定可达矩阵 R,即

$$R = [r_{ij}]_{n \times n} \quad (3-7)$$

$$r_{ij} = \begin{cases} 1 & (h_{ij} \geqslant \lambda) \\ 0 & (h_{ij} < \lambda) \end{cases} \quad (3-8)$$

式中,λ 为阈值,根据事故路段行车安全的实际情况,取 $\lambda = 0.15$。根据可达矩阵 R,可以确定可达集 $R(S_i)$ 与前因集 $A(S_i)$。其中 $R(S_i)$ 为第 S_i 行 r_{ij} 为 1 的列对应的因素集,$A(S_i)$ 为第 S_i 列 r_{ij} 为 1 的行对应的因素集。

⑤解释结构建模。

当可达集 $R(S_i)$ 与前因集 $A(S_i)$ 满足

$$R(S_i) \cap A(S_i) = R(S_i) \quad (3-9)$$

则可判定 $R(S_i)$ 为该级可达矩阵的最高因素集,找出一级最高因素集后,画去这些因素对应的行和列,划分可达矩阵,重复寻找其他级可达矩阵的最高因素集。

综上,高速公路事故路段行车风险影响因素辨识模型步骤如图 3-8 所示。

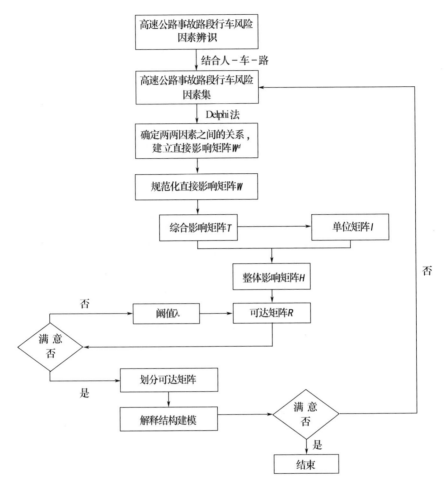

图3-8 高速公路事故路段行车风险影响因素辨识模型步骤

2. 行车风险因素辨识

由表3-5可知,将事故路段行车风险因素记为$S_i=(i=1,2,\cdots,20)$。采用Delphi法确定两两影响因素之间的关系,建立高速公路事故路段行车风险影响因素的直接影响矩阵W^d,见表3-6。本次研究遴选的调查对象为交通工程领域的专家,发出调查问卷20份,收回15份,专家积极系数为75%。

表 3-6　高速公路事故路段行车风险影响因素的直接影响矩阵 W^d

a_{ij}	S_1	S_2	S_3	S_4	S_5	S_6	S_7	S_8	S_9	S_{10}	S_{11}	S_{12}	S_{13}	S_{14}	S_{15}	S_{16}	S_{17}	S_{18}	S_{19}	S_{20}
S_1	0	0	0	0	2	1	2	3	3	1	2	0	0	0	0	0	0	0	0	0
S_2	1	0	0	0	1	1	0	0	0	0	0	0	0	0	0	0	0	0	0	0
S_3	1	1	0	1	2	0	1	1	2	3	3	0	0	0	0	0	0	0	0	0
S_4	0	0	0	0	3	2	0	1	0	0	0	0	0	1	0	0	0	0	0	0
S_5	0	0	0	3	0	2	0	0	0	0	0	0	0	0	0	0	0	0	1	1
S_6	1	1	1	0	0	0	0	0	0	0	1	0	0	1	0	0	0	0	0	1
S_7	0	0	0	1	0	1	0	0	3	0	2	0	1	2	0	0	0	0	1	0
S_8	2	0	1	2	3	0	1	0	0	0	1	0	0	0	0	0	0	0	0	1
S_9	0	0	0	0	2	2	1	0	0	0	0	0	0	0	0	1	0	1	0	2
S_{10}	3	2	3	0	2	0	0	2	0	0	0	0	0	0	0	0	0	0	0	2
S_{11}	3	2	2	0	0	2	0	0	0	0	1	1	2	0	0	0	0	1	0	1
S_{12}	0	0	0	0	2	2	0	0	3	0	0	0	1	3	0	0	0	2	0	1
S_{13}	0	0	0	0	0	0	0	0	0	1	0	3	1	0	0	0	0	0	0	2
S_{14}	0	0	0	0	0	0	0	0	1	0	1	1	1	0	1	0	0	0	0	1
S_{15}	0	0	0	0	0	0	0	0	0	1	1	1	2	0	1	1	2	1	1	
S_{16}	0	0	0	1	1	0	1	2	1	1	3	1	0	0	0	1	3	1	2	
S_{17}	0	0	0	1	2	3	0	0	3	2	1	3	1	1	0	0	0	3	1	2
S_{18}	0	0	0	0	1	2	1	0	2	0	1	2	1	1	0	0	0	0	2	1
S_{19}	0	0	0	0	1	1	0	0	2	0	0	0	2	0	0	0	3	0	0	
S_{20}	0	0	0	0	0	0	0	0	1	0	0	0	0	2	0	0	0	3	0	0

表 3-6 中，3 表示 67% 的专家认为 S_i 对 S_j 有直接影响，即两个因素之间强相关；2 表示 34%~66% 的专家认为 S_i 对 S_j 有直接影响，即两个因素之间中等相关；1 表示 0~33% 的专家认为 S_i 对 S_j 有直接影响，即两个因素之间弱相关；0 表示所有专家都认为 S_i 对 S_j 没有直接影响，即两个因素之间没有直接影响关系。

根据式 (3-3)~(3-8)，计算出的高速公路事故路段行车风险影响因素的可达矩阵见表 3-7。

表3-7 高速公路事故路段行车风险影响因素的可达矩阵 R

a_{ij}	S_1	S_2	S_3	S_4	S_5	S_6	S_7	S_8	S_9	S_{10}	S_{11}	S_{12}	S_{13}	S_{14}	S_{15}	S_{16}	S_{17}	S_{18}	S_{19}	S_{20}
S_1	1	0	0	0	0	0	1	1	0	0	0	0	0	0	0	0	0	0	0	0
S_2	0	1	0	0	0	0	0	0	0	0	0	0	0	0	0	0	0	0	0	0
S_3	0	0	1	0	1	0	0	0	0	1	1	0	0	0	0	0	0	0	0	0
S_4	0	0	0	1	1	0	0	0	0	0	0	0	0	0	0	0	0	0	0	0
S_5	0	0	0	0	1	0	0	0	0	0	0	0	0	0	0	0	0	0	0	0
S_6	0	0	0	0	0	1	0	0	0	0	0	0	0	0	0	0	0	0	0	0
S_7	0	0	0	0	0	1	0	1	0	0	0	0	0	0	0	0	0	0	0	0
S_8	0	0	0	1	0	0	0	1	0	0	0	0	0	0	0	0	0	0	0	0
S_9	0	0	0	0	0	0	0	0	1	0	0	0	0	0	0	0	0	0	0	0
S_{10}	1	0	1	0	1	0	1	0	0	1	0	0	0	0	0	0	0	0	0	0
S_{11}	1	0	0	0	0	0	0	0	0	0	1	0	0	0	0	0	0	0	0	0
S_{12}	0	0	0	0	0	0	0	1	0	1	0	1	0	0	0	0	0	0	0	0
S_{13}	0	0	0	0	0	0	0	0	0	1	1	0	1	0	0	0	0	0	0	0
S_{14}	0	0	0	0	0	0	0	0	0	0	0	0	0	1	0	0	0	0	0	0
S_{15}	0	0	0	0	0	0	0	0	0	0	0	0	0	0	1	0	1	0	0	0
S_{16}	0	0	0	0	1	0	0	1	0	0	1	0	0	0	1	1	0	1	0	1
S_{17}	0	0	0	0	1	1	0	1	0	0	1	0	0	0	0	1	1	0	1	1
S_{18}	0	0	0	0	0	0	0	0	0	0	0	0	0	0	0	0	0	1	0	0
S_{19}	0	0	0	0	0	0	0	0	0	0	0	0	0	0	0	0	0	1	1	0
S_{19}	0	0	0	0	0	0	0	0	0	0	0	0	0	0	0	0	0	0	0	1
S_{20}	0	0	0	0	0	0	0	0	0	0	0	0	0	0	0	0	0	1	0	1

高速公路事故路段行车风险影响因素多级递阶结构如图3-9所示。由图3-9可知,高速公路事故路段行车风险影响因素具有多层级递阶结构的特征,可分为5个层级。第1层级为驾驶员年龄、疲劳程度、反应判断能力、车辆速度、事故区通车宽度及事故现场处置的规范性,这6个因素两两之间相互影响、相互制约,是影响事故路段行车风险的最直接因素。第2层级为

驾驶里程、车辆类型、车辆性能、交通流量、封闭车道数、事故现场位置、交通信息发布的广度和速度及事故现场速度限制,这 8 个因素对第 1 层级因素有直接影响,是影响事故路段行车风险的潜在因素。第 3 层级为封闭道路数、事故现场天气状况及能见度,这 3 个因素直接影响第 2 层级因素并且通过第 2 层级因素影响第 1 层级因素。第 4 层级为车辆超载超限和货车比例,这两个因素对第 3 层级因素有直接影响并且通过第 3 层级因素对第 1 和第 2 层级因素产生影响。第 5 层级为驾驶员性别,该因素是影响事故路段行车风险的最深层因素,以不同方式对其他因素产生直接影响。

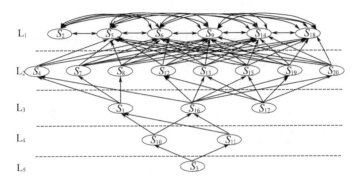

图 3 - 9　高速公路事故路段行车风险影响因素多层级递阶结构

根据上述风险辨识提取的影响高速公路事故现场行车风险的最直接的因素,考虑事故现场存在的时段特性以及辨识的误差,通过分析和专家意见,最终将驾驶员疲劳程度 S_5、驾驶员反应判断能力 S_6、交通量 S_{12}、事故现场处置规范性 S_{19} 及事故现场速度限制 S_{20} 这 5 个因素作为高速公路事故路段行车风险评价指标。

发生交通事故后,事故现场在人员、车辆、道路和环境以及管理等因素的耦合作用下,车辆通过时具有一定的行车风险。本节从人 - 车 - 路(环境)及管理的系统理论出发,分析并提取影响事故路段行车风险的 20 个因素,构建事故路段行车风险影响因素集。基于 Delphi 法确定各个因素之间的相互关系,采用 DEMATEL - ISM 方法建立事故路段行车风险影响因素辨识模型。研究结果表明,影响事故路段行车风险的最直接因素为驾驶员驾龄、疲劳程度、反应判断能力、车辆速度、事故区通车宽度及事故现场处置的规范性。该研究结果与结合事故路段的实际情况进行影响因素理论分析的结果基本相符,为进一步研究事故路段风险管理和控制、提高事故路段行车安全提供了理论依据。

第六节　　致因因素系统动力学分析

一、系统动力学概念及发展

系统动力学(System Dynamics,SD)原称为工业动态学,是由美国麻省理工学院 Forrester 于 1958 年为分析生产管理及库存管理等企业问题提出的一种系统仿真方法,其基于系统论,吸收了控制论、信息论的精髓,是综合了自然科学和社会科学的横向学科,也是一门认识系统问题和解决系统问题的交叉综合学科。

从系统方法论来说,系统动力学是结构、功能和历史的方法的统一。系统动力学将系统问题化解为基于系统行为与内在机制间的相互作用关系,通过建立数学模型进行模拟与仿真,在正负反馈作用下探究产生变化形态的因果关系。系统动力学源于系统论,综合了控制反馈理论和信息产地理论的研究成果。动力学模型构造的关键是根据系统分析的目的进行系统仿真,选择恰当的要素构建信息回馈环路,用于描述系统具有一定逻辑关系的行为过程,据此完成数据方程的定量分析和预测。

随着系统理论在社会学领域的发展和应用,该理论与动力学实现了有机结合。其后系统动力学研究主题渐渐地转向研究宏观经济和发展问题,如 Forrester 全面论述了系统动力学模型的结构和原理,主持建立了美国国家模型,"国家模型"建立起宏观经济学和微观经济学的桥梁,针对社会经济问题探明了经济长波产生的运行机制。在美国麻省理工学院 Forrester 1971 年提出的"世界模型Ⅱ"的基础上,Meadows 等进一步提出更精致的"世界模型Ⅲ"。且在上述模型中,Forrester 在动力学模型中探讨了粮食生产、资源消耗、污染的产生和消除等问题,并选取可计算变量求得数学公式,引入指数增长极限理论,提出了地球已不堪重负的观点,引起强烈反响。Senge 随后将系统动力学的研究引入大众视野,*The fifth discipline*:*The art and practice of the learning organization* 详细讨论了"成长上限"基模、"舍本逐末"基模和"成长与投资不足"基模等 9 种系统动力学基模,这不仅掀起了系统动力学推广学习的热潮,更促使系统动力学在各个领域中得到应用。

从 1969 年到现在,系统动力学理论的应用和拓展一直高度活跃在各个学科的研究应用前沿。1969 年 Forrester 在 *Principles of systems* 和 *Urban dnamics* 中建立了城市模型,针对快速扩张的波士顿城市问题进行了系统研究和预测。

1971 年,Forrester 和 Meadows 发表的 *The limits to growth*、*The dynamics of global equilibrium* 等著作,在国际上引起强烈反响,掀起了系统动力学研究的高潮。1980 年,系统动力学由王其藩教授引入我国,他于 1986 年组织了全国系统动力学学术交流会议,推动了系统动力学在各个学科中的应用。

作为分析复杂系统的一种方法,系统动力学有其解决问题的程序,如图 3-10 所示。其中,构建因果关系反馈环和绘制系统流图是解决问题的关键。

图 3-10 系统动力学解决问题的程序

二、系统动力学模型建立

1. 因果关系图

由于缺乏必要的二次交通事故统计数据,人因因素、车辆因素、道路环境因素和管理因素不能采用统计学理论进行定量分析。为了将交通事故现场安全性影响因素定量化,把加强管理等效为增加资金投入,并认为资金投入与管理水平的提高成正比关系。

根据影响交通事故现场安全性的 4 个主要因素,建立反馈回路,如图 3-11 所示。

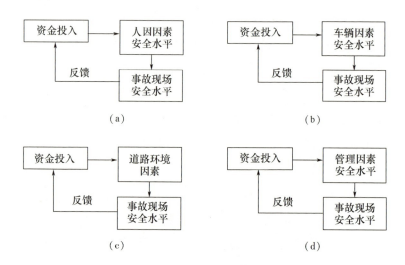

图 3-11 交通事故现场安全系统因果关系反馈回路

由图 3-11 的反馈回路可见,增加交通事故现场的安全管理资金投入,会提高各个影响因素的管理水平,从而提高交通事故现场的安全水平。如果安全水平没有达到期望值,需要继续增加管理资金的投入;反之,适当减少资金投入。

2. 变量集

为了将系统反馈回路中各环节的指标定量化,应抽象出若干变量来描述各影响因素与系统安全水平的关系,建立变量集如下:

①$Stag$:交通事故现场安全水平。

②Tag_i:第 i 个因素的安全水平。

③R_i:第 i 个因素对事故现场安全水平的影响系数。

④Put_i:第 i 个因素的资金投入,104 元/月。

⑤Q_i:第 i 个因素资金投入对其安全水平的影响系数。

⑥S_i:第 i 个因素安全水平的增加率。

⑦T_i:第i个因素安全水平的自然衰减率。

⑧U_i:第i个因素资金投入增加值,104元/月。

变量集中,交通事故现场安全水平$Stag$与各因素的安全水平Tag_i有一定的关系,通过影响系数R_i联系起来。因素安全水平Tag_i与因素安全水平增加率S_i、因素安全水平自然衰减率T_i及时间步长有一定的关系,S_i是因素安全水平影响系数Q_i和因素资金投入值Put_i的函数。

3. 系统动力学模型

根据反馈回路和变量集,建立的因果关系图和系统动力学流图,分别如图3-12和图3-13所示。

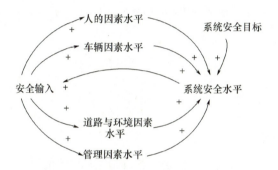

图3-12 因果关系图

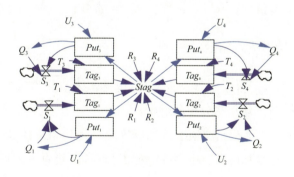

图3-13 系统动力学流图

为了分析和评价系统的安全水平,需要对图3-13中各参数间建立系统动力学方程,包括水平方程、辅助方程、速率方程、初始值方程和常数方程。

水平方程为

$$Tag_i K = Tag_i J + \Delta t_0 \times (S_i \Delta t - T_i \Delta t) \quad (3-10)$$

$$Put_i K = Put_i J + \Delta t_0 \times U_i \Delta t \quad (3-11)$$

式中　J——过去时刻；

　　　K——现在时刻；

　　　Δt——过去到现在的时间间隔；

　　　Δt_0——时间的差分，即两次计算之间的时间间隔；

　　　T_i——J 时刻和 K 时刻之间求解时间间隔长度 $i = 1, 2, 3, 4$。

辅助方程为

$$StagK = R_1 \times Tag_1 K + R_2 \times Tag_2 K + R_3 \times Tag_3 K + R_4 \times Tag_4 K$$

$$(3-12)$$

$$R_1 + R_2 + R_3 + R_4 = 1 \quad (3-13)$$

速率方程为

$$S_i = Q_i \times Put_i \quad (3-14)$$

初始值方程为

$$Tag_i = 初始值；\quad Put_i = 初始值 \quad (3-15)$$

常数方程为

$$R_i = 常数；\quad U_i = 常数；\quad Q_i = 常数；\quad T_i = 常数 \quad (3-16)$$

三、初始值和常值的确定

建立系统动力学流图和各方程之后，应确定方程中各参数的初始值和常值。其中，R_i 可采用层次分析法确定。

根据表 3-3 高速公路交通事故现场安全性评价指标体系，通过构造判断矩阵、一致性检验和层次总排序等过程，得到各因素对事故现场安全水平的影响系数，即 $R_i = (0.4075, 0.1489, 0.1987, 0.2449)$ 且 $\lambda_{\max} = 4.0712$，一致性指标 $CI = 0.0237$，一致性比例 $CR = 0.0247 < 0.1$，通过一致性检验。

根据测度理论，把事故现场的安全水平分为 5 个等级，见表 3-8。

表 3-8　评价等级及分值

评价等级	安全	比较安全	一般安全	不安全	很不安全
分值/分	90 以上	80~90	70~80	60~70	60 以下

采用专家打分法确定高速公路发生交通事故后 4 个因素的安全水平,即寻访高速公路路政人员及交通警察、巡警等,获得人因因素、车辆因素、道路与环境因素和管理因素的当前安全水平量值。本书针对哈阿高速公路进行了调研,发现哈尔滨至阿城段道路平竖曲线配合较好,但部分路段的路面有一定程度的破损,行人安全意识不强,沿途也没有可变信息情报板等信息发布设施(图 3-14)。

图 3-14　哈阿高速公路安全因素状况

通过专家打分以及调研结果,得到哈阿高速公路发生交通事故后各因素安全水平现状为 $Tag_i = (80,80,85,80)$,各项指标均处于比较安全的水平。

对哈阿高速公路各因素的管理资金投入状况进行调研,得到各因素平均每月的投入资金(万元) $Put_i = (5,5,5,8)$。不追加资金投入,事故现场只能保持"比较安全"水平,即各因素的安全水平增加值与自然衰减值相等,并得到各因素安全水平自然衰减率为 $T_i = (0.4,0.4,0.2,0.5)$。

四、系统动力学仿真

1. 系统仿真概念及系统动力学仿真优点

系统仿真是伴随计算机技术的发展而逐步壮大起来的综合性学科,其核心思想是按照系统分析的理论和方法，描述系统结构或行为过程，对系统模型进行试验模拟和分析预测，进而获得正确决策所需的各种信息。系统仿真方法能够真实地模拟系统运行及演变过程，并通过数值计算的方法达到定量求解定性分析的目的。系统仿真的应用范围非常广泛，由最初在航空航天等难以实际开展试验领域的应用，逐步推广到社会系统、经济系统等非工程领域。系统动力学作为一个完善的系统仿真方法，在研究社会经济系统时具有很多优点：

（1）擅长分析社会经济系统中复杂的决策环节。

（2）系统动力学的因果逻辑能最大限度地体现社会系统的自律性。

（3）系统动力学丰富的运算方法可以有效解决社会系统的复杂非线性问题。

系统动力学作为有效分析社会经济系统的方法，其解决问题的过程是以定性分析为基础，定量分析为主导，两者相互结合，互为补充，逐步深化梳理问题，最终达到量化预测的目的。

2. 系统动力学建模工具

自系统动力学方法提出以来，大量的计算机仿真技术辅助计算手段与之相结合，设计出多种高效率工具。其中以美国 Ventana 公司推出的在 Windows 操作平台下运行的系统动力学 Vensim 软件应用最为广泛，具有可视化建模、丰富的运算支持、多种分析策略等特点，并支持文档化实现。利用该软件可以对系统动力学模型进行模拟、分析和预测，可以大大提高工作效率。Vensim DSS 软件具有以下优点：

（1）建模过程可视化。

（2）较 Vensim PLE 版本有更丰富的计算公式支持。

（3）数据共享性强，输出方式灵活。

（4）提供多种分析方法，如原因树分析、结果树分析和反馈环列表分析。

（5）真实性检验。一般可以应用模型运行拟合度、模型结构逻辑验证、模型预测精度验证和模型适用性验证 4 种方法来验证模型的有效性。

3. 系统动力学仿真

综上所述,各初始值和常数值确定如下:

$$(Tag_1, Tag_2, Tag_3, Tag_4) = (80, 80, 85, 80)$$
$$(Put_1, Put_2, Put_3, Put_4) = (5, 5, 5, 8)$$
$$(R_1, R_2, R_3, R_4) = (0.4075, 0.1489, 0.1987, 0.2449)$$
$$(T_1, T_2, T_3, T_4) = (0.4, 0.4, 0.2, 0.5)$$
$$(U_1, U_2, U_3, U_4) = (0.2, 0.2, 0.2, 0.2)$$
$$(Q_1, Q_2, Q_3, Q_4) = (0.08, 0.08, 0.04, 0.0625)$$

把交通事故现场安全水平目标值定为90,在 Vensim 软件仿真环境下,将水平方程、辅助方程和速率方程输入至图3-13系统动力学流图各变量方程式模块区,并把各变量的初始值和常数值代入,取仿真步长为1个月,交通事故现场安全水平量值见表3-9,得到的交通事故现场安全水平的变化情况如图3-15所示。

表3-9 交通事故现场安全水平量值

时间/月	1	2	3	4	5	6	7	8	9	10
Stag	80.98	81.17	81.60	82.26	83.18	84.36	85.82	87.58	89.64	92.03

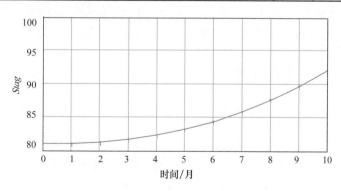

图3-15 交通事故现场安全水平的变化情况

由表3-9和图3-15可见,第一个月交通事故现场的安全水平为80.98,处于"比较安全"水平,未达到"安全"水平的目标值,需要进行一定的资金投入。随着各个因素管理水平的提高(即增加资金投入),第10个月安全水平量值为92.03,可以认为交通事故现场达到了"安全"水平的状态。

若改变管理资金投入增加值 U_i,其他参数值不变,进行仿真,系统达到安全水平的时间,如图3-16所示。

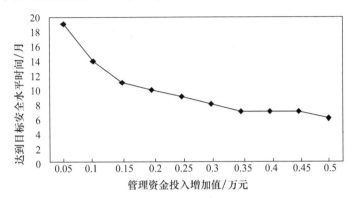

图3-16 管理资金投入增加值与达到目标安全水平时间的关系

由图3-16可见,如果每月各因素管理资金投入增加0.05万元,第19个月系统安全水平量值才达到90;每月各因素管理资金投入分别增加0.35万元、0.40万元和0.45万元,需第7个月达到目标值;每月各因素管理资金投入增加0.5万元,第6个月即达到目标值。由此可见,各因素管理资金投入越多,即加强各因素的安全管理,系统达到目标值的时间越短。

五、因素重要度分析

为了分析各因素的重要程度,分别改变单因素的安全投入增加值,其他3个因素安全投入增加值保持不变:

$$Current:(U_1,U_2,U_3,U_4) = (0.2,0.2,0.2,0.2)$$
$$A_1:(U_1,U_2,U_3,U_4) = (0.4,0.2,0.2,0.2)$$
$$A_2:(U_1,U_2,U_3,U_4) = (0.2,0.4,0.2,0.2)$$
$$A_3:(U_1,U_2,U_3,U_4) = (0.2,0.2,0.4,0.2)$$
$$A_4:(U_1,U_2,U_3,U_4) = (0.2,0.2,0.2,0.4)$$

将这些参数代入系统动力学方程,仿真结果见表3-10。Current 表示各因素安全投入增加值均为 0.2 万元/月;A_1、A_2、A_3、A_4 分别表示人因因素、车辆因素、道路与环境因素和管理因素安全投入增加值为 0.4 万元/月,而其他三因素的安全投入增加值均为 0.2 万元/月。

单因素投入值增加对交通事故现场安全水平分值的影响见表 3-10。由表 3-10 可见,A_1 和 A_4 情况下,交通事故现场安全水平在 8 个月内就可以达到目标值;而 A_2、A_3 情况下,需要 9 个月才达到目标值。安全水平随时间的变化趋势如图 3-17 所示。

表 3-10　单因素投入值增加对交通事故现场安全水平分值的影响

月	1	2	3	4	5	6	7	8	9	10
Current	81.08	81.17	81.60	82.26	83.18	84.36	85.82	87.58	89.64	92.03
A_1	81.08	81.27	81.90	82.91	84.33	86.18	88.51	91.34	94.71	98.65
A_2	81.08	81.19	81.66	82.39	83.40	84.72	86.35	88.32	90.64	93.32
A_3	81.08	81.20	81.67	82.42	83.46	84.80	86.48	88.50	90.88	93.65
A_4	81.08	81.26	81.88	82.84	84.19	85.94	88.11	90.75	93.86	97.48

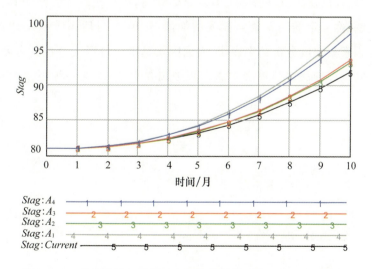

图 3-17　单因素投入增长对交通事故现场安全水平的影响趋势

f_i 定义为各因素的安全投入增加时,第 i 个因素对系统安全水平的影响程度,计算式为

$$f_i = \frac{\frac{1}{n}\sum_{j=1}^{n}(A_{ij} - Current_j)}{\frac{1}{n}\sum_{j=1}^{n}Current_j} \quad (3-17)$$

式中　A_{ij}——第 i 个因素在第 j 个月时系统的安全水平;

　　　$Current_j$——当前第 j 个月系统的安全水平;

　　　n——统计时间,月。

由表 3-10 中的数据计算得

$(f_1,f_2,f_3,f_4) = (0.0261,0.0051,0.0064,0.0221)$

计算结果表明,单因素安全投入增加值变化量相同时,对交通事故现场安全水平影响最大的是人因因素,其次是管理因素,再次是道路与环境因素,最后是车辆因素,加强人因因素安全管理是提高事故现场安全性的主要手段。增加各因素的安全投入,即提高各因素的安全管理水平,交通事故现场安全性也随之提高。

为了分析各因素的对交通事故现安全水平的影响程度,建立了系统动力学模型,在确定方程中参数量值及目标值后,进行系统动力学仿真。仿真结果表明,在一定的因素资金投入增加值下,10 个月后系统状态达到目标值。单因素重要度分析结果表明,人因因素是事故现场安全性的主要因素,其次是管理因素。若要提高交通事故现场安全性,应首先加强这两个因素的管理。

第四章 交通事故路段行车风险评价模型

第一节 事故路段行车风险评价

风险是一种随机现象,表示某种不确定事件发生的概率,但是由于不确定性因素的影响,无法对风险出现与否做出准确的判断;风险是损害(Hazard)和损害暴露度(Exposure)两种因素的综合,表达式为:风险 = 风险后果 × 风险概率。

行车风险是指在特定的道路交通环境下,车辆可能发生事故的概率和严重程度,事故发生的可能性越大,严重程度可能越高,车辆的行车风险越大。反之,车辆的行车风险越低。车辆在高速公路事故路段行驶时,行车风险因素的当前状态能够反映事故发生的可能性及严重程度,继而量化了高速公路事故路段的行车风险。

从安全系统工程的角度出发,风险评价是指对系统发生事故和面临灾害的危险状态进行估计和评定,也就是说,风险评价是以资料分析为基础,进行系统辨识和安全分析,按照一定的标准、规范及安全指标等衡量系统的危险性或者安全性并对危险的程度进行分级。本书根据安全系统工程和人机工程学的相关原理,结合高速公路事故路段特征及专家意见,划分高速公路事故路段行车风险等级,如图4-1所示。

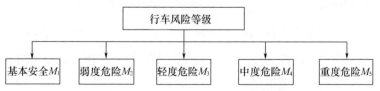

图4-1 高速公路事故路段行车风险等级划分

一、事故路段行车风险评价体系

影响交通事故现场安全性的主要因素有人因因素、车辆因素、道路与环境因素和管理因素。

1. 人因因素

交通事故现场勘查民警、现场围观群众和事故当事人是事故现场的主要人员,通过事故现场车辆的驾驶员往往是主要交通参与者,这些都是影响交通事故现场安全性的人因因素。交通事故发生后,交通警察到达及处理事故现场的时间较长,事故现场交通警察或路政人员麻痹大意,围观群众交通安全意识淡薄,通过事故现场的驾驶员疲劳驾驶、超载、超速行驶都会严重影响交通事故现场的安全性。

2. 车辆因素

车辆各系统的可靠性影响车辆安全行驶,转向系统、制动系统故障会使车辆失控;照明系统故障,影响夜间行驶能见度。具有安全隐患的车辆会因系统性能的降低或失效冲入事故现场,造成二次交通事故。此外,超载、超限车辆使轮胎、发动机、转向系统负荷过大,操纵稳定性和制动性下降,威胁事故现场安全。

3. 道路与环境因素

事故现场路段平曲线半径、纵向坡度等道路参数影响通过车辆驾驶员视野;雨、雪、雾、风、沙尘等敏感性气候条件影响事故现场上游车辆驾驶员的视线、视野,常常造成驾驶员判断失误;此外,雨、雪天气使路面附着系数减小,导致车辆制动不良或制动失效,威胁事故现场人员的生命安全。

4. 管理因素

影响事故现场安全性的管理因素主要包括事故现场处置方法的规范性、事故信息发布的及时性、事故现场处理的实践性等。高速公路发生交通事故,如果交通警察现场处置不规范,设置的警戒范围不符合安全要求,没有对来往车辆进行限速通行、分车道放行和分流等措施,也容易引发二次交通事故。

根据交通事故现场上、下游路段的交通特征,遵循针对性、可行性、可比性和独立性等原则,建立评价指标体系,见表4-1。

表4-1 交通事故现场安全性评价指标体系

准则层	人因因素	车辆因素	道路与环境因素	管理因素
决策层	事故发生与交通警察到达事故现场时间间隔(f_1),事故现场人群安全意识(f_2),违法违章驾驶员比例(f_3)	故障车辆比例(f_4),平均车速(f_5),超载超限车辆比例(f_6),大型车辆比例(f_7)	事故路段平曲线半径(f_8),事故路段纵向坡度(f_9),事故路段路面附着系数(f_{10}),事故现场可通车区域宽度(f_{11}),气候条件(f_{12})	信息发布广度和及时性(f_{13}),现场处置规范性(f_{14}),事故现场处理速度(f_{15})

二、事故路段行车风险评价标准

综合评价中各个指标的量纲不完全相同,这就使得不同影响因素对事故路段的安全影响程度存在差异,为了使不同指标之间具有互比性,在定量运算时要对原始数据进行标准化处理,去掉指标的量纲,这个过程就是无量纲化,也称为数据的无规格化。无量纲化是综合评价的前提,常用的方法有标准化法、极值法及功效系数法。无量纲划分为定量指标的无量纲化和定性指标的无量纲化。

1. 定量指标的无量纲化

定量指标的无量纲化采用的功效函数常见的有直线型和折线型。针对本节选取指标的特点,采用如下直线型函数。

定义评价指标 $u_i \in U$(成本型指标),M_i 和 m_i 分别为评价指标 u_i 的最大值和最小值,$f(x_i) = u_{pi}(x_i)$ ($i=1,2,\cdots,n$)为 u_i 的论域 $[m_i, M_i]$,则无量纲化函数为

$$f(x_i) = u_{pi}(x_i) = \begin{cases} 1 & (x_i \leq m_i) \\ \dfrac{M_i - x_i}{M_i - m_i} & (x_i \in p_i) \\ 0 & (x_i \geq M_i) \end{cases} \quad (4-1)$$

2. 定性指标的无量纲化

定性指标的无量纲化采用评价等级隶属度方法。首先，对评价指标进行等级划分，即 $P = \{好,较好,一般,差,较差\}$。

采用的各评价等级的尺度矩阵 $\boldsymbol{B} = (b_1,b_2,b_3,b_4,b_5)^T = (1,0.8,0.6,0.4,0.2)^T$。其次，确定评价指标相对于评价等级 P 的隶属度向量 $r_i = \{r_1, r_2, r_3, r_4, r_5\}$，可采用模糊数学中隶属度的确定方法，则有

$$r_i = \frac{m_i}{n} \quad (4-2)$$

式中　m_i——第 i 个指标关于某等级评语的频数；

　　　n——专家人数；

　　　r_i——第 i 个指标关于某等级评语的隶属度。

以评价指标的最优状态作为第 1 级标准，最劣值作为第 5 级标准，参考上述仿真结果并通过参考相关文献综合分析，最终通过专家咨询的方法进行修订，确定高速公路事故路段行车风险影响因素评价标准，见表 4-2。

表 4-2　高速公路事故路段行车风险影响因素评价标准

风险因素		M_1	M_2	M_3	M_4	M_5
A_1		不疲劳	弱度疲劳	轻度疲劳	中度疲劳	重度疲劳
A_2		高	较高	一般	较低	低
$A_3/$ (veh·h^{-1})	双向四车道封闭单车道	小于 400	[400,600)	[600,800)	[800,1 000)	[1 000,1 200)
	双向六车道封闭单车道	小于 1 000	[1 000,1 200)	[1 200,1 600)	[1 600,2 500)	[2 500,2 800)
	双向六车道封闭双车道	小于 400	[400,600)	[600,800)	[800,1 000)	[1 000,1 200)

续表 4-2

风险因素		M_1	M_2	M_3	M_4	M_5
A_3/ (veh·h^{-1})	双向八车道封闭单车道	小于 1 600	[1 600,1 800)	[1 800,2 200)	[2 200,3 800)	[3 800,4 000)
	双向八车道封闭双车道	小于 1 000	[1 000,1 200)	[1 200,1 500)	[1 500,2 000)	[2 000,2 500)
	双向八车道封闭三车道	小于 400	[400,600)	[600,800)	[800,1 200)	[1 200,1 600)
A_4		规范	较规范	一般规范	较不规范	不规范
A_5/ (km·h^{-1})		[60,70)	[70,80)	[80,90)	[90,100)	[100,120)

参照上述无量纲化的方法，对表 4-2 量纲化，得到表 4-3。

表 4-3 高速公路事故路段行车风险影响因素分级无量纲化

风险因素		M_1	M_2	M_3	M_4	M_5
A_1		(4/5,1]	(3/5,4/5]	(2/5,3/5]	(1/5,2/5]	(0,1/5]
A_2		(4/5,1]	(3/5,4/5]	(2/5,3/5]	(1/5,2/5]	(0,1/5]
A_3/ (veh·h^{-1})	双向四车道封闭单车道	(2/3,1]	(1/2,2/3]	(1/3,1/2]	(1/6,1/3]	(0,1/6]
	双向六车道封闭单车道	(9/14,1]	(4/7,9/14]	(3/7,4/7]	(3/28,3/7]	(0,3/28]
	双向六车道封闭双车道	(2/3,1]	(1/2,2/3]	(1/3,1/2]	(1/6,1/3]	(0,1/6]
	双向八车道封闭单车道	(3/5,1]	(11/20,3/5]	(9/20,11/20]	(1/20,9/20]	(0,1/20]
	双向八车道封闭双车道	(3/5,1]	(13/25,3/5]	(2/5,13/25]	(1/5,2/5]	(0,1/5]
	双向八车道封闭三车道	(3/4,1]	(5/8,3/4]	(1/2,5/8]	(1/4,1/2]	(0,1/4]
A_4		(4/5,1]	(3/5,4/5]	(2/5,3/5]	(1/5,2/5]	(0,1/5]
A_5/ (km·h^{-1})		(5/6,1]	(2/3,5/6]	(1/2,2/3]	(1/3,1/2]	(0,1/3]

三、事故路段行车风险评价案例

为了验证高速公路事故路段行车风险分布模型,对哈大(哈尔滨至大庆)高速公路、京沈(北京至沈阳)高速公路及沈大(沈阳至大连)高速公路事故路段行车风险进行评价,参加评价的专家6人,高速公路管理人员3人。数据来源分为两个方面:一方面是从高速公路管理部门获得事故发生后的交通流量统计;另一方面是通过在高速公路入口发放调查问卷,并在出口回收的方法获得评价指标实测值。

通过专家对高速公路事故路段行车风险评价指标的重要性进行评语打分,由乘积标度法确定不同时段风险影响因素的指标权重,见表4-4。

表4-4 高速公路事故路段不同时段行车风险影响因素的指标权重

时段	A_1	A_2	A_3	A_4	A_5
T_1	0.152 9	0.280 2	0.152 9	0.207 0	0.207 0
T_2	0.198 0	0.146 3	0.363 1	0.146 3	0.146 3
T_3	0.112 9	0.206 8	0.320 7	0.206 8	0.152 8

1. 双向四车道高速公路事故路段

哈大高速公路是典型的双向四车道高速公路,是黑龙江省第一条也是最为繁忙的高速公路之一,起于哈尔滨市,终点为大庆,设计时速100 km/h,限速120 km/h。对哈大高速公路2013年8月发生的起小轿车和大货车尾部相撞的事故路段进行调查,该路段单车道宽度为3.75 m,应急车道宽度为2.75 m,事故现场示意图如图4-2所示,图中椭

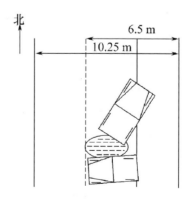

图4-2 哈大高速某事故现场示意图

圆形虚线表示碰撞后的散落物。

该事故发生后,事故路段封闭单个车道,经过调查得到各风险评价指标的实测值,见表4-5。

表4-5　哈大高速某事故路段行车风险评价指标实测值

风险因素	T_1	T_2	T_3
A_1	不疲劳	不疲劳	不疲劳
A_2	一般	高	较高
$A_3/(\text{veh} \cdot \text{h}^{-1})$	800	700	600
A_4	不规范	规范	较不规范
$A_5/(\text{km} \cdot \text{h}^{-1})$	120	60	60

对表4-5的数据进行无量纲化,见表4-6。

表4-6　哈大高速某事故路段行车风险评价指标实测值无量纲化

风险因素	T_1	T_2	T_3
A_1	1	1	1
A_2	3/5	1	4/5
$A_3/(\text{veh} \cdot \text{h}^{-1})$	1/3	5/12	1/2
A_4	1/5	1	2/5
$A_5/(\text{km} \cdot \text{h}^{-1})$	0	1	1

以上述数据为基础,采用改进可拓评价方法计算不同时段内行车风险等级的最大关联度:

$$\begin{cases} \max k_j^{T_1}(M) = k_3^{T_1}(M) \\ \max k_j^{T_2}(M) = k_1^{T_2}(M) \\ \max k_j^{T_3}(M) = k_2^{T_3}(M) \end{cases}$$

将评价结果用图表的形式表示,如图4-3所示。

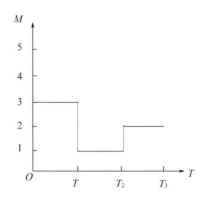

图4-3 哈大高速某事故路段行车风险评价结果

2. 双向六车道高速公路事故路段

京沈高速公路为双向六车道高速公路,起于北京市东四环路,终点为沈阳市过境绕城高速公路,是沟通东北与华北的交通大动脉。对京沈高速2013年9月发生的一起交通事故进行调查,该事故由于内侧车道行驶的大货车司机走神,导致4辆车连续追尾,该路段单车道宽度为3.75 m,应急车道宽度为3 m,事故现场示意图如图4-4所示。

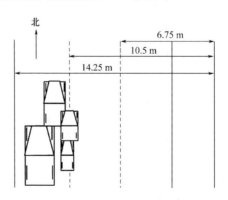

图4-4 京沈高速某事故现场示意图

该事故发生后,事故路段封闭两个车道,经过调查得到各评价指标的实测值。通过参考该事故路段各风险评价指标实测值,得到相同事故路段单车道封闭的情况下各指标值,见表4-7。

表4-7 京沈高速某事故路段行车风险评价指标值

封闭车道数	风险因素	T_1	T_2	T_3
单车道封闭	A_1	不疲劳	不疲劳	不疲劳
	A_2	一般	高	较高
	$A_3/(\text{veh}\cdot\text{h}^{-1})$	1 200	1 100	1 000
	A_4	不规范	规范	较不规范
	$A_5/(\text{km}\cdot\text{h}^{-1})$	120	60	60
双车道封闭	A_1	不疲劳	不疲劳	不疲劳
	A_2	一般	高	较高
	$A_3/(\text{veh}\cdot\text{h}^{-1})$	1 200	1 000	800
	A_4	不规范	规范	较不规范
	$A_5/(\text{km}\cdot\text{h}^{-1})$	120	60	60

对表4-7的数据进行无量纲化,见表4-8。

表4-8 京沈高速某事故路段行车风险评价指标值无量纲化

封闭车道数	风险因素	T_1	T_2	T_3
单车道封闭	A_1	1	1	1
	A_2	3/5	1	4/5
	$A_3/(\text{veh}\cdot\text{h}^{-1})$	4/7	17/28	9/14
	A_4	1/5	1	2/5
	$A_5/(\text{km}\cdot\text{h}^{-1})$	0	1	1
双车道封闭	A_1	1	1	1
	A_2	3/5	1	4/5
	$A_3/(\text{veh}\cdot\text{h}^{-1})$	0	1/6	1/3
	A_4	1/5	1	2/5
	$A_5/(\text{km}\cdot\text{h}^{-1})$	0	1	1

以上述数据为基础,计算单车道封闭时不同时段内行车风险等级的最大关联度:

$$\begin{cases} \max k_j^{T_1} = k_3^{T_1}(M) \\ \max k_j^{T_2} = k_1^{T_2}(M) \\ \max k_j^{T_3} = k_2^{T_3}(M) \end{cases}$$

双车道封闭时不同时段内行车风险等级的最大关联度：

$$\begin{cases} \max k_j^{T_1} = k_5^{T_1}(M) \\ \max k_j^{T_2} = k_1^{T_2}(M) \\ \max k_j^{T_3} = k_3^{T_3}(M) \end{cases}$$

将评价结果用图表的形式表示，如图4-5所示。

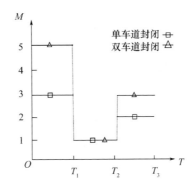

图4-5 京沈高速某事故路段行车风险评价结果

3. 双向八车道高速公路事故路段

沈大高速公路为我国内地第一条建设的高速公路，也是第一条双向八车道高速公路，于2004年完成拓宽改造。该公路地处辽东半岛，北起沈阳，南至大连，是东北地区的一条主要公路干线，全线纵贯沈阳、辽阳、鞍山、营口和大连5个城市，设计时速为120 km/h。对沈大高速公路2013年发生的一起交通事故进行调查，该事故中一辆小型客车与一辆大货车发生追尾碰撞，该路段单车道宽度为3.75 m，应急车道宽为3 m，事故现场示意图如图4-6所示，其中椭圆形虚线部分表示散落物。

事故发生后，该路段封闭两个车道，经过调查可得各评价指标的实测值。通过参考该路段各风险评价指标实测值，得到相同事故路段单车道封

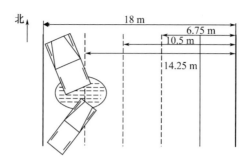

图 4-6　沈大高速某事故现场示意图

闭、双车道封闭和三车道封闭情况下的各指标值,见表 4-9。

表 4-9　沈大高速某事故路段行车风险评价指标值

封闭车道数	风险因素	T_1	T_2	T_3
单车道封闭	A_1	不疲劳	不疲劳	不疲劳
	A_2	一般	高	较高
	$A_3/(\text{veh}\cdot\text{h}^{-1})$	1 800	1 700	1 600
	A_4	不规范	规范	较不规范
	$A_5/(\text{km}\cdot\text{h}^{-1})$	120	60	60
双车道封闭	A_1	不疲劳	不疲劳	不疲劳
	A_2	一般	高	较高
	$A_3/(\text{veh}\cdot\text{h}^{-1})$	1 700	1 200	1 000
	A_4	不规范	规范	较不规范
	$A_5/(\text{km}\cdot\text{h}^{-1})$	120	60	60
三车道封闭	A_1	不疲劳	不疲劳	不疲劳
	A_2	一般	高	较高
	$A_3/(\text{veh}\cdot\text{h}^{-1})$	1 500	1 000	800
	A_4	不规范	规范	较不规范
	$A_5/(\text{km}\cdot\text{h}^{-1})$	120	60	60

对表 4-9 的数据进行无量纲化,见表 4-10。

表 4-10　沈大高速某事故路段行车风险影响因素值无量纲化

封闭车道数	风险因素	T_1	T_2	T_3
单车道封闭	A_1	1	1	1
	A_2	3/5	1	4/5
	$A_3/(\text{veh} \cdot \text{h}^{-1})$	11/20	23/40	3/5
	A_4	1/5	1	2/5
	$A_5/(\text{km} \cdot \text{h}^{-1})$	0	1	1
双车道封闭	A_1	1	1	1
	A_2	3/5	1	4/5
双车道封闭	$A_3/(\text{veh} \cdot \text{h}^{-1})$	7/25	9/25	11/25
	A_4	1/5	1	2/5
	$A_5/(\text{km} \cdot \text{h}^{-1})$	0	1	1
三车道封闭	A_1	1	1	1
	A_2	3/5	1	4/5
	$A_3/(\text{veh} \cdot \text{h}^{-1})$	1/16	3/8	1/2
	A_4	1/5	1	2/5
	$A_5/(\text{km} \cdot \text{h}^{-1})$	0	1	1

以上述数据为基础，计算单车道封闭时不同时段内行车风险等级的最大关联度：

$$\begin{cases} \max k_j^{T_1} = k_3^{T_1}(M) \\ \max k_j^{T_2} = k_1^{T_2}(M) \\ \max k_j^{T_3} = k_2^{T_3}(M) \end{cases}$$

双车道封闭时不同时段内行车风险等级的最大关联度：

$$\begin{cases} \max k_j^{T_1} = k_4^{T_1}(M) \\ \max k_j^{T_2} = k_1^{T_2}(M) \\ \max k_j^{T_3} = k_2^{T_3}(M) \end{cases}$$

三车道封闭时不同时段内行车风险等级的最大关联度：

$$\begin{cases} \max k_j^{T_1} = k_5^{T_1}(M) \\ \max k_j^{T_2} = k_1^{T_2}(M) \\ \max k_j^{T_3} = k_3^{T_3}(M) \end{cases}$$

将评价结果用图表的形式表示,如图 4-7 所示。

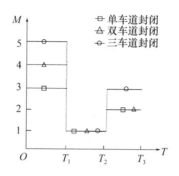

图 4-7 某双向四车道事故路段行车风险评价结果

根据安全系统工程和人机工程学的相关原理,建立高速公路事故路段行车风险等级,参考仿真结果和分析相关文献,确定了事故路段行车风险评价标准;以某些典型事故路段为例,基于改进可拓评价模型计算各时段的风险等级。分析结果呈现 T_1 时段的行车风险高于 T_3 时段的行车风险,T_3 时段的行车风险高于 T_2 时段的行车风险的规律。结果表明,该综合评价方法能较真实地反映高速公路事故路段行车风险的分布情况。

第二节 杜芬振子模型

一、杜芬振子模型的概念

1918 年,Duffing 在深入研究了具有非线性恢复力项的受迫振动系统之后,引入了一个具有立方项的非线性振子,用于描述许多机械问题中的硬弹簧效应。这一标准化的动力学方程即称为杜芬(Duffing)方程。

基于随机振动提出 Duffing 振子模型,如图 4-8 所示。将细长的弹性薄钢片固定于刚性框架,下面放置两块磁铁,当框架做简谐振动时,钢片的动力学方程即为 Duffing 振子模型。框架静止时,钢片仅受磁力呈平衡状态;简谐振动使钢片受到框架的驱动力和非线性的磁铁吸引力,钢片即呈混沌振动。

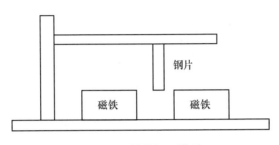

图 4-8 杜芬振子模型

振子的运动方程可描述为

$$\ddot{X} + \frac{D}{M}\dot{X} - \frac{C}{M}X + \frac{N}{M}X^3 = \frac{F}{M}\cos(\omega T) \qquad (4-3)$$

式中 M——质点的质量,kg;

D——阻尼系数;

C、N——线性及非线性系数;

F——外界对振子的作用强度,N。

式(4-3)描述的是线性与非线性的叠加,参数 $\frac{D}{M}$ 和 $\frac{N}{M}$ 分别为线性项和非线性项系数。同时也说明钢片受到两块磁铁的相互作用,做非线性运动,构成非线性系统;当受到外界作用时,框架发生简谐振动,整个系统发生混沌振动。这种混沌现象表现为有序与无序的统一:当对系统结构进行调整时,即变化式(4-3)中各个参数值,系统振动将在有序与无序间变化。

引入无量纲参数 $X = \alpha x$ 和 $T = \beta t$,并做变量代换,得到简化后的方程为

$$\ddot{x} + a\dot{x} - x + bx^3 = \gamma\cos(\Omega t) \qquad (4-4)$$

参数 a、b 的不同取值表示不同的阻尼,改变 a、b 值,系统将在无序和有序间变化。

二、杜芬振子模型的建立

交通事故发生后,过往事故现场的车辆、围观人员、处理事故现场的工作人员和事故路段的交通环境等构成了一个复杂、动态的非线性系统。二次交通事故的发生具有对初始条件的敏感依赖性,如疲劳的驾驶员如果得不到及时休息,就会反应迟缓、判断失误或误操作,易导致车辆冲入事故现场;若车辆制动效能不佳,当发现前方存在事故现场,会因制动距离过长或车辆失控,诱发二次交通事故。以上均是由于初始误差导致系统误差变得越来越大,进而导致二次交通事故的发生。由于驾驶员处于能动地位,通过调整驾驶行为,即可避免二次交通事故。因此,二次交通事故的不确定性是混沌现象内在随机性的表现,其突发性、传异性是混沌现象对初始条件的敏感依赖性的表现。因此,二次交通事故的演变过程可视为事故现场安全状态变化过程,而且是一个混沌系统。

二次交通事故的发生与混沌系统具有极大的相似性,具体表现为:

(1)二者均处在非线性系统框架下。混沌现象的发生是在设定的系统框架下得出的,即非线性振动系统。交通事故现场路段的过往车辆、围观人员、事故现场处理人员和交通环境等也共同组成了复杂的非线性系统框架。

(2)系统的结构在状态变化过程中起支配作用。混沌方程中的各个参数代表了结构的非线性程度,不同的参数值影响系统向混沌状态的演变。对于发生事故后的道路交通系统来说,事故路段成为整条道路的瓶颈,安全性最差,人、车、道路环境的协调耦合是事故现场路段安全性的前提,若其中一个因素失调,如车辆超速行驶或路面有积雪等,都会影响交通安全系统结构,驾驶员需不断改变驾驶状态,从而使二次交通事故的发生演变为混沌状态。

(3)不同结构的系统产生不同的演化过程,而且通过调整结构组成,可以改变系统的演化方向。当改变混沌方程中的各个参数时,就会得到不同的混沌现象和自组织现象。在发生事故后的交通系统中,通过提前分流,人为减少通过事故现场路段的车辆数量,或者采取更加安全的处置方案,如分段限速或警示标志的合理设置等,调整交通系统的结构,可以提高事故现场路段的安全性。

根据二次交通事故的混沌特性,建立混沌动力学模型,该模型描述了交通系统在不同条件下的各种状态及其变化。

$$\ddot{Z} + \varepsilon\delta\dot{Z} - Z + Z^3 = \varepsilon\sigma\cos\theta t \quad (4-5)$$

式中　Z——初次交通事故现场安全系统的状态(包括初始事故现场状态、混沌状态和二次交通事故发生状态);

　　　$\dot{Z}$——系统状态变化速度;

　　　$\ddot{Z}$——系统状态变化加速度;

　　　δ——过往车辆的性能系数;

　　　ε——事故路段道路环境系数;

　　　σ——事故现场人员系数;

　　　t——时间变量;

　　　θ——系统参数。

由式(4-5)知,道路环境对车辆性能及现场人员特性均有影响,符合人机工程学原理,求解微分方程得

$$Z_j = Z_j(t)\bigg|t = t_0 + \int_{t_0}^{t}\dot{Z}_j(\delta,\varepsilon,\sigma)\mathrm{d}t = Z_j(t_0) + \psi_j(Z_j(t),\delta,\varepsilon,\sigma)$$

$$(4-6)$$

由式(4-6)知,$Z_j(t_0)$为当前的安全状态,可预知;事故现场的安全状态预测值为$\psi_j(Z_j(t_0),\delta,\varepsilon,\sigma)$,是非线性函数,且只和结构参数$Z_j(t_0)$、$\delta$、$\varepsilon$及$\sigma$有关,通过改善以上结构参数值,可提高事故现场路段的安全性,可见,所建混沌动力学模型可以描述二次交通事故的演变过程。

三、杜芬振子模型的仿真

由式(4-5)的 Duffing 振子模型,令$\varepsilon\delta = 0.3$,$\varepsilon\sigma = 0.2$,$\theta = 1$,其根轨迹图和相平面图分别如图4-9和图4-10所示。

由图4-9和图4-10知,事故现场安全系统为周期振荡状态。

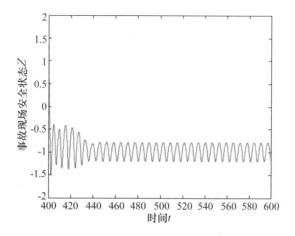

图4-9　$\varepsilon\delta=0.3, \varepsilon\sigma=0.2, \theta=1$ 根轨迹图

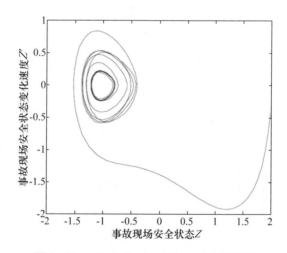

图4-10　$\varepsilon\delta=0.3, \varepsilon\sigma=0.2, \theta=1$ 相平面图

令 $\varepsilon\delta=0.3, \varepsilon\sigma=0.5, \theta=1$，其根轨迹图和相平面图分别如图4-11和图4-12所示。

由图4-11和图4-12知，事故现场安全系统为混沌状态。比较图4-10和图4-12可知，在混沌状态下，事故现场安全状态的振幅较大，对外界条件的变化较敏感，这也反映了二次交通事故具有极强的可预防性，即改善事故现场的车辆性能技术参数δ、道路环境参数ε或事故现场人员参数

σ,就可能避免二次交通事故。

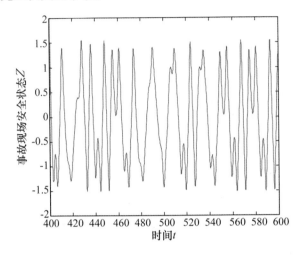

图 4-11　$\varepsilon\delta=0.3, \varepsilon\sigma=0.5, \theta=1$ 根轨迹图

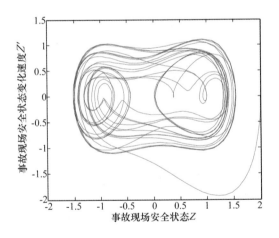

图 4-12　$\varepsilon\delta=0.3, \varepsilon\sigma=0.5, \theta=1$ 相平面图

四、杜芬振子模型案例分析

2008年6月哈大(哈尔滨至大庆)高速公路发生一起特大交通事故,建立的事故现场安全性指标体系和指标分级标准,经过现场测试和调研,得到各指标实测值和无量纲值,见表4-11。

第四章 交通事故路段行车风险评价模型

表 4-11 哈大高速某交通事故现场各指标实测值与无量纲值

	评价指标	实测值	无量纲值
事故现场人员指标 σ	事故发生与交通警察到达事故现场时间间隔 f_1/min	25	0.625
	事故现场围观人员安全意识 f_2	高	0.9
	违法违章驾驶员比例 f_3/%	6.4	0.064
过往车辆的性能指标 δ	故障车辆比例 f_4	4	0.04
	平均车速 f_5/(km·h^{-1})	85	0.416 7
	超载超限车辆比例 f_6/%	5	0.05
	大车比例 f_7/%	20	0.2
事故路段道路环境指标 ε	事故路段平曲线半径 f_8/m	1 100	1
	事故路段纵向坡度 f_9/%	+2.4	1
	事故路段路面附着系数 f_{10}	0.65	0.65
	事故现场可通车区域宽度 f_{11}/cm	360	0.7
	气候条件 f_{12}	较好	0.7

将表 4-11 中各指标的无量纲值归一化处理,得到混沌模型中各参数值:

$$\sigma = 0.250\ 4;\quad \delta = 0.111\ 4;\quad \varepsilon = 0.638\ 2$$

仿真得到交通事故现场安全系统根轨迹图和相平面图,分别如图 4-13 和图 4-14 所示。

由图 4-13 知,该交通事故现场安全系统处于混沌状态,系统状态变化比较敏感;由图 4-14 可见,相点曲线吸引于焦点($+1,0$)、($-1,0$);当事故现场安全状态 Z 确定时,其变化速度 Z' 时正时负,说明事故现场处于某一安全状态下,各安全性指标耦合的结果有时加快二次交通事故的发生,有时减缓二次交通事故的发生,事故现场非线性系统的主观因素在安全性动态变化过程中起到主要作用。例如,提前提醒驾驶员事故现场的存在,提高驾驶员安全意识,控制故障车辆和超载超限车辆数量,改善道路环境条件等,可使事故现场安全状态变化速度为正方向,即可能避免二次交通事故。

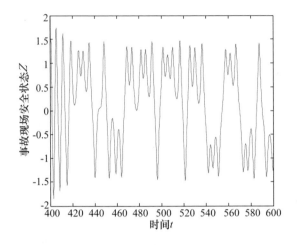

图4-13 交通事故现场安全系统根轨迹图

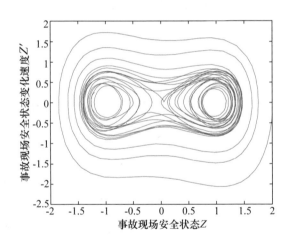

图4-14 交通事故现场安全系统相平面图

二次交通事故是一类特殊的交通事故,与一般交通事故相比,会带来更严重的人员伤亡和财产损失,因此,其致因理论和演变过程分析尤为重要。本节基于Duffing振子动力系统,建立了二次交通事故混沌模型,分析了二次交通事故的混沌特性;通过仿真,模型中参数值的变化可使安全系统处于周期振荡状态和混沌状态;实例分析结果表明,所建模型可用于二次交通事故的演变过程分析,但对所建模型混沌吸引子及混沌模型中的参数量值的选取应进一步研究。

第三节 神经网络模型

一、神经科学与神经网络概述

神经科学是研究神经活动的生物学机制的科学。它包括神经生物学、脑科学、神经病理学等领域。神经科学从细胞(如神经元)甚至分子的角度出发,寻求了解人类知觉、情绪、记忆等神经活动的生物学基础,并试图找到阿尔茨海默症、抑郁症、精神分裂症等疾病的发病原因和治疗方法。此外,神经科学领域最早开展了系统理论、计算机科学研究,如神经控制论、人工智能等。系统生物学在细胞分子层次重新兴起后,又形成了系统神经科学和计算神经科学。从20世纪末开始一些西方国家相继推动各自的脑科学计划。1990年美国总统签署了"脑的十年"计划。1991年欧洲推出"欧洲脑的十年计划"。1996年日本提出"脑科学时代"计划,包括"认识脑"(思维研究)、"保护脑"(治疗)、"创造脑"(信息处理系统)3个阶段。21世纪更是被世界科学界公认为是生物科学、脑科学的时代。对人脑语言、记忆、思维、学习和注意等高级认知功能进行多学科、多层次的综合研究已经成为当代科学发展的主流方向之一。神经科学高度融合了当代认知科学、计算科学和系统科学,把研究的对象从纯粹的认知与行为扩展到脑的活动模式及其与认知过程的关系。因此,国际科学界已经就神经科学的巨大意义与前景达成了共识,并将其看成是与基因工程、纳米技术一样在近期内会取得突破性进展的学科。

神经网络分为生物神经网络和人工神经网络。生物神经网络的研究最早可以追溯到一千多年前对人类大脑的探索。神经细胞(神经元)是神经系统结构、功能的基本组成单位。成百上千个神经细胞通过突触广泛地互相连接构成复杂且庞大的神经网络,进而构成错综复杂的中枢神经系统(如脑和脊髓)及周围神经系统(如感觉神经、运动神经等),其中最重要的是脑神经系统。人类的大脑中大约包含有1 400亿个神经元,而每个神经元与成千上万个其他神经元以确定方式和拓扑结构相连接,神经元间信息的产生、传递和处理以电化学活动的形式发生,并通过不同的突触连接方式和连接强度,使生物神经网络在宏观上呈现复杂的信息处理能力和极强的可塑性和鲁棒性,可以实现联想、概括、类比等功能,且任何局部的损伤不会影响整体效果。更重要的是,人工神经网络表现出了超高的自学习能力,其能够通过不间断的学习,不停顿地提高和改善自己。

随着现代工程科学和计算机科学的发展,神经生理学家Mcculloch和数学家Pitts于1943年首次提出了人工神经网络的概念。人工神经网络是由许多处理单元按照一定的拓扑结构相互连接而成的一种具有并行计算能力的网络系统。通过仿照生物神经网络的结构和信息传递功能进行计算模型实现,人工神经网络可以充分显示一些基于并行处理的特定属性,比如适应、演算、推广和组织数据等能力。此外,人工神经网络和生物神经网络一样具有很好的容错性和鲁棒性,可以实现联想、概括、类比等功能,且任何局部的损伤不会影响整体效果。更重要的是,人工神经网络表现出了超高的自学习能力,其能够通过不间断的学习,不停顿地提高和改善自己。

20世纪50年代末,神经网络的研究迎来了第一次热潮,Widrow等在1959年提出了自适应线性元件网络,并进行训练后成功用于抵消通信中的回波和噪声。1960年,Widrow和Hoff提出基于最小方差算法的学习规则(LMS)。20世纪80年代,神经网络的第二次热潮由Hopfield掀起并延续至今,其提出了以其姓氏命名的Hopfield模型,即一类全互联神经网络模型,成功解决了旅行商问题。Rumelhart等在1986年提出了反向传播学习算法(BP算法),直到现在仍被广泛使用。近几年,人工神经网络在图像处理、组合优化、联想记忆、模式识别等很多领域都有大量成功的应用。不仅如此,2016年3月,谷歌旗下的一款围棋人工智能程序——阿尔法围棋(AlphaGo)以4∶1的悬殊比分战胜韩国著名围棋棋手李世石九段,这是人工智能第一次在公开比赛中战胜世界顶级围棋棋手,也是神经网络在机器学习和人工智能中成功应用的经典案例。自此,人工神经网络与人工智能的结合再一次点燃了全世界专家学者的研究热情,其甚至表现出改变人类生活方式和思维意识的强大潜力,并将在相当长的一段时间内成为人类发展的主流方向。

二、BP 神经网络概念及特点

BP 神经网络最早由 Rumelhart 和 McClelland 等提出,能够学习和存储大量输入-输出模式分映射关系,而不需要准确描述这种映射关系的数学方程。BP 神经网络使用最速下降法进行学习,通过反向传播来不断调整网络的权值和阈值,使网络的误差和平方和最小,一般包括输入层、隐含层和输出层。

BP 神经网络能够比较强地承受噪声数据的干扰,以及它能够较好地对杂乱无章的数据的进行模式分类和模式识别,在缺乏属性与类别之间的联系规律时比较适合运用 BP 神经网络模型。

BP 神经网络不仅在数据的分类和模式识别上有很好的应用,而且在数据的拟合预测上的应用也非常成功,可以解决很多现实问题,模型的实用性比较好。并且 BP 神经网络天生是并行的,可以使用并行技术来加快其计算和收敛过程。

BP 神经网络模型具有非线性映射、自学习自适应的能力,能够很好地描述数据间隐含的复杂规律。在许多实际问题中,系统的输入与输出之间(如过程控制、故障诊断、机器人控制等诸多领域)存在复杂的非线性关系,往往难以用经典的数理方程描述清晰的数学模型。但是,BP 神经网络在这方面拥有不可替代的优势,往往能收到神奇的效果。

尽管 BP 神经网络存在很多优点,但是也存在着收敛速度比较慢、需要的训练时间比较长、所需的训练数据比较多、隐含层的层数和节点数确定起来比较困难、神经网络的可解释性差等多种问题,而且神经网络需要大量的参数,如网络拓扑结构等,常常需要大量的探索和试验来反复验证才能确定,所以对程序员的工程应用经验要求非常高。

三、BP 神经网络结构与算法描述

典型的 BP 神经网络是 3 层结构,包括输入层、隐含层和输出层,如图

4-15 所示。

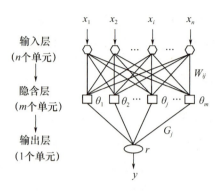

图 4-15　神经网络模型

输入层节点数为评价指标的个数 n，隐含层节点数为 m（通常 $m > n$），输出层节点数为 1。输入层至隐含层的连接权为 $W_{ij}(i=1,2,\cdots,n;j=1,2,\cdots,m)$，隐含层至输出层的连接权为 G_j，θ_j 和 r 分别为隐含层、输出层阈值。各神经元的激活函数采用 Sigmiod 函数，即 $f(x) = 1/(1+e^x)$。对于输入值要先向前传播到隐含层单元，经作用函数运算后，再把隐含层单元的输出信息传播到输出单元，最后计算输出值。神经网络各单元的输入、输出值按以下公式计算：

（1）输入单元：$P_i = (x_1, x_2, \cdots, x_n)(i=1,2,\cdots,n)$

（2）隐含层单元：$I_j = \sum\limits_{i=1}^{n} W_{ij}x_i + \theta_j (j=1,2,\cdots,m)$

$$y = f(I_j) = \frac{1}{1+e^{-I_j}} = \frac{1}{1+e^{-\left(\sum\limits_{i=1}^{n} W_{ij}x_i + \theta_j\right)}} \qquad (4-7)$$

（3）输出层单元：$I = \sum\limits_{j=1}^{m} G_j E_j + r$

$$y = f(I) = \frac{1}{1+e^{-I}} = \frac{1}{1+e^{-\left(\sum\limits_{j=1}^{m} G_j E_j + r\right)}} \qquad (4-8)$$

输出层单元输出误差：$\delta = Y - y$，Y 为输出层期望目标值。

隐含层单元输出误差：$\delta_j = E_j \delta G_j$

若输出层和隐含层结点输出误差 $|\delta|$ 和 $|\delta_j|$ 均在限值 ε 内，则训练结束。

反之,进行误差的反向传播。

四、神经网络模型在事故中的实际应用

根据历史数据和专家经验,并参阅相关法规,将交通事故现场划分为5个安全等级,即Ⅰ安全,Ⅱ较安全,Ⅲ一般安全,Ⅳ不安全,Ⅴ很不安全,各评价指标与分级标准见表4-12。

表4-12 评价指标与分级标准

	Ⅰ	Ⅱ	Ⅲ	Ⅳ	Ⅴ
f_1/min	10	20	30	40	50
f_2	高	较高	一般	差	很差
f_3/%	2	4	6	8	10
f_4/%	1	3	5	7	9
f_5/(km·h^{-1})	50	60	70	90	110
f_6/%	1	2	3	4	5
f_7/%	10	20	30	50	60
f_8/m	1 000	900	800	700	600
f_9/%	-1	-2	-3	-4	-5
f_{10}	0.7	0.65	0.6	0.5	0.4
f_{11}/cm	420	380	350	280	220
f_{12}	好	较好	一般	差	较差
f_{13}	广泛、及时	较广泛、及时	一般广泛、及时	不广泛、不及时	不发布
f_{14}	规范	较规范	一般规范	不规范	很不规范
f_{15}/min	20	30	40	50	60

将表4-12的分级参考数据做无量纲化处理,作为学习样本,进行神经网络训练。根据评价指标个数,建立三层神经网络模型:输入层结点数 n 为15,隐含层结点数 m 为18,输出层结点数为1,对应的目标值为 $B = (0.9,$

$0.7,0.5,0.3,0.1)$。取 $\varepsilon = 0.000\ 001$,经迭代运算,达到输出层与目标输出精度要求,记忆存储训练结果。

哈大(哈尔滨至大庆)高速公路是绥满公路的重要部分,位于哈大齐工业走廊和哈牡绥对俄产业带的核心位置,是黑龙江省最繁忙的高速公路之一,设计车速 100 km/h。对哈大高速公路 2008 年某起交通事故现场 15 个指标分别进行了调查和计算,得到的实测值和无量纲值,见表 4-13。

表 4-13 哈大高速事故现场安全性指标实测值与无量纲值

评价指标	实测值	无量纲值
f_1/min	25	0.625
f_2	高	0.9
f_3/%	6.4	0.064
f_4/%	4	0.04
f_5/(km·h^{-1})	85	0.416 7
f_6/%	5	0.05
f_7/%	20	0.2
f_8/m	1 100	1
f_9/%	+2.4	1
f_{10}	0.65	0.65
f_{11}/cm	360	0.7
f_{12}	较好	0.7
f_{13}	一般广泛、及时	0.5
f_{14}	一般规范	0.5
f_{15}/min	45	0.375

将各评价指标无量纲值输入的以上记忆储存的神经网络模型,得到输出层综合评价值为 0.558 4,根据评价等级的评价尺度:$B = (0.9,0.7,0.5,0.3,0.1)$,可判定此高速公路交通事故现场安全性一般。

人因因素、车辆因素、道路与环境因素和管理因素是影响交通事故现场安全水平的主要因素,选择 15 个指标,并以 5 个安全等级作为学习样本,对 BP 神经网络进行训练。最后把典型事故现场的实测数据输入到训练后的神经网络模型,对事故现场进行安全性评价。道路交通事故现场安全性评价属于事故现场处理后评价内容,评价结果为提出合理的事故现场处置方法,预防二次交通事故发生提供重要的理论依据。BP 神经网络是一种通过逆向传播算法训练的神经网络,模型由多个神经元以 S(Sigmoid)型传递函数连接而成,对不完全、含噪声信息具有很好的适应性。由于交通事故发生的时间和空间的不确定性,通过修正网络中的连接权值,以及网络自身的学习训练,可以提高评价方法的适应性和评价结果的客观性。

第四节　熵权云模型

一、熵权法

1. 熵权法概述

熵是一个有着悠久历史的概念,最早是被德国物理学家克劳修斯引用到热力学中。经过近年的发展,熵已经不仅仅应用于热力学,在数学、物理、化学、管理等多个学科和领域都开始应用熵的理论。1948 年,信息论的创始人首先系统地提出了信息的度量方法,他受到玻耳兹曼空气动力学理论的启发,利用概率论与数理统计的方法,把熵作为一个随机事件的不确定性或信息量的度量,从而奠定了现代信息论的科学理论依据。

随着现代科学技术的不断发展和进步,各个学科的相互渗透,边缘学科的产生及科学趋向于整体化的趋势,使得熵理论表现出了巨大的使用价值。当前,信息熵的概念已经广泛应用在工业、农业、交通运输、环境保护、工商管理、医疗卫生等多个行业。由于各个系统、各个部门、各专业组织具有显著的差异性、特殊性和复杂性,熵的表达方式和内涵也各不相同,应具体问题具体分析,灵活应用。

2. 熵权模型

熵权法是一种通过系统评价对象的指标信息来确定指标权重的客观分析方法，它有别于层次分析法等主观分析方法，其对评价指标的权重赋予受主观因素影响较大。熵权法通过定性与定量相结合的方法，运用具体的数学函数表达式客观赋予评价指标权重。在一个系统中，如果提供的指标信息量越多，则该系统的熵权就越小，反之，则该系统的熵权越大。评价指标的信息熵决定系统的最终评价结果。

根据预先设定的标准，对 P 个部分的 Q 个指标因素进行专家打分，再经过标准化处理，构建初始评价指标的数据矩阵 **R**：

$$\boldsymbol{R} = (r_{ij})_{p \times q} \quad (i = 1,2,3,\cdots,p; j = 1,2,3,\cdots,q) \quad (4-9)$$

定义各个指标的熵为

$$H_j = -\frac{1}{\ln p} \sum_{i=1}^{p} \ln m_{ij} \quad (4-10)$$

根据以上所求得的各个指标的熵值，可以计算出第 j 项指标的差异性系数，即

$$f_i = 1 - H_j \quad (4-11)$$

同理，可以求得第 j 项指标的熵权为

$$w_j = \frac{f_i}{\sum f_i} \quad (j = 1,2,3,\cdots,p) \quad (4-12)$$

据此可以计算得出所有的评价指标的权重。由熵权计算公式可以看出，各个指标的差异性系数可以决定此指标的熵权，即指标的差异性系数越大，由指标代表的信息越多，重要性也越大。

二、云模型

1. 云的概念

设 U 是一个由准确数值表示的定量论域集合，C 是 U 上的定性概念，若定量值 $x \in U$，且 x 是定性概念 C 的一次随机实现，x 对 C 的隶属度 $\mu(x) \in [0,1]$，$x \to \mu(x)$，则在论域 U 上的分布称为云，每一个 x 称为一个云滴。

在定性与定量相互转换的过程中,通过个人的主观看法用自然语言进行判断描述客观事物,总会伴随着一定程度的不确定性,在转换结果上会造成很大的偏差。针对这种在定性与定量转换过程中的问题,李德毅院士提出云模型理论,至今,云模型已成为应用于自然语言处理、数据挖掘、决策分析、智能控制、图像处理等众多领域。

在一个定性的概念中,每一个云滴都是对这一定性概念的一次模拟,一个云滴无法看出定性概念的整体特征,但可以通过成千上万次模拟试验反映定性概念的整体特征。云模型中,通过云的数字特征——期望 Ex、熵 En 和超熵 He 来描述定性概念的整体特征。

2. 云发生器

云发生器包含正向云发生器和逆向云发生器两种算法。正向云发生器将定性概念转化为定量概念,逆向云发生器将定量与定性概念相互转化。实际案例中会利用正向云发生器绘制云图。

(1)正向云发生器的具体计算步骤。

输入:定性概念的期望值、熵值和超熵,以及所需要生成的云滴数 N。

输出:在云图上具体表征的 N 个云滴的具体位置,即 $i=1,2,3,\cdots,n$。

①随机生成以 Ex 为期望,以 En 为方差的随机数 x(正态分布)。

②随机生成以 En 为期望,以 He 为方差的随机数(正态分布)。

③把 x 作为定性概念的一次模拟试验的具体数量值,即在云图中反映为一个云滴。

④再由 x 计算 y。

⑤定义 y 为 x 在该定性概念的反映值。

⑥(x,y) 可以清楚地表达一次模拟试验中,所表达的定性概念与定量概念之间的转换内容。

⑦根据所需要的云滴数,重复以上 6 个步骤,可依次得到所需的 N 个云滴。

(2)逆向云发生器的具体计算步骤。

输入:已经得知的 N 个云滴样本。

输出：N 个云滴样本所对照的定性概念的期望值、熵值及超熵。

$$\begin{cases} Ex = \bar{x} = \dfrac{1}{n}\sum_{i=1}^{n} x_i \\ En = \sqrt{\dfrac{\pi}{2}} \times \dfrac{1}{n}\sum_{i=1}^{n} |x_i - Ex| \\ He = \sqrt{S^2 - En^2} = \sqrt{\dfrac{1}{n-1}\sum_{i=1}^{n}(x_i - \bar{x})^2 - En^2} \end{cases} \quad (4-13)$$

三、评价云模型的确定

收集事故路段行车风险影响因素相关领域资料文献进行学习，并邀请事故路段行车安全相关领域的专家进行各个二级评价指标的打分，通过逆向云发生器将各个打分分值代入式(4-13)，得到二级评价指标的云模型数字特征值(Ex,En,He)，由于二级评价指标距离直接决定层有较大距离，即二级评价指标的相关联度不大，在对结果判定时存在较大的不准确性，所以现根据式(4-14)，综合各个二级评价指标，并利用熵权法确定权重，利用浮动云算法求得一级评价指标的云模型数字特征值。为方便最终评定结果的确定，并考虑到评价指标之间的相关联性，需要采用虚拟云中的综合算法将4个一级评价指标进行再度汇总，见式(4-15)，由此得到对最终评价结果起决定作用的因素。浮动云算法适用于评价指标值之间关联度不大的情况，而虚拟云综合算法适用于评价指标之间存在一定关联性的情况，比如上述所介绍的一级评价指标之间的相互影响关系。

$$\begin{cases} Ex = \dfrac{Ex_1\omega_1 + Ex_2\omega_2 + \cdots + Ex_n\omega_n}{\omega_1 + \omega_2 + \cdots + \omega_n} \\ En = \dfrac{\omega_1^2 En_1 + \omega_2^2 En_2 + \cdots + \omega_n^2 En_n}{\omega_1^2 + \omega_2^2 + \cdots + \omega_n^2} \\ He = \dfrac{\omega_1^2 He_1 + \omega_2^2 He_2 + \cdots + \omega_n^2 He_n}{\omega_1^2 + \omega_2^2 + \cdots + \omega_n^2} \end{cases} \quad (4-14)$$

$$\begin{cases} Ex = \dfrac{Ex_1 En_1 \omega_1 + Ex_2 En_2 \omega_2 + \cdots + Ex_n En_n \omega_n}{En_1 \omega_1 + En_2 \omega_2 + \cdots + En_n \omega_n} \\ En = En_1 \omega_1 + En_2 \omega_2 + \cdots + En_n \omega_n \\ He = \dfrac{En_1 \omega_1 He_1 + En_2 \omega_2 He_2 + \cdots + En_n \omega_n He_n}{En_1 \omega_1 + En_2 \omega_2 + \cdots + En_n \omega_n} \end{cases} \quad (4-15)$$

综上所述,评价指标云模型确定中,是将二级评价指标对结果的判断影响程度综合得到一级评价指标对结果判断的贡献程度,最终由 4 个一级评价指标汇总得到一个直接的决定具体案例安全等级的评价因素由此来判断。图 4 – 16 所示为一、二级指标贡献度递进关系图。

图 4 – 16　一、二级指标贡献度递进关系图

1. 事故路段行车风险评价流程

基于熵权云模型的事故路段行车风险综合评价的具体流程步骤为:确定评价指标→建立评价指标体系→确定案例评价结果。

通过查阅资料文献,结合实际事故路段行车风险案例,找出影响事故路段行车安全性的各个评价指标,其中包含现场人员因素、车辆因素、道路与环境因素和管理因素 4 个一级评价指标,根据实际情况,需要具体细化二级评价指标,保证评价结果的精确性,并做到数据处理上的一次定量到定性的应用。二级评价指标包括肇事车辆驾驶员和围观群众、交通警察或者救援管理人员、经过事故路段的驾驶人员、车辆技术条件、故障车辆数、行车速度、违章车比例、事故现场环境气象条件、事故现场道路通行条件、道路因素、事故现场处理效率、事故信息发布速度、事故处理规范程度 13 个因素。

确立事故路段行车风险的影响因素对建立评价指标体系至关重要,这也是专家根据细化的评价指标打分的基础,通过浮动云法和虚拟云综合算法确定评价指标体系。

通过分析得到的评价指标构建风险评价指标体系,将评价等级定为5个,分别为危险、比较危险、一般、比较安全和安全。通过公式计算得到5个评价等级的云模型特征值参数,进而得出事故路段行车风险标准评价云模型。

邀请相关领域专家对各个二级评价指标进行打分,整理专家打分的情况,使用熵权法进行一级二级指标权重的确定,再计算各个二级评价指标的云模型特征值参数,由于二级评价指标与最终决策因素决策层距离较远,并且各个二级指标之间关联度不强,所以需要通过浮动云算法得到一级评价指标的云模型特征值参数,并考虑到一级评价指标之间的相关联度,所以采用虚拟云算法将4个一级评价指标进行汇总得到一个决定性的判断参数,即决定实际案例事故路段行车风险等级的最终云模型特征值参数。

将最终云模型特征值参数代入第二步标准评价云模型里,可以得到最终的事故路段行车风险评价结果。并根据实际情况,通过找到对实际问题影响较大的一级评价指标或二级评价指标对具体问题提出实际性的建议。

2. 案例介绍

选取哈尔滨至大庆的高速公路为评价对象,采用上述介绍的方法技术,建立的基于事故路段行车风险评价的标准熵权云模型来判断哈尔滨至大庆高路公路事故路段的行车风险等级。针对事故路段行车风险问题,邀请道路交通安全方面的专家和道路交通管理部门从业人员根据道路安全领域理论研究,以及实际处理事故经验对事故路段行车风险评价指标体系中的二级评价指标进行重要程度的打分。

3. 案例评价

20位专家对13个二级评价指标的打分情况,首先需要进行汇总,以一级评价指标为准,统计其下的二级评价指标的测度值向量,其中测度值可以由隶属度函数来计算,隶属度是专家打分的问卷针对各个评价指标在相应的5个评分等级中与总的20份问卷的比值。从而计算各个二级评价指标的权重。

以现场人员因素为例,计算各个二级评价指标的测度值向量,现场人员因素下专家打分情况统计见表4-14;再用熵权法修正二级评价指标的权重,并得出各个二级评价指标的云模型参数;最后综合得出现场人员因素下云模型参数值。

表4-14 现场人员因素下专家打分情况统计

一级评价指标	二级评价指标	危险	比较危险	一般	比较安全	安全
现场人员	当事人及围观人员	0	0	3	15	2
	交通警察及救援人员	0	0	5	13	2
	经过事故路段的驾驶员	0	2	13	5	0

二级评价指标肇事车辆驾驶员及围观群众的测度值向量为(0,0,0.15,0.75,0.10),交通警察及救援管理人员的测度值向量为(0,0,0.25,0.65,0.10),经过事故路段的驾驶人员的测度值向量为(0,0.01,0.65,0.25,0)。

由式(4-14)、式(4-15)依次可以得到二级评价指标的熵权、一级评价指标现场人员因素的熵权、二级评价指标的权重、一级评价指标的权重和二级评价指标的云模型特征值,最后根据式(4-15)采用浮动云算法得到一级评价指标的云模型特征值。

通过计算得到现场人员因素下二级评价指标的云模型参数值,见表4-15。

表4-15 现场人员因素下二级评价指标的云模型参数值

一级评价指标	权重	二级评价指标	权重	云模型参数
现场人员	0.24	当事人及围观人员	0.37	(84.50,3.76,0.57)
		交通警察及救援人员	0.32	(83.35,4.62,0.46)
		通过事故路段的驾驶人员	0.32	(76.10,5.05,0.54)

现场人员因素的云模型参数为(81.49,4.40,0.53)。

同理,由以上公式计算可得,车辆因素下的各个二级评价指标的专家打分情况统计见表4-16,云模型参数值见表4-17。

表4-16 车辆因素下专家打分情况统计

一级评价指标	二级评价指标	危险	比较危险	一般	比较安全	安全
车　辆	车辆技术条件	0	16	4	0	0
	故障车辆数	0	2	17	1	0
	行车速度	2	11	7	0	0
	违章车比例	0	4	10	6	0

二级评价指标车辆技术条件的测度值向量为(0,0.80,0.20,0,0),故障车辆数的测度值向量为(0,0.10,0.85,0.05,0),行车速度的测度值向量为(0.10,0.55,0.35,0,0),违章车比例的测度值向量为(0,0.20,0.50,0.30,0)。

表4-17 车辆因素下二次评价指标的云模型参数值

一级评价指标	权重	二级评价指标	权重	云模型参数
车辆	0.35	车辆技术条件	0.32	(67.80,4.74,0.48)
		故障车辆数	0.31	(74.70,3.55,0.49)
车辆	0.35	行车速度	0.20	(67.85,5.87,0.58)
		违章车比例	0.17	(77.05,6.07,0.54)

车辆因素的云模型参数为(71.52,4.60,0.50)。

道路与环境因素下的各个二级评价指标的专家打分情况统计见表4-18,云模型参数值见表4-19。

表4-18 道路与环境因素下专家打分情况统计

一级评价指标	二级评价指标	危险	比较危险	一般	比较安全	安全
道路与环境	环境气象条件	0	0	3	12	5
	道路通行条件	0	0	3	13	4
	道路因素	0	3	10	7	0

二级评价指标环境气象条件的测度值向量为$(0,0,0.15,0.60,0.25)$，道路通行条件的测度值向量为$(0,0,0.15,0.65,0.20)$，道路因素的测度值向量为$(0,0.15,0.50,0.35,0)$。

表4-19 道路与环境因素下二次评价指标云模型参数值

一级评价指标	权重	二级评价指标	权重	云模型参数
道路与环境	0.21	环境气象条件	0.34	$(87.15, 4.81, 0.49)$
		道路通行条件	0.36	$(86.65, 4.49, 0.60)$
		道路因素	0.30	$(76.90, 7.04, 0.54)$

道路与环境因素的云模型参数为$(83.85, 5.30, 0.54)$。

管理因素下的各个二级评价指标的专家打分情况统计见表4-20，云模型参数值见表4-21。

表4-20 管理因素下专家打分情况统计

一级评价指标	二级评价指标	危险	比较危险	一般	比较安全	安全
管理	事故现场处理效率	6	12	2	0	0
	事故信息发布速度	0	1	4	13	2
	事故处理规范程度	4	14	2	0	0

二级评价指标事故现场处理效率的测度值向量为(0.30,0.60,0.10,0,0),事故信息发布速度的测度值向量为(0,0.05,0.20,0.65,0.10),事故处理规范程度的测度值向量为(0.20,0.70,0.10,0,0)。

表4-21 管理因素下二次评价指标云模型参数值

一级评价指标	权重	二级评价指标	权重	云模型参数
管理	0.20	事故现场处理效率	0.37	(63.75,5.45,0.53)
		事故信息发布速度	0.21	(83.45,5.70,0.59)
		事故处理规范程度	0.42	(65.50,6.39,0.56)

管理因素的云模型参数为(68.62,5.95,0.55)。

汇总所有评价指标的熵权及云模型参数,见表4-22。

表4-22 评价指标体系云模型参数值

一级评价指标	权重	云模型参数	二级评价指标	权重	云模型参数
现场人员	0.24	(81.49,4.40,0.53)	当事人及围观人员	0.37	(84.50,3.76,0.57)
			交通警察及救援人员	0.32	(83.35,4.62,0.46)
			通过事故路段的驾驶人员	0.32	(76.10,5.05,0.54)
车辆	0.35	(71.52,4.60,0.50)	车辆技术条件	0.32	(67.80,4.74,0.48)
			故障车辆数	0.31	(74.70,3.55,0.49)
			行车速度	0.20	(67.85,5.87,0.58)
			违章车比例	0.17	(77.05,6.07,0.54)

续表 4-22

一级评价指标	权重	云模型参数	二级评价指标	权重	云模型参数
道路与环境	0.21	(83.85,5.30,0.54)	环境气象条件	0.34	(87.15,4.81,0.49)
			道路通行条件	0.36	(86.65,4.49,0.60)
			道路因素	0.30	(76.90,7.04,0.54)
管理	0.20	(68.62,5.95,0.55)	事故现场处理效率	0.37	(63.75,5.45,0.53)
			事故信息发布速度	0.21	(83.45,5.70,0.59)
			事故处理规范程度	0.42	(65.50,6.39,0.56)

通过虚拟云综合算法,由式(4-15)得到此案例的云模型参数为(75.71,4.96,0.53),代入事故路段行车风险评价云模型,以图片形式展示判定结果,如图 4-17 所示。

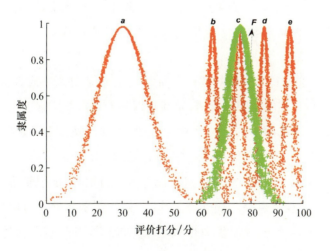

图 4-17 案例评价结果

曲线 F 表示案例评价结果,期望值为 75.71,靠近一般等级,所以案例最终评价等级为一般。

本书与文献中对哈尔滨至大庆高速公路事故现场风险评价等级一致,此方法可行,具有实用意义。两种交通事故现场行车安全评价方法的异同见表4-23。

表4-23 两种交通事故现场行车安全评价方法的异同

项目	熵权云模型	BP神经网络模型
一级评价指标	4个	4个
二级评价指标	13个	15个
安全等级	5级	5级
指标处理	熵权法	无量纲化
评价等级	一般	一般

模型实用性得以验证后,可提出提高此事故路段安全性的有效措施。

(1)交通安全管理部门要加大管理力度,对机动车辆的安全技术条件进行严格把关,严格把关车辆年检,及时对故障车辆进行维修,建立车辆技术条件信息库以保证车辆技术条件过关。驾驶员要定期对车辆进行维修保养,消除安全隐患。

(2)加大交通行车安全的教育培训力度,可以通过网络或者新媒体对交通参与者进行交通安全知识渗透,尤其是驾驶人员需要增强安全意识,严格控制超速超载酒驾的不安全的驾驶行为;对违章驾驶行为一定要加大惩治力度,借助先进的技术设备及时发现,迅速处理。

(3)定期组织交通警察及道路救援人员进行培训,加强管理力度,注重实战培训,严格规范事故现场处理工作,严格控制事故处理时间,减少占用车道时间过长等行为;及时发布事故现场情况,并实时更新,为经过事故路段的驾驶员提供准确信息。

4. 评价云模型的应用

(1)评价云模型应用一。

案例发生于2014年8月禹城市汉槐街十字路口,一行人由于闯红灯与一辆小轿车在人行道处相撞。依照前文介绍步骤,根据事故路段行车风险评价指标体系,进行专家打分,利用熵权云模型计算最终判断结果。评价指标体系云模型参数值见表4－24。

表4－24 评价指标体系云模型参数值

一级评价指标	权重	云模型参数	二级评价指标	权重	云模型参数
现场人员	0.22	(86.21,4.97,0.56)	当事人及围观人员	0.39	(84.90,5.38,0.54)
			交通警察及救援人员	0.30	(87.35,4.81,0.59)
			通过事故路段的驾驶人员	0.32	(86.75,4.49,0.56)
车辆	0.25	(71.03,5.50,0.55)	车辆技术条件	0.26	(67.80,5.87,0.50)
			故障车辆数	0.22	(77.20,6.07,0.57)
			行车速度	0.24	(65.30,6.18,0.59)
			违章车比例	0.28	(73.95,4.32,0.51)
道路与环境	0.24	(77.96,4.30,0.51)	环境气象条件	0.39	(85.30,3.71,0.60)
			道路通行条件	0.31	(70.40,4.51,0.44)
			道路因素	0.31	(76.15,5.05,0.44)
管理	0.29	(78.63,5.74,0.52)	事故现场处理效率	0.36	(67.90,4.74,0.47)
			事故信息发布速度	0.25	(83.40,4.62,0.55)
			事故处理规范程度	0.39	(85.50,7.02,0.55)

通过虚拟云综合算法式(4－15)得到所求案例的云模型参数为(78.08,5.17,0.53),代入事故路段行车风险评价云模型,以图片形式展示判定结果,如图4－18所示。

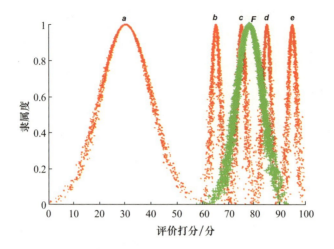

图 4-18 应用一评价结果

曲线 F 代表案例评价结果,期望值为 78.08,靠近一般等级,所以案例最终评价等级为一般。说明事故现场行车存在一定的危险性,有很大的改进空间,针对此案例的评价结果,现提出改进措施予以提高该事故现场的行车安全性。

①通过网络电视等各种多媒体手段对交通参与者进行交通安全教育,做到行人不闯红灯、驾驶员遵规守规、出现交通事故不要阻碍交通警察等救援人员的救援工作,交通安全管理部门需要针对违反交通法规条例的交通参与者加大处罚力度,设置细化的交通安全管理制度,保证行车安全和交通安全。

②对车辆进行有效的管理,改变传统的车辆管理机制,优化和完善相关的管理制度和体系。传统的管理模式以对违规违法驾驶员的处罚为主,应该引进新的观念,采取科学的方法管理车辆行车安全问题。

③日常保养维护是机动车保证正常技术条件的基础,良好的车辆技术条件是安全行车的基础,严把车辆保养维修环节,发挥信息化管理系统的作用,将车辆与驾驶员联系在一起,建立一对一的信息库,其中包含车辆故障问题、维修次数等,实时掌握车辆技术条件数据。

④对超载超速酒驾的高危驾驶行为一定要严肃处理,加强交通参与者的安全驾驶意识,以先进的技术条件为辅助设备,实时监控,迅速联动处理。

⑤对交通事故易发路段进行实地监察调研,有针对性地更换道路交通事故路段的道路装置,增设红绿灯、过街天桥、人行道和车道数等,改善事故现场的道路通行条件,在紧急处理事故现场的同时,需要为过往车辆提供安全的通行空间,合理组织车辆有序通行,在一些特殊的交通节点上,可以对修建的道路进行合理改良,包括降低坡度、加大宽度等措施。

(2)评价云模型应用二。

案例发生于 2015 年 3 月江西省某交警支队高速辖区,是一辆重型半挂车侧翻的交通事故,造成双向通行秩序受阻,道路拥堵。依照前文介绍步骤,根据事故路段行车风险评价指标体系,进行专家打分,利用熵权云模型计算最终判断结果。评价指标体系云模型参数值见表 4-25。

表 4-25 评价指标体系云模型参数值

一级评价指标	权重	云模型参数	二级评价指标	权重	云模型参数
现场人员	0.21	(83.91,5.03,0.54)	当事人及围观人员	0.29	(86.65,6.12,0.60)
			交通警察及救援人员	0.32	(77.50,6.14,0.50)
			通过事故路段的驾驶人员	0.39	(87.05,3.70,0.54)
车辆	0.27	(77.59,5.30,0.49)	车辆技术条件	0.27	(76.20,4.76,0.54)
			故障车辆数	0.27	(85.15,4.57,0.46)
			行车速度	0.20	(70.20,7.19,0.47)
			违章车比例	0.26	(76.90,5.53,0.50)
道路与环境	0.27	(81.64,4.34,0.51)	环境气象条件	0.44	(83.05,3.58,0.51)
			道路通行条件	0.24	(75.85,5.97,0.53)
			道路因素	0.32	(84.10,4.86,0.51)

续表 4-25

一级评价指标	权重	云模型参数	二级评价指标	权重	云模型参数
管理	0.25	(82.21,0.64,0.49)	事故现场处理效率	0.33	(81.35,4.16,0.47)
			事故信息发布速度	0.34	(86.65,4.04,0.50)
			事故处理规范程度	0.33	(78.55,5.75,0.49)

通过虚拟云模型综合算法由式(4-15)得到所求案例的云模型参数为(81.05,4.82,0.51),代入事故路段行车风险评价云模型,以图片形式展示判定结果,如图 4-19 所示。

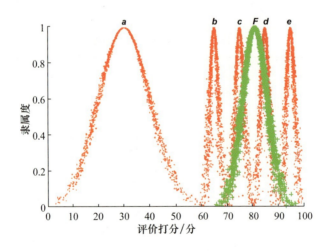

图 4-19　应用二评价结果

曲线 F 代表案例评价结果,期望值为 81.05,靠近比较安全等级,所以案例最终评价等级为比较安全。据此提出改进措施,以提高事故路段行车的安全性。

①针对大型客货车的长途驾驶行为,需要制定管理措施;长途行驶、车

辆磨损等易造成交通事故,有关部门需要严格把关车辆年检,车辆检修,建立车辆技术条件信息库,保证车辆自身技术条件良好。

②采用先进的技术设备对车辆行驶速度进行实时监控,在固定的车辆站点增设交通警察工作处,针对信息技术设备反馈的驾驶员违法违章驾驶行为,做出反应,避免交通事故的发生。

③交通安全教育网络化信息化,找到交通事故发生的根源,管理机动车,管理驾驶人员,管理行人,最重要的是增强交通参与者的安全意识。另外可增加驾驶证的考取难度,以及开展专题教育、多媒体教学等具体措施增强驾驶员的驾驶技能。

④不仅需要定期对交通警察等道路救援管理人员进行培训,还要对道路交通参与者加强交通安全教育,提高交通安全意识,遵守交通法律法规,在交通事故现场做到不阻碍交通警察执法,配合调查,服从引导,不破坏现场环境等,避免二次交通事故的发生。

⑤根据道路交通事故发生的特性,有针对性地对道路交通安全设施进行改善,如加设视线引导标志,设置合理的地面标线,严把设施设计质量关等,减少道路与环境方面对行车安全的影响。

(3)评价云模型应用三。

案例发生于2013年1月北京石景山上庄大街十字路口,一辆本田轿车急速逆行,与对面等待红绿灯的两车相撞。依照前文介绍步骤,根据事故路段行车风险评价指标体系,进行专家打分,用熵权云模型计算最终判断结果。评价指标体系云模型参数值见表4-26。

表4-26 评价指标体系云模型参数值

一级评价指标	权重	云模型参数	二级评价指标	权重	云模型参数
现场人员	0.22	(85.92,4.16,0.54)	当事人及围观人员	0.23	(79.00,7.14,0.53)
			交通警察及救援人员	0.42	(86.70,3.13,0.53)

续表 4-26

一级评价指标	权重	云模型参数	二级评价指标	权重	云模型参数
现场人员	0.22	(85.92,4.16,0.54)	通过事故路段的驾驶人员	0.35	(89.55,4.38,0.52)
车辆	0.32	(75.87,4.93,0.56)	车辆技术条件	0.25	(65.05,4.46,0.56)
			故障车辆数	0.26	(82.20,4.91,0.58)
			行车速度	0.30	(80.55,4.81,0.55)
			违章车比例	0.19	(74.10,6.17,0.53)
道路与环境	0.24	(85.73,3.61,0.48)	环境气象条件	0.42	(88.80,2.91,0.46)
			道路通行条件	0.26	(77.20,5.77,0.48)
			道路因素	0.32	(88.75,3.35,0.51)
管理	0.22	(86.25,4.71,0.53)	事故现场处理效率	0.29	(79.30,5.97,0.58)
			事故信息发布速度	0.35	(89.40,4.59,0.56)
			事故处理规范程度	0.36	(88.90,4.00,0.47)

通过虚拟云模型综合算法由式(4-15)得到所求案例的云模型参数为(82.39,4.40,0.53),代入事故路段行车风险评价云模型,以图片形式展示判定结果,如图 4-20 所示。

曲线 F 代表案例评价结果,期望值为 82.39,靠近比较安全等级,所以案例最终评价等级为比较安全。提出如下改进措施,以提高事故路段行车的安全性。

①严格把关驾驶证的发放,对车辆驾驶员的驾驶水平提出较高的要求,加大对驾驶人员的安全教育力度,如开展安全培训讲座等活动,以及严惩违反交通法规的驾驶行为。

②车辆管理部门需要对车辆的技术条件进行严苛的检验,驾驶员要重视车辆的检修,做到行驶车辆的定时定期检修,且车、证、人匹配,遇到交通

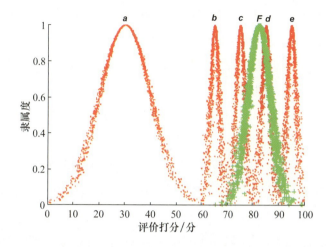

图 4-20 应用三评价结果

事故,迅速识别事故责任人,追责到个人。

③相关部门除了对超载超速酒驾等违章驾驶行为严肃处理之外,也要对机动车辆生产商的安全生产标准做出严格的要求,对车辆制动系统、转向系统和照明系统等制定具体的标准。

④有针对性地对道路交通事故路段的不合理不安全的交通设施进行改进,如对护栏设置、标志设置、标线设置和防眩晕设施设置等进行改进与更换,以及对不同环境气象条件下的行车注意事项指示标志需要醒目警示。

⑤对事故现场的处理需要做到快速、可靠,减少处理时间,就会减少事故路段车辆拥挤时间,高质高效的事故处理会极大地提高通行安全性,减少二次交通事故的发生。

第五节 熵权属性识别模型

一、熵权属性识别模型的概念

目前,在交通安全领域,对评价指标体系研究中赋权方法主要有层次分析法、综合指数法、专家评分法、集值统计法及灰色关联分析法等,这些方法在一定的应用领域能够满足精度要求,但均存在主观性较强、忽略因素间关联程度等缺陷。熵值法充分利用信息熵这一理论工具,计算出各指标的权重,为多指标综合评判提供依据。熵值法是一种客观赋权法,这种方法避免了人为因素带来的偏差,并且在众多客观赋权法中是一种计算较为简单的方法。

基于熵权的属性识别模型是利用熵值法计算属性识别模型中各指标的权重,其基本建模流程为:建立属性空间矩阵 → 熵值法确定指标权重 → 属性测度计算 → 评价方案排序。

在研究对象空间 X 中取 n 个方案 $x_1, x_2, \cdots, x_n$,对每个方案要测量 m 个指标 $I_1, I_2, \cdots, I_m$,第 i 个方案 x_i 的第 j 个指标 I_j 的测量值为 x_{ij},因此,第 i 个方案 x_i 可以表示为一个向量 $x_i = (x_{i1}, x_{i2}, \cdots, x_{in})$,$1 \leq i \leq n$。设 F 为 X 上某类属性空间,$(C_1, C_2, \cdots, C_k)$ 为属性空间 F 的分割,且满足 $C_1 \leq C_2 \leq \cdots \leq C_k$,指标 I_j 的分类标准已知,写成分类属性空间矩阵为

$$A = \begin{array}{c} \\ I_1 \\ I_2 \\ \cdots \\ I_m \end{array} \begin{array}{cccc} C_1 & C_2 & \cdots & C_k \\ \left[\begin{array}{cccc} a_{11} & a_{12} & \cdots & a_{1k} \\ a_{21} & a_{22} & \cdots & a_{2k} \\ \cdots & \cdots & \cdots & \cdots \\ a_{m1} & a_{m2} & \cdots & a_{mk} \end{array} \right] \end{array}$$

二、熵值法

信息熵可用来度量 m 个指标的信息效用值,因此利用熵值法计算各指标的权重,其本质就是利用该指标信息的效用值来计算,效用值越大,其对评价的重要性越大,这种确定权值的方法可以避免主观因素的影响,计算步骤如下:

(1)构建 n 个方案 m 个评价指标的判断矩阵 $R = (x_{ij})_{nm} (i = 1, 2, \cdots, n; j = 1, 2, \cdots, m)$。

(2)将判断矩阵归一化处理,得到归一化判断矩阵 B:

$$b_{ij} = \frac{x_{ij} - x_{\min}}{x_{\max} - x_{\min}} \qquad (4-16)$$

式中　$x_{\max}$、$x_{\min}$——同指标下不同方案中最满意者和最不满意者(越大越满意、越小越不满意)。

(3)根据熵的定义,n 个方案、m 个评价指标的熵 H_j 为

$$H_j = -\frac{1}{\ln n}\left(\sum_{i=1}^{n} f_{ij}\ln f_{ij}\right) \quad (i=1,2,\cdots,n;j=1,2,\cdots,m) \quad (4-17)$$

式中,

$$f_{ij} = \frac{b_{ij}}{\sum_{i=1}^{n} b_{ij}}$$

为使 $\ln f_{ij}$ 有意义,一般需要假定 $f_{ij} = 0$,则 $f_{ij}\ln f_{ij} = 0$。但当 $f_{ij} = 1$ 时,$f_{ij}\ln f_{ij}$ 也等于零,这显然不切合实际,与熵的含义相悖,故需对 f_{ij} 加以修正,将其定义为

$$f_{ij} = \frac{1 + b_{ij}}{\sum_{i=1}^{n}(1 + b_{ij})} \qquad (4-18)$$

(4)计算评价指标的熵权 W:

$$w_j = \frac{1 - H_j}{m - \sum_{j=1}^{m} H_j}, \quad \sum_{j=1}^{m} w_j = 1 \qquad (4-19)$$

记第 i 个方案的第 j 个指标值具有属性 x_{ij} 的属性测度为 $u_{ijk} = u(x_{ij} \in C_k)$。假设 $a_{j1} \leq a_{j2} \leq a_{j3}$,则对任一方案 $i(i=1,2,\cdots,n)$:

当 $x_{ij} \leq a_{j1}$ 时:

$$u_{ij1} = 1, \quad u_{ij2} = 0, \quad u_{ij3} = 0 \qquad (4-20)$$

当 $x_{ij} \geq a_{j3}$ 时:

$$u_{ij3} = 1, \quad u_{ij1} = 0, \quad u_{ij2} = 0 \qquad (4-21)$$

当 $a_{j,l} \leq x_{ij} \leq a_{j,l+1}$ 时:

$$u_{i,j,l} = \frac{|x_{i,j} - a_{j,l+1}|}{|a_{j,l} - a_{j,l+1}|},$$

$$u_{i,j,l+1} = \frac{|x_{i,j} - a_{j,l}|}{|a_{j,l} - a_{j,l+1}|},$$

$$u_{i,j,k} = 0 \quad (k < l \text{ 或 } k > l+1) \tag{4-22}$$

记比较方案 x_i 的属性测度 $u_{xi}(C_k) = u(x_i \in C_k)$，由指标权重可计算出各方案的属性测度，即

$$u_{xi}(C_k) = u(x_i \in C_k) = \sum_{j=1}^{m} w_j u_{ijk} \quad (1 \le i \le n, 1 \le k \le 3)$$

$$\tag{4-23}$$

计算各拟订方案的分数，对方案进行排序。根据属性识别理论，属性集 C_k 之间有强弱的关系，可以用属性集的分数表示这种关系，强属性集的分数比弱属性集的分数要大。设属性集 C_k 的分数为 n_k，当 $C_1 < C_2 < C_3$ 时，有 $n_1 < n_2 < n_3$。于是，各比较方案的分数为

$$q_{xi} = \sum_{k=1}^{3} n_k u_{xi}(C_k) \tag{4-24}$$

由于 C_1、C_2、C_3 的重要性是等间隔上升的，因此式(4-24)中 $n_k = k$。运用评分准则 $q_{xi} > q_{xj}$，说明方案 x_i 比 x_j 强。将拟订方案进行比较和排序，q_{xi} 越大，则方案越优；反之亦然。

三、交通事故现场安全性评价

1. 评价指标体系

根据交通事故现场路段的交通特征，遵循针对性、可行性、可比性和独立性等原则，对交通事故现场安全性评价指标进行了初步筛选，考虑各评价指标之间的关联，建立评价指标体系，见表 4-1。

为了获得事故现场处置方案的指标值，按照不同的分类标准，将上述指标分别分为统计型指标和计量型指标及成本型指标和效益型指标，见表 4-27。

表 4-27 指标分类

分类标准	指标类型	指标归类
1	统计型指标	f_2、f_3、f_4、f_5、f_6、f_7、f_{13}
	计量型指标	f_1、f_8、f_9、f_{10}、f_{11}、f_{12}、f_{14}、f_{15}
2	成本型指标	f_1、f_3、f_4、f_5、f_6、f_7、f_{15}
	效益型指标	f_2、f_8、f_9、f_{10}、f_{11}、f_{12}、f_{13}、f_{14}

统计型指标可根据历史统计资料,并参阅相关法规确定;计量型指标可通过实际度量获得,与事故现场所在的时间和空间属性有关。

某高速公路设计时速为 100 km/h,统计数据表明,超速、疲劳等违章驾驶员比例为 6.4%,大型车比例为 20%,对 2012 年的一起交通事故进行统计型指标和计量型指标测算。方案一的实测值依据参考文献[110]中所用方法。进行无量纲化处理,得到各指标的实测值和无量纲值,见表 4-28。为了比较方案之间的优劣,设计了方案二、方案三和方案四。

表 4-28 交通事故现场安全性指标值

评价指标	方案一		方案二		方案三		方案四	
	实测值	无量纲值	实测值	无量纲值	实测值	无量纲值	实测值	无量纲值
f_1/min	25	0.625	35	0.375	40	0.25	15	0.875
f_2	高	0.9	一般	0.5	较高	0.7	差	0.3
f_3/%	6.4	0.45	5.5	0.5625	3	0.875	6.4	0.45
f_4/%	5	0.5	4	0.625	2	0.875	6	0.375
f_5/(km·h^{-1})	85	0.4167	70	0.6667	65	0.75	85	0.4167
f_6/%	5	0	3	0.5	4	0.25	3	0.5
f_7/%	20	0.2	25	0.3	40	0.6	15	0.1
f_8/m	1 100	1	1 200	1	900	0.75	800	0.5
f_9/%	+2.4	1	+1	1	-2	0.75	-3	0.5

续表 4-28

评价指标	方案一 实测值	方案一 无量纲值	方案二 实测值	方案二 无量纲值	方案三 实测值	方案三 无量纲值	方案四 实测值	方案四 无量纲值
f_{10}	0.65	0.833 3	0.7	1	0.6	0.666 7	0.7	1
f_{11}/cm	360	0.7	750	1	375	0.775	240	0.1
f_{12}	较好	0.7	较好	0.7	一般	0.5	差	0.3
f_{13}	不广泛、不及时	0.3	较广泛、及时	0.7	一般广泛、及时	0.5	广泛、及时	0.9
f_{14}	一般规范	0.5	规范	0.9	较规范	0.7	较规范	0.7
f_{15}/min	45	0.375	35	0.625	50	0.25	40	0.5

2. 评价指标体系

令 $C_1 = \{不安全\}$,$C_2 = \{一般安全\}$,$C_3 = \{安全\}$,依据属性空间矩阵,构造评价标准矩阵:

$$A = \begin{bmatrix} 0.250\ 0 & 0.562\ 5 & 0.875\ 0 \\ 0.3 & 0.6 & 0.9 \\ 0.450\ 0 & 0.662\ 5 & 0.875\ 0 \\ 0.375 & 0.625 & 0.875 \\ 0.416\ 7 & 0.583\ 4 & 0.750\ 0 \\ 0 & 0.25 & 0.50 \\ 0.10 & 0.35 & 0.60 \\ 0.50 & 0.75 & 1.00 \\ 0.50 & 0.75 & 1.00 \\ 0.666\ 7 & 0.833\ 4 & 1.000\ 0 \\ 0.10 & 0.55 & 1.00 \\ 0.3 & 0.5 & 0.7 \\ 0.3 & 0.6 & 0.9 \\ 0.5 & 0.7 & 0.9 \\ 0.250\ 0 & 0.437\ 5 & 0.625\ 0 \end{bmatrix} \begin{matrix} f_1 \\ f_2 \\ f_3 \\ f_4 \\ f_5 \\ f_6 \\ f_7 \\ f_8 \\ f_9 \\ f_{10} \\ f_{11} \\ f_{12} \\ f_{13} \\ f_{14} \\ f_{15} \end{matrix}$$

根据表 4-27 中 4 个事故现场处置方案的指标值,利用式(4-23)计算单指标属性测度矩阵,并将各评价指标的无量纲值按式(4-16)进行归一化处理,得到判断矩阵 B,即

$$B = \begin{bmatrix} 0.60 & 1.00 & 0 & 0.25 & 0 & 0 & 0.20 & 1.00 \\ 0.20 & 0.33 & 0.26 & 0.50 & 0.75 & 1.00 & 0.40 & 1.00 \\ 0 & 0.67 & 1.00 & 1.00 & 1.00 & 0.50 & 1.00 & 0.50 \\ 1.00 & 0 & 0 & 0 & 0 & 1.00 & 0 & 0 \end{bmatrix} \rightarrow$$

$$\leftarrow \begin{bmatrix} 1.00 & 0.50 & 0.67 & 1.00 & 0 & 0 & 0.33 \\ 1.00 & 1.00 & 1.00 & 1.00 & 0.67 & 1.00 & 1.00 \\ 0.50 & 0 & 0.75 & 0.50 & 0.33 & 0.50 & 0 \\ 0 & 1.00 & 0 & 1.00 & 1.00 & 0.50 & 0.67 \end{bmatrix}$$

由式(4-17)计算各指标的熵:

$H_j = (\ 0.974\ 9, 0.977\ 3, 0.967\ 5, 0.976\ 6, 0.965\ 0, 0.975\ 0, 0.975\ 3,$
$0.975\ 0, 0.975\ 0, 0.975\ 0, 0.979\ 3, 0.994\ 9, 0.977\ 3, 0.979\ 6, 0.977\ 3\ )$

由式(4-19)计算各指标的权重 W_j:

$W_j = (\ 0.070\ 7, 0.063\ 9, 0.091\ 5, 0.065\ 9, 0.098\ 6, 0.070\ 4, 0.069\ 6,$
$0.070\ 4, 0.070\ 4, 0.070\ 4, 0.058\ 3, 0.014\ 4, 0.063\ 9, 0.057\ 5, 0.063\ 9\ )$

由式(4-23)计算得到综合属性测度评价矩阵为

$$u_{ik} = \begin{matrix} & C_1 & C_2 & C_3 & \\ \begin{bmatrix} 0.477\ 7 & 0.269\ 6 & 0.252\ 5 \\ 0.120\ 4 & 0.333\ 3 & 0.475\ 7 \\ 0.226\ 1 & 0.397\ 9 & 0.375\ 8 \\ 0.603\ 0 & 0.100\ 3 & 0.296\ 5 \end{bmatrix} & \begin{matrix} 方案一 \\ 方案二 \\ 方案三 \\ 方案四 \end{matrix} \end{matrix}$$

由式(4-24)计算的各方案分数及排序结果,见表 4-29。

表4-29 各方案评价结果及排序

方案	评分值	排序
一	1.774 4	3
二	2.214 1	1
三	2.149 3	2
四	1.693 1	4

由综合属性测度评价矩阵可见,方案一的事故现场处置方案不安全,方案二的事故现场处置方案安全,方案三的事故现场处置方案一般安全,方案四的事故现场处置方案不安全。由表4-29可见,方案二为事故现场的最优处置方案,安全性最高。利用属性识别模型进行事故现场处置方案的安全评价,不仅可以进行事故现场处置方案安全性分级,也可进行各方案之间的比较。

第六节 基于可拓学的事故路段风险等级识别模型

高速公路发生重特大交通事故,事故现场的存在时间较长。交通警察需要达到事故现场,采集现场信息;必要的情况下,消防和医护人员也要来到现场,进行安全救援。事故现场的存在导致路段可通行宽度变窄,交通参数突变,增加行车风险。因此,驾驶员应提前感知事故信息,调整车辆的运动状态,以避免与事故车辆或现场人员发生碰撞,发生二次交通事故。事故现场具有时间和空间属性,一些风险因素动态变化,不同时段通过现场的驾驶员感知的行车风险就有差别。为此采用可拓学理论建立事故路段行车风险等级评定模型,描述风险时间分布特征。

一、事故现场时段划分与行车风险因素

1. 事故现场时段划分

基于事故现场的时间属性,将事故现场的存在时间分为出警、现场安全

设施设置、现场勘查和救援及现场安全设施解除 4 个时段。

(1) 出警时段 T_1。出警时段是指从事故发生到交通警察到达事故现场的一段时间。此时段由于事故信息并未发布,或者发布不够广泛,且缺乏必要的事故现场的安全处置与管理措施,因此,通过车辆速度较快,交通流量较大。

(2) 现场安全设施设置时段 T_2。现场安全设施设置时段是指从交通警察到达至安全设施设置完毕的一段时间。在该时段,事故信息已经发布,事故现场开始安全处置,因此,交通流量较上一时段要小,通过车辆驾驶员较为谨慎。

(3) 现场勘察和救援时段 T_3。设施设置完毕后,交通警察等有关人员对现场进行勘查和救援,该时段已有现场安全措施,因此通过车辆速度较慢,驾驶员获得事故信息后更加谨慎。

(4) 现场安全设施解除时段 T_4。现场勘查和救援结束后,事故现场解除,交通恢复,该时段内现场安全设施逐渐撤除。

2. 事故现场风险因素

确定影响事故路段行车风险的关键因素为交通流量、信息发布、现场处置、速度管理及驾驶员反应(表 4 – 30)。

表 4 –30　事故路段行车风险关键因素

交通流量 S_1	定量指标,单位时间通过的车辆数,受事故信息发布的影响
信息发布 S_2	定性指标,通知交通台、跟踪、通告事件及事件的处理情况
现场处置 S_3	定性指标,包括现场保护、勘查及撤除等程序,涉及多个工作环节
速度管理 S_4	定性指标,对通过事故路段的车辆速度限制,缓和交通流,提高安全性
驾驶员反应 S_5	定性指标,与外界刺激强弱有关,受驾驶员生理和心理状态影响

二、可拓学理论模型

1. 可拓学概述

可拓学作为一门兴新学科,是由我国著名学者蔡文于 1983 年创立。其发展主要经历了3个阶段：

（1）孕育期（1976~1982年）。可拓学提出事物可拓性和不相容问题的处理方法的研究方向。

（2）创立期（1983~1989年）。可拓学以专著《物元模型及应用》和《物元分析》的发表为标志，为物元分析奠定了学科基础。

（3）完成期（1990年至今）。《可拓工程方法》和《物元模型及应用》等专著的发表，说明已形成了较为成熟的理论，并开始走向应用。

经过多年的发展，可拓学在经济、工业、医学、军事、地质、文化等领域得到了广泛的应用，而且形成了较成熟的理论框架。可拓学包含了可拓论、可拓方法及可拓工程。在理论方面，已形成了可拓论框架，以基元理论、可拓集合理论及可拓逻辑为主要支柱的理论体系；在应用方面，将已形成的可拓方法运用于各可拓工程中。

用形式化模型研究事物拓展的可能性和开拓创新的规律与方法，并用于解决矛盾问题的科学，这就是可拓学。现实生活中存在很多矛盾的问题，如发明者要根据很少的功能要求，去研究构思复杂的新产品；公安部门要根据较少信息量，去侦破复杂的案件等。要处理这些矛盾问题，可拓学应运而生，使得既定目标实现成为可能。可拓学的核心是把问题的矛盾性转变为相容性。因此，可拓学的研究对象是实践中产生的矛盾问题及其可变性，以及解决矛盾问题的规律和方法。基元包含了物元、事元和关系元，是可拓学的逻辑细胞。可拓论是可拓学的基本理论；可拓逻辑构成了可拓学的逻辑基础；可拓方法构成了可拓学的基本方法；而可拓工程是可拓方法和可拓论在各个专业领域的实际应用。

2. 基元理论

客观世界里存在着的一切事物都是质与量的统一体。事物的量变与质变既紧密联系，又相互制约。通过大量的实例研究发现，需要寻求形式化的方法并以此来解决复杂矛盾，但仅仅考虑到事物的量变远远不够，而是要把事物、事物的特征及相应的量值看作一个整体去研究，同时解决复杂问题的方法应该要将定性和定量相结合。

(1)物元。

任何一个事物都具有多个特性。根据一定的量度方法,赋予每一特征量值范围,要对事物进行研究和描述,其若干特征及其量值是物质基础,此物质基础是按照一定的方式所形成的一种有机的联系,这种联系着的物质称作物元。

可拓学以物元为逻辑细胞,用有序三元组 $R = \{N,c,v\}$ 来描述。其中,N 表示事物,c 表示事物特征的名称,v 表示事物 N 关于 c 取得的量值;$v = c(N)$ 反映事物的质和量的关系。如果事物 N 有多个特征,则有

$$R = \begin{bmatrix} N & c_1 & v_1 \\ & c_2 & v_2 \\ & \vdots & \vdots \\ & c_n & v_n \end{bmatrix} = \begin{Bmatrix} R_1 \\ R_2 \\ \vdots \\ R_n \end{Bmatrix} \quad (4-25)$$

式中　R——n 维物元,简记为 $R = \{N,c,v\}$。

(2)经典域、节域和待评物元。

待评指标的经典域为

$$R_{oj} = (M_{oj}, c, v_{oj}) = \begin{bmatrix} M_{oj} & c_1 & v_{oj1} \\ & c_2 & v_{oj2} \\ & \vdots & \vdots \\ & c_n & v_{ojn} \end{bmatrix} = \begin{bmatrix} M_{oj} & c_1 & [a_{oj1}, b_{oj1}] \\ & c_2 & [a_{oj2}, b_{oj2}] \\ & \vdots & \vdots \\ & c_n & [a_{ojn}, b_{ojn}] \end{bmatrix}$$

$$(4-26)$$

式中　M_{oj}——评价等级,j 为等级数量;

　　　c_i——评价指标,$i = 1,2,\cdots,5$;

　　　v_{oji}——M_{oj} 关于 c_i 的量值范围,$v_{oji} = [a_{oji}, b_{oji}]$。

待评指标的节域为

$$R_p = (M_p, c, v_p) = \begin{bmatrix} M_p & c_1 & v_{p1} \\ & c_2 & v_{p2} \\ & \vdots & \vdots \\ & c_n & v_{pn} \end{bmatrix} = \begin{bmatrix} M_p & c_1 & [a_{p1}, b_{p1}] \\ & c_2 & [a_{p2}, b_{p2}] \\ & \vdots & \vdots \\ & c_n & [a_{pn}, b_{pn}] \end{bmatrix}$$

$$(4-27)$$

式中　M_p——节域对象,即为评价等级的全体;

v_{pi}——节域对象关于 c_i 的量值范围,即节域,$v_{pi} = [a_{pi}, b_{pi}]$。

将待评指标用物元表示,则得到待评物元为

$$R_o^t = (M, c, v^t) = \begin{bmatrix} M & c_1 & v_1^t \\ & c_2 & v_2^t \\ & \vdots & \vdots \\ & c_n & v_n^t \end{bmatrix} \qquad (4-28)$$

式中　R_o^t——不同时段的待评物元,$t = 1, 2, \cdots, 4$；

M——待评对象。

(3) 关联度。

根据距的定义,计算各指标对应的点到经典域的距离 $\rho(v_i, v_{oji})$ 和其到节域的距离 $\rho(v_i, v_{pi})$,分别为

$$\rho(v_i, v_{oji}) = \left| v_i - \frac{a_{oji} + b_{oji}}{2} \right| - \frac{b_{oji} - a_{oji}}{2} \quad (i = 1, 2, \cdots, 5) \quad (4-29)$$

$$\rho(v_i, v_{pi}) = \left| v_i - \frac{a_{pi} + b_{pi}}{2} \right| - \frac{b_{oji} - a_{oji}}{2} \quad (i = 1, 2, \cdots, 5) \quad (4-30)$$

则关联函数为

$$K_j(v_i) = \begin{cases} \dfrac{\rho(v_i, v_{oji})}{\rho(v_i, v_{pi}) - \rho(v_i, v_{oji})} & (v_i \notin v_{oji}) \\ -\dfrac{\rho(v_i, v_{oji})}{|v_{oji}|} & (v_i \in v_{oji} \text{ 且 } \rho(v_i, v_{pi}) = \rho(v_i, v_{oji})) \end{cases}$$

$$(4-31)$$

则待评对象 R_o 关于等级 M_j 的关联度 $K_j(M)$ 为

$$K_j(M) = \sum_{i=1}^{5} \omega_i K_j(v_i) \qquad (4-32)$$

式中　ω_i——评价指标的权重分配系数。

若满足：

$$K_{jo}(M) = \max\{K_j(M)\} \qquad (j = 1, 2, \cdots, 5) \qquad (4-33)$$

则评定评价对象 M 属于 j_0 级。

(4)乘积标度法。

乘积标度法是在层次分析法的基础上提出的一种赋权方法,评价指标两两比较,设置两个等级,即重要性"相同"或"稍重要",并以此为基础递进乘积。

该方法认为重要性"相同",取 $\omega_A : \omega_B = 1 : 1$,"稍微重要"是指指标 A 和指标 B 之间的差别不应大于 1.5。层次分析法中常见的 4 种标度方法有 1~9 标度法、9/9~9/1 标度法、10/10~18/2 标度法及指数标度法。其中对"稍微重要"的标度分别是 3、9/7(1.286)、12/8(1.500)及 9(1/9)(1.277)。观察可知,除 1~9 标度法关于"稍微重要"的标度值较大外,其余 3 种标度法的标度值均在 1.1~1.5 之间,因此乘积标度法对"稍微重要"的标度取后 3 种标度法的平均值,即为 $\omega_A : \omega_B = ((1.261 + 1.500 + 1.277)/3) : 1 = 1.354 : 1$。当指标 A 相比指标 B 更重要时,$\omega_A : \omega_B = (1.354 \times 1.354) : 1 = 1.833 : 1$,以此类推。

三、事故路段风险等级评价

1. 事故路段风险指标经典域、节域及待评物元

根据事故路段行车风险因素,结合专家意见及路段特征,确定各风险因素的分级标准,即 $M = \{M_1, M_2, M_3, M_4, M_5\} = \{$基本安全,轻度危险,中度危险,重度危险,极度危险$\}$,见表 4-31。

表 4-31 风险因素分级标准

风险因素	M_1	M_2	M_3	M_4	M_5
$S_1/(\text{veh} \cdot \text{h}^{-1})$	小于 400	[400,600)	[600,800)	[800,1 000)	大于 1 000
S_2	广泛	较广泛	一般广泛	不广泛	极不广泛
S_3	规范	较规范	一般规范	不规范	极不规范
$S_4/(\text{km} \cdot \text{h}^{-1})$	60	70	80	90	不限制
S_5	高	较高	一般	低	很低

以双向四车道高速公路基本路段发生的交通事故为例,进行事故现场各时段行车风险等级评定。通过调查和分析某事故路段的 5 个指标,得到 4 个时段各因素情况,见表 4-32。

表 4-32 某事故路段行车风险因素值

时段	$S_1/(\text{veh}\cdot\text{h}^{-1})$	S_2	S_3	$S_4/(\text{km}\cdot\text{h}^{-1})$	S_5
T_1	1 000	不广泛	极不规范	无速度管理	低
T_2	800	一般广泛	不规范	无速度管理	较高
T_3	600	广泛	规范	60	高
T_4	600	广泛	不规范	60	较高

对表 4-31 和表 4-32 的因素进行无量纲化处理,见表 4-33 和表 4-34。

表 4-33 风险因素分级标准无量纲化

风险因素	M_1	M_2	M_3	M_4	M_5
$S_1/(\text{veh}\cdot\text{h}^{-1})$	(2/3,1]	(1/2,2/3]	(1/3,1/2]	(1/6,1/3]	[0,1/6]
S_2	(4/5,1]	(3/5,4/5]	(2/5,3/5]	(1/5,2/5]	(0,1/5]
S_3	(4/5,1]	(3/5,4/5]	(2/5,3/5]	(1/5,2/5]	(0,1/5]
$S_4/(\text{km}\cdot\text{h}^{-1})$	(2/5,1]	(3/10,2/5]	(1/5,3/10]	(1/10,1/5]	(0,1/10]
S_5	(4/5,1]	(3/5,4/5]	(2/5,3/5]	(1/5,2/5]	(0,1/5]

表 4-34 行车风险因素实际值无量纲化

时段	$S_1/(\text{veh}\cdot\text{h}^{-1})$	S_2	S_3	$S_4/(\text{km}\cdot\text{h}^{-1})$	S_5
T_1	1/6	2/5	1/5	0	2/5
T_2	1/3	3/5	2/5	0	4/5
T_3	1/2	1	1	2/5	1
T_4	1/2	1	2/5	2/5	4/5

该事故路段行车风险可拓学的经典域为

$$R_{o1} = \begin{bmatrix} M_{o1} & c_1 & (2/3,1] \\ & c_2 & (4/5,1] \\ & c_3 & (4/5,1] \\ & c_4 & (2/5,1] \\ & c_5 & (4/5,1] \end{bmatrix} \quad R_{o2} = \begin{bmatrix} M_{o1} & c_1 & (1/2,2/3] \\ & c_2 & (3/5,4/5] \\ & c_3 & (3/5,4/5] \\ & c_4 & (3/10,2/5] \\ & c_5 & (3/5,4/5] \end{bmatrix}$$

$$R_{o3} = \begin{bmatrix} M_{o1} & c_1 & (1/3,1/2] \\ & c_2 & (2/5,3/5] \\ & c_3 & (2/5,3/5] \\ & c_4 & (1/5,3/10] \\ & c_5 & (2/5,3/5] \end{bmatrix} \quad R_{o4} = \begin{bmatrix} M_{o1} & c_1 & (1/6,1/3] \\ & c_2 & (1/5,2/5] \\ & c_3 & (1/5,2/5] \\ & c_4 & (1/10,1/5] \\ & c_5 & (1/5,2/5] \end{bmatrix}$$

$$R_{o5} = \begin{bmatrix} M_{o1} & c_1 & (0,1/6] \\ & c_2 & (0,1/5] \\ & c_3 & (0,1/5] \\ & c_4 & (0,1/10] \\ & c_5 & (0,1/5] \end{bmatrix}$$

节域根据事故路段行车风险因素的取值范围而定,一般是评价等级的全体,即

$$R_p = \begin{bmatrix} M & c_1 & [0,1] \\ & c_2 & [0,1] \\ & c_3 & [0,1] \\ & c_4 & [0,1] \\ & c_5 & [0,1] \end{bmatrix}$$

该事故路段行车风险可拓学的待评物元为

$$R_o^1 = \begin{bmatrix} M & c_1 & 1/6 \\ & c_2 & 2/5 \\ & c_3 & 1/5 \\ & c_4 & 0 \\ & c_5 & 2/5 \end{bmatrix} \quad R_o^2 = \begin{bmatrix} M & c_1 & 1/3 \\ & c_2 & 3/5 \\ & c_3 & 2/5 \\ & c_4 & 0 \\ & c_5 & 4/5 \end{bmatrix}$$

$$R_o^3 = \begin{bmatrix} M & c_1 & 1/2 \\ & c_2 & 1 \\ & c_3 & 1 \\ & c_4 & 2/5 \\ & c_5 & 1 \end{bmatrix} \quad R_o^4 = \begin{bmatrix} M & c_1 & 1/2 \\ & c_2 & 1 \\ & c_3 & 2/5 \\ & c_4 & 2/5 \\ & c_5 & 4/5 \end{bmatrix}$$

2. 待评物元关联度计算

采用乘积标度法确定各风险因素的权重,见表 4-35。

表 4-35 风险因素的权重

时段	$S_1/(veh \cdot h^{-1})$	S_2	S_3	$S_4/(km \cdot h^{-1})$	S_5
T_1	0.152 9	0.152 9	0.207 0	0.207 0	0.280 2
T_2	0.127 4	0.172 4	0.233 4	0.233 4	0.233 4
T_3	0.363 1	0.198 0	0.146 3	0.146 3	0.146 3
T_4	0.320 7	0.112 9	0.206 8	0.152 8	0.206 8

则根据式(4-28)~(4-30)计算待评事故路段 4 个时段行车风险等级的综合关联度,见表 4-36。

表 4-36 关联度计算结果

$k_j'(M)$	M_1	M_2	M_3	M_4	M_5
T_1	-0.6935	-0.5913	-0.3870	-0.2070	-0.1444
T_2	-0.4713	-0.3537	-0.3501	-0.4465	-0.3815
T_3	-0.0908	-0.4906	-0.5199	-0.6301	-0.6985
T_4	-0.1836	-0.1818	-0.2469	-0.3819	-0.5307

根据式(4-32)可知

$$\begin{cases} \max k_j^1(M) = k_5^1(M) \\ \max k_j^2(M) = k_3^2(M) \\ \max k_j^3(M) = k_1^3(M) \\ \max k_j^4(M) = k_2^4(M) \end{cases}$$

由此可知,事故现场 4 个时段的行车风险等级分别为极度危险 M_5、中度危险 M_3、基本安全 M_1 及轻度危险 M_2。

在 5 个风险关键因素中,S_1(交通流量)在 T_1 时段的值影响其在 T_2、T_3 和 T_4 时段的值,且具有不确定性。当 $S_1 \in \{600, 700, 800, 900, 1100, 1200\}$ 时,利用该模型重新计算 4 个时段内风险等级,结果相同。

第五章 高速公路交通事故现场路段限速控制

交通事故发生后,若不适合采用简易程序处理,就需等待交通警察及其他相关的工作人员到达,封闭现场后进行勘查。交通事故现场的客观存在导致现场路段部分车道的封闭,过往车辆要变换驾驶车道,从而导致通行能力降低,路段车头间距等交通流参数变化,如车头时距变小,车速离散性增大,交通流密度增大,横向冲突增加。这种状态的突变增大了车速离散程度。在一段时间内,事故现场路段的安全性最差。如果驾驶员判断或操作失误,过往车辆就会冲入现场,诱发二次交通事故。二次交通事故是初次交通事故的继发事件,与初次交通事故相比,往往导致更加严重的人员伤亡和财产损失。进行交通事故现场速度限制的主要目的就是约束驾驶行为,尽可能降低车速离散性,提高事故现场路段的安全性,保证事故现场人员的安全。

第一节 交通事故现场路段区域划分

高速公路交通事故现场是一个相对封闭的区域,是事故现场勘查人员提取并收集痕迹、物证、摄影摄像及绘制现场图等技术工作的场所,原则上不允许其他人员进入。事故现场一般由警戒带或锥形桶等交通标志包围起来,按照规范要求,距离事故现场 150 m 处需要设置警示标志。由事故现场路段运行车速的空间分布可见,不同的区域,驾驶员会采取不同的驾驶行为。根据车辆行驶特征及驾驶员行为特性,可以把典型的事故现场上下游路段分为警告区、合流区、缓冲区、事故区、分流区和终止区,如图 5-1 所示。

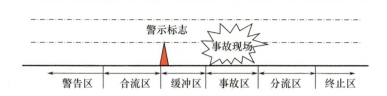

图 5-1　高速公路交通事故现场上下游路段区域划分

一、警告区

从驾驶员获得前方路段的交通事故信息至采取变换车道行为这段区域定义为警告区。驾驶员在警告区内应能获得事故现场的基本信息,提前采取安全措施。因此,警告区应设置警告标志,必要时也要设置限速标志。警告区的长度由警告区车辆运行速度、合流区限速值、驾驶员反应和判断时间、路面附着系数及路面坡度等参数决定,计算公式为

$$L_w = \frac{v_1}{3.6}t + \frac{v_1^2 - v_2^2}{2g(\varphi \pm i) \cdot 3.6^2} \quad (5-1)$$

式中　L_w——警告区的长度,m;

v_1——警告区车辆行驶速度,km/h;

v_2——合流区车辆行驶速度(通常为合流区车辆限速值),km/h;

g——重力加速度,g 取 9.8 m/s²;

i——路面坡度,%;

φ——路面摩擦系数;

t——驾驶员反应时间和判断时间,取 2.5 s,其中,反应时间为 1 s,判断时间为 1.5 s。

计算结果应为警告区的最小长度。根据驾驶员信息处理和记忆能力,警告区长度不宜过长,否则会使驾驶员失去对标志的信任,所以 $L_w \leqslant 500$ m。

二、合流区

根据车辆运行速度空间分布特征,距离警示标志 50 m,即距离事故现场

200 m 处,平均速度最低。这是由于很多车辆都会选择在这个区域变换车道,车辆要适当减速等待安全可插入间隙。

合流区长度的确定除了要考虑合流区限速值外,还应满足车道变换最小纵向安全距离,或变换车道最小安全车头时距。国内外很多专家学者通过分析车辆间的运动关系,临界碰撞时间和空间条件等,研究了换道最小安全距离的计算方法,这些方法对于研究汽车换道距离具有一定的理论意义和应用价值,但对多辆车组成的车流来说并不适用。根据交通流干扰特征得到了关于车流的合流区长度计算模型,但由于受驾驶员主观意识及交通流、道路和环境等客观因素影响较大,车辆换道区域具有很大的随机性,这对于时限性较强的交通事故现场处置工作来说,也不实用。

施工作业区上游缓冲区与事故现场合流区的功能相似,均为车辆合流区域,参考其长度确定方法,可得到合流区长度计算式为

$$L_c = \begin{cases} \dfrac{Wv_2^2}{154} & (v_2 \leq 60 \text{ km/h}) \\ \dfrac{5Wv_2}{8} & (v_2 > 60 \text{ km/h}) \end{cases} \quad (5-2)$$

式中 L_c——合流区的长度,m;

W——封闭车道宽度,m。

由式(5-2)可知,典型高速公路交通事故现场不同限速值下的合流区长度计算值,见表 5-1。

表 5-1 不同限速值下的合流区长度计算值

事故现场特征	合流区长度/m			
	50 km/h	60 km/h	70 km/h	80 km/h
单车道封闭	60.88	87.66	164.06	187.50
双车道封闭	121.75	175.32	328.13	375.00
三车道封闭	182.62	262.99	492.19	562.50

三、缓冲区

根据《道路交通事故处理程序规定》,距离事故现场 150 m 设置警示标志,警示标志到事故现场这段区域可定义为缓冲区。因此,缓冲区的长度 $L_b = 150$ m。

车辆通过合流区末端的警示标志后,交通流已变成限制流,交通流逐渐平稳,车辆通常跟车行驶,超车行为减少。缓冲区原则上不允许有人员活动,但为了防止其他人员破坏事故现场,缓冲区也有人员在场。如果夜间发生交通事故,缓冲区可停放警车或缓冲保护车,并开启警示灯,提示过往车辆。

四、事故区

事故区是一个相对封闭的区域,长度和宽度视交通事故具体情况而定。如果事故车辆在路面留下的轮胎痕迹较长、散落物比较分散、事故车辆碰撞后间隔距离较大,事故区的长度和宽度就相应增大。

因事故区的部分车道封闭,常导致交通拥挤。由于事故区是人员比较集中的区域,且人员活动范围不确定,因此事故区是整个交通事故现场最为危险的区域,二次交通事故也常发生在事故区。

五、分流区

通过事故区的车辆进入分流区,车道不再封闭,车辆可以自由行驶,不受限制。通过事故现场的车辆一般都在分流区完成变换车道行为,从事故区的行车道过渡到正常车道,其长度只要保证车辆有足够的空间调整行车状态即可。分流区的长度 L_d 的计算式为

$$L_d = \frac{v_4}{3.6}t \qquad (5-3)$$

式中　L_d——分流区的长度,m;

　　　v_4——车辆在事故区的行驶速度,km/h。

车辆通过事故区不同速度对应的分流区长度计算值见表 5-2。

表 5-2 车辆通过事故区不同速度对应的分流区长度计算值

速度/(km·h^{-1})	40	60	80	100	120
长度/m	27.78	41.67	55.57	69.44	83.33

六、终止区

一般情况下,驾驶员通过事故区即采取分道行驶,以增加车头间距,保证车辆行驶安全性,但限速并未解除。通常在分流区末端设置限速解除标志和禁止超车标志,因此,驶出分流区的车辆即可完全恢复正常行驶状态,进入终止区,但终止区的长度没有限制。

第二节 限速值计算模型

为了保证事故区交通警察和其他人员的人身安全,合流区和警告区应进行限速控制,这样可缓冲到达事故区车辆的行驶速度,避免车辆速度突然变化导致车辆制动不及时,诱发二次交通事故。

限速方案主要考虑以下因素:

(1)限速值变化不宜过于频繁,要充分考虑驾驶员的心理及生理变化,以免驾驶员产生烦躁心理。考虑到布设限速标志的可行性以及事故现场的长度,分段限速值不应多于两个。

(2)在合流区和警告区前适当位置设置限速标志,事故区、分流区与合流区限速值一致。

(3)警告区与合流区的限速值呈递减趋势,但差值不应超过 30 km/h。

(4)各区域限速值的确定,要考虑当前状态下交通流的 85% 位车速。

(5)通过分流区后,取消限速控制,车辆自由行驶。

由于合流区交通信息量的多元性及驾驶行为的复杂性,应优先计算合流区的限速值,且合流区与缓冲区、事故区和分流区限速值一致;警告区是否限速需要综合考虑合流区限速值和当前状态下车流85%位车速。

一、算法原理

车辆进入合流区,变换车道导致横向冲突增加,如图5-2所示。从合流区开始设置限速标志、指示标志和警示标志,驾驶员需要处理的信息数量也随之增加。除此之外,驾驶员还要确认车道变换最小安全距离、车辆跟车安全距离和道路及环境条件等。在到达事故区前驾驶员要正确判断和处理这些事故现场的信息,操纵车辆安全行驶。因此,考虑使用基于驾驶员信息处理能力的限速值计算方法。

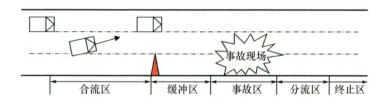

图5-2 交通事故现场合流区车辆车道变换示意图

从人机工程学的角度出发,人的行为实施往往伴随与期望相关的信息处理过程。但是,通过事故现场的驾驶员对接收到的交通信息处理速率有一定的限度,过低和过高的信息处理速率都会对驾驶行为带来风险。因此,在合流区进行限速,应保证驾驶员的信息处理速率处于安全限值,使驾驶员对接收到的信息能有足够的处理时间。

驾驶员观察物体运动的视力称为动视力。动视力与车辆行驶速度的关系见表5-3。由表可知,车辆行驶速度越大,动视力越小。

表5-3 动视力与车辆行驶速度的关系

行驶速度/(km·h^{-1})	60	80	100	120
动视力/m	240	180	100	70

驾驶员视野与行驶速度的关系见表 5-4。

表 5-4 驾驶员视野与行驶速度的关系

行驶速度/(km·h^{-1})	40	60	80	95
视野/m	90	75	60	40

由表 5-4 可见,虽然车速较低时驾驶员视野范围较大,但在 30°的视野范围内,驾驶员对路旁信息认读性较强,超过这个范围,可视为盲点。综合考虑驾驶员的视野和动视力,驾驶员处理标志信息的原理如图 5-3 所示。

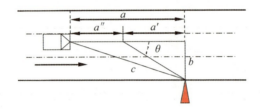

图 5-3 驾驶员处理标志信息的原理

图 5-3 中,c 为驾驶员动视力范围。a'' 范围内驾驶员必须处理完所有的信息,超过这个范围,进入 a' 的区域后,受视野限制,已无法辨认标志内容。所以,合流区限速值计算式为

$$v_1 = \frac{3.6a''}{t_i} \qquad (5-4)$$

式中　v_1——限速值,km/h;

t_i——驾驶员处理视力范围内的信息所需时间,s,$t_i = t_r + t_d$,其中,t_r、t_d 分别为信息响应时间和信息处理时间,s;

a''——驾驶员处理信息的范围,m。

信息量以计算机的比特(bit)为基本单位,定义为

$$H = \log_2 n \qquad (5-5)$$

式中　H——信息量,bit;

n——某信号中所包含的二进制码的个数。

设某一信号 s_i 是由 n 个二进制码组成的,则称 s_i 为"码组"或"字长"。若每一位码都能独立地取 0 或 1,而与其他值无关,且取 0 或 1 的概率均为 $\frac{1}{2}$,则该信号所承载的信息量就是按式(5-5)求得的 H。若出现 0 的概率不是 $\frac{1}{2}$,而是 p,出现 1 的概率是 $(1-p)$,则某一独立位信号承载的信息量为

$$H_p = -p\log_2 p - (1-p)\log_2(1-p) \quad (5-6)$$

若第 i 个信号源 S_i 中含有 n_s 个相互独立的不同信号,每个信号 s_j 出现的概率为 p_{ij},则每个信号 s_j 的信息量以及信号源 S_i 的总信息量计算式为

$$H(s_{ij}) = -p_{ij}\log_2 p_{ij} - (1-p_{ij})\log_2(1-p_{ij}) \quad (5-7)$$

$$H(S_i) = \sum_{j=1}^{n_s} H(s_{ij}) \quad (5-8)$$

若有 m 个信号源,各个信号源的信息总量为

$$B = \sum_{i=1}^{m} H(S_i) \quad (5-9)$$

根据驾驶员处理信息的能力,可得驾驶员处理信息所需的时间为

$$t_d = \frac{B}{\eta_{\max}} \quad (5-10)$$

式中　$\eta_{\max}$——驾驶员信息处理能力,bit/s;

　　　B——信息总量,bit。

因此,根据驾驶员信息处理能力,式(5-4)合流区限速值计算公式可化为

$$v_1 = \frac{3.6a''}{t_r + \dfrac{B}{\eta_{\max}}} \quad (5-11)$$

二、信息量度量

在我国高速公路的交通事故中,重特大交通事故居多,此类事故大多是由车辆超速行驶造成驾驶员反应时间不足,驾驶员违章、错误的操作行为造成。爆胎等车辆故障频繁发生,给高速公路的安全也带来了巨大的隐患。

同时恶劣的天气和夜间能见度的降低也容易诱发交通事故,并且以重特大恶性事故居多,而且死亡率相对较高。一旦发生交通事故,如果不采取有效的处置措施,一次事故往往造成二次、重发连锁事故,其造成的社会影响也是极为恶劣的。

在高速公路交通事故中,人的因素至关重要。高速公路交通事故80%以上都是由驾驶员的原因引起的。高速公路全封闭、全立交、路况良好,驾驶员警惕性降低,容易诱发交通事故。其次,驾驶员缺乏高速行驶的经验、驾驶员的交通安全法规意识薄弱及长时间的疲劳驾驶都是造成高速公路交通事故的重要原因。

经过高速公路交通事故现场的驾驶员需要处理的信息主要有道路与环境信息、交通流信息、交通管理信息、驾驶员与其他人员信息及天气信息等。根据上述驾驶员处理的信息类型,可将驾驶员处理信息过程模型细化为基于交通事故现场信息特征的驾驶员 SOR 模式,如图 5-4 所示。

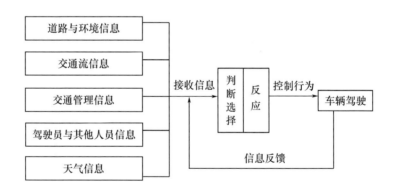

图 5-4 基于交通事故现场信息特征的驾驶员 SOR 模式

1. 道路与环境信息

道路是交通安全的基础,是驾驶员驾驶环境的主要组成部分。道路环境条件是影响道路交通安全的主要因素之一,道路设计、路面状况和交通环境不良均是诱发事故不可忽视的因素,这些构成了交通事故中的道路与环境因素。在影响道路交通安全的各个因素中,道路因素是最根本的影响因素,其他因素的影响作用直接或者间接地都与道路因素有关。高速公路发生交通事故后,事故现场一般会处于长时段的封闭状态,此时,事故现场的位置决定了事故现场的线形设计,其严重影响车辆行驶的安全,同时,事故区的通车宽度及事故现场的封闭车道数也会影响事故现场的行车安全。本书所研究的道路与环境信息主要包括:

(1)平曲线。

当汽车在平曲线上行驶时,所产生的横向力应不超过轮胎与路面附着力所允许的安全极限。因此,平曲线半径直接关系到汽车在平曲线上行驶时的安全性和舒适性。若交通事故现场处于《公路路线设计规范》(JTD20-2017)要求的圆曲线最小半径处,通过现场的驾驶员需要认读并处理这部分信息,采取合理的驾驶行为控制汽车运动学参数。

(2)纵坡。

纵坡指的是路线纵断面上同一坡段两点间的高差与其水平距离之比,以百分数表示。它与汽车的动力特性和安全行驶有很大关系。最大纵坡指的是根据道路等级、自然条件、行车要求及临街建筑等因素所限定的纵向坡度最大值。为了确保汽车的动力性和安全性,我国对道路设计时的最大纵坡和坡长都做了具体规定。若事故现场处于最大纵坡处,尤其是对于大型货车,驾驶员要根据实际情况提前减速,以免制动不及冲入事故现场。

(3)平竖曲线组合。

竖曲线有凸形和凹形两种。凸形曲线的视距条件较差,应选择适当的半径以保证安全行车的需要。凹形曲线的视距一般能得到保证,但由于在离心力作用下汽车要产生增重,因此应选择适当的半径来控制离心力,以保证车辆行驶的平顺性和舒适性。将竖曲线与平曲线恰当组合,有利于改善驾驶员的视线诱导并可保证车辆行驶的舒适性。

(4)开放车道。

车辆经过合流区后进入缓冲区和事故区。缓冲区需要放置警示标志,有时为了保护与事故无关人员和警车,也放置锥形桶或隔离墩等设施,这样缓冲区的车道就可能部分封闭。此外,事故现场具有一定的宽度,关闭(开放)车道数也是驾驶员需要处理的信息。

(5) 地形环境。

高速公路全线都处在一定的地形和周边环境中,如平原、微丘或山区。但环境特征是渐变过程,驾驶员在前方路段行驶时已适应,这部分信息在进入合流区前已适应并处理完毕。因此,计算信息量时,其概率 $p=1$。

综上所述,合流区道路与环境信息概率计算值见表 5-5。

表 5-5　合流区道路与环境信息概率计算值

信息源	平曲线		纵坡		线形组合		开放车道	地形环境
事件	位于圆曲线最小半径处	其他情况	位于最大纵坡处	其他情况	线形组合不协调	线形组合协调、视距开阔	事故区导致车道封闭	渐变过程
概率 p_{1i}	0.01	1	0.01	1	0.01	1	开放车道数/车道总数	1
信息量 $H(s_{1j})$/bit	$H(s_{1j}) = -p_{1j}\log_2 p_{1j} - (1-p_{1j})\log_2(1-p_{1j})$							

因为 0 的对数不存在,所以表 5-5 中部分概率值取 0.01(下面按同样方法处理)。

道路与环境信息总信息量计算式为

$$H(S_1) = \sum_{j=1}^{n_r} H(s_{1j}) \quad (5-12)$$

2. 交通流信息

交通流信息主要包括合流机会信息和车型比例信息。

(1) 合流机会信息。

车辆一般在合流区完成合流行为。此阶段驾驶员要观察期望车道的安全换道距离,并处理合流机会信息。安全换道距离出现的概率可以反映合流机会,若合流区车辆到达率服从负指数分布,则安全换道距离出现的概率为

$$p_{21} = e^{-\lambda t} \qquad (5-13)$$

式中　λ——合流区车辆到达率,veh/s;

　　　t——合流区车辆安全车头时距,一般取 3~4 s。

则合流机会信息量为

$$H(s_{21}) = -p_{21}\log_2 p_{21} - (1-p_{21})\log_2(1-p_{21}) \qquad (5-14)$$

（2）车型比例信息。

大型货车和大型客车的比例对驾驶员行为有一定的影响,因为大型货车较小型客车行驶速度慢,随着其比例的增加将产生大量的交通冲突。其信息量计算时,采用大型货车比例 p_{22} 作为概率值。

则车型比例信息量为

$$H(s_{22}) = -p_{22}\log_2 p_{22} - (1-p_{22})\log_2(1-p_{22}) \qquad (5-15)$$

交通流信息总信息量计算式为

$$H(S_2) = H(s_{21}) + H(s_{22}) \qquad (5-16)$$

3. 交通管理信息

高速公路发生交通事故后,指挥中心要及时发现并及时对事故做出响应。高速公路事故的发现主要是通过以下几种方式:①通过 122 接处警系统,该系统是通过一些先进技术的融合,实现 122 交通事故报警电话的接警、处警和指挥调度工作。②通过现场摄像机提供图像,为了对高速公路的路况、行车状况及突发事故进行实时准确的监控和有效的管理,根据不同高速公路的要求,隔一段距离要安放一台摄像机。③通过系统自主发现,该系统会实时检测路段上的交通流量,并与历史同期的正常值做比对,继而判断该路段是否出现异常情况,或是通过有排队检测功能的系统实时检测道路上的排队异常现象,若交通流量明显减少或检测到交通拥堵等异常排队现象,则应通过视频等手段检测道路的上游或下游的交通状况。

当发现事故发生后,要对事故做出及时的响应。根据《道路交通事故现场安全防护规范》,高速公路发生交通事故后,白天应在现场来车 100 m 外,夜间应在来车 150~200 m 外连续设置不少于两处的移动警示标志或发光、反光锥形筒,且间隔不小于 15 m。此外,要在事故区上游位置对事故车道进行封闭,并且及时通知交通台,跟踪通报事故及事故的处理情况,尽量做到通过互联网及时发布事故的相关信息,用于对潜在出行者提供道路交通信息,分散该路段的交通量。此时若对事故响应的不够及时,事故信息发布的不够广泛,事故现场的处置不够规范,事故现场的速度管理不够恰当,就会加大事故区的行车风险,从而导致二次交通事故的发生。交通管理信息主要包括交通标志信息和其他管理措施提供的信息。

(1)交通标志信息。

交通事故现场路段的交通标志一般包括限速标志、警告标志和指示标志等。出现一个交通标志的概率设为 0.01,无交通标志的概率为 1。所以,交通标志的信息量为

$$H(s_{31}) = -N_s p_{31} \log_2 p_{31} \quad (5-17)$$

式中 N_s——交通标志的数量。

(2)其他管理措施信息。

在合流区有时也安排旗手及设置警示灯等设施,提示驾驶员前方为事故区,注意减速慢行。这部分信息量按照旗手和警示灯的是否存在来计算,不安排旗手和警示灯时 $p_{32} = 1$,安排时 $p_{32} = 0.01$。若安排 N_f 个旗手,总信息量为

$$H(s_{32}) = -N_t p_{32} \log_2 p_{32} \quad (5-18)$$

式中 N_f——旗手或警示灯的数量。

交通管理信息总信息量计算式为

$$H(S_3) = H(s_{31}) + H(s_{32}) \quad (5-19)$$

4. 驾驶员与其他人员信息

这部分信息主要包括过往事故现场车辆的驾驶员自身生理、心理特征变化及其他人员信息。

（1）驾驶员信息。

若驾驶员看到事故现场的基本信息后，并没有表现惊慌，则 $p_{41}=1$；若驾龄较短的驾驶员遇到事故现场后，出现惊恐等心理，为了行车安全，还要处理这部分信息，则 $p_{41}=0.01$，则信息量计算式为

$$H(s_{41}) = -p_{41}\log_2 p_{41} \qquad (5-20)$$

（2）其他人员信息。

其他人员若出现在缓冲区或行车道上，对已习惯视野内无干扰的驾驶员来说，心理压力较大，如果没有其他人员，则 $p_{42}=1$；若存在，则 $p_{42}=0.01$，信息量可通过其他人员数量来计算，即

$$H(s_{42}) = -N_p p_{42}\log_2 p_{42} \qquad (5-21)$$

式中　N_p——其他人员数量。

驾驶员与其他人员信息总信息量计算式为

$$H(S_4) = H(s_{41}) + H(s_{42}) \qquad (5-22)$$

5. 天气信息

车辆在高速公路上行驶，不良的天气如雨、雪、雾，对交通安全的影响远远大于其对一般公路的影响。特别是大雾、冰雪、暴雨等气候条件下，能见度低，驾驶员的视线和视野会受到影响，常常会使驾驶员对环境判断失误或来不及采取措施，驾驶行为受外界环境影响较大，遇到风、霜、雨或雪等敏感天气，事故发生率较高。路面上有冰雪时，路面摩擦系数变小，路面附着系数减小，导致车辆制动距离增加，操纵稳定性变差；雾天、雨天、夜晚能见度低，夜间、黎明时分、高温季节驾驶员容易疲劳等都是事故发生率较高的原因所在。

高速公路发展较早国家的统计数据表明：雨天高速公路的交通事故发生率较平时增大 2~3 倍。雨天，车辆在高速公路上行驶时会产生"水滑"现象。在这种状态下，轮胎和路面间附着力很小，制动、转向容易失效，车辆在制动时，轮胎容易抱死，发生侧滑和甩尾的可能性增加，致使车辆失去控制，从而导致交通事故的发生。另外，雨天行驶时，对驾驶员的视线障碍较大，能见度大幅下降；同时，受潮湿路面的光线反射作用的影响，驾驶员容易产

生视觉疲劳,加之难以看清前车的行车趋向,无法提前采取措施,也是导致交通事故发生的原因之一。

雾天能见度的高低是影响高速公路行车安全的重要因素。雾天,道路能见度降低,尤其是浓雾的时候,能见度极低,一方面严重影响驾驶员的视线和判断力;另一方面高强度的驾驶行为容易使司机过早出现生理疲劳,导致行车安全系数下降。雾团多具有流动性与不均匀性,造成公路沿线各段能见度不同,驾驶员通常很少根据不同的能见度及时调整行车速度与间距,若不预先采取有效的管制措施,极易发生交通事故。

冬季降雪时的雪花及雪后经碾压形成的冰雪路面,严重影响高速公路的行车安全。降雪时飞舞的雪花阻碍了驾驶员的视线。雪过天晴时,积雪对阳光的强烈反射作用,产生炫目的"雪盲"现象,驾驶员的视力下降,对行车安全极为不利。

冰雪路面比雨天的路面更滑,车辆制动、转向所受影响更大,操纵性更加难以保证,因此危险性也会更大。结冰后路面的附着系数降至 0.07～0.1,在这样的路面上行驶,车轮上的力突然变化很容易破坏车轮与路面的附着状态,轮胎失去抵抗侧向力的能力,致使车辆侧滑、甩尾,失去控制引发交通事故。

在遇到恶劣天气时,驾驶员要处理这部分信息,调整驾驶状态。但天气信息与地形环境信息一样,是渐变的过程,在进入合流区前,驾驶员已适应,由于并不是进入合流区后接收到的新信息,所以其概率 $p_5=1$,信息量为0。

三、合流区限速值

由于合流区交通状况最为复杂,因此首先计算合流区限速值。在图 5-3 中,动视力 c 值可通过查表 5-3 获得;考虑车辆的平均运行状况,b 值一般取半幅高速公路路面宽度,由此可获得驾驶员纵向动视力为

$$a = \sqrt{c^2 - b^2}$$

由图 5-3 所示的三角函数关系,可知

$$a' = \frac{b}{\tan 15°}$$

则驾驶员处理信息的范围为

$$a'' = \sqrt{c^2 - b^2} - \frac{b}{\tan 15°} \tag{5-23}$$

由式(5-11)和式(5-23)可知,合流区限速值计算式为

$$v_2 = \frac{3.6\left(\sqrt{c^2 - b^2} - \dfrac{b}{\tan 15°}\right)}{t_r + \dfrac{B}{\eta_{\max}}} \tag{5-24}$$

根据人的信息处理能力可知,信息流在人体内传递过程中各阶段的最大信息流量见表5-6。

表5-6 信息流在人体内传递过程中各阶段的最大信息流量

信息流主要阶段	感觉器官接收	神经传递	意识	永久储存
最大信息流量/(bit·s^{-1})	1 000 000 000	3 000 000	16	0.7

接收信息并处理后要产生行动响应,行动响应可视为信息处理过程的终结,Singleton 通过试验得出行动响应所能处理的最大信息量为 2.7~7.5 bit/s,在计算驾驶员最大信息处理能力时也应用了该值。因此取 $\eta_{\max} = 2.7$ bit/s 作为驾驶员最大信息处理能力。动视力 c 值可取 100 m。

根据 Loom 的试验结果可知,驾驶员对单位信息量的响应时间一般为处理时间的 3~4 倍。所以,合流区限速值计算模型可化为

$$v_2 = \frac{3.6\eta_{\max}\left(\sqrt{c^2 - b^2} - \dfrac{b}{\tan 15°}\right)}{4B} \tag{5-25}$$

若由式(5-25)计算得到的限速值高于高速公路自由流下85%位车速,则取85%位车速作为合流区限速值。

高速公路车道宽度取 3.75 m,各类型高速公路合流区限速模型参数,见表5-7。

表 5-7　各类型高速公路合流区限速模型参数

高速公路类型	限速模型参数/m			
	b	a	a'	a''
双向四车道	3.75	99.93	14.00	85.93
双向六车道	5.625	99.84	21.00	78.84
双向八车道	7.5	99.72	28.00	71.72

四、警告区限速值

高速公路自由流下都会规定警告区限速值,且很多高速公路都是分车道、分车型限速,但由运行车速调查结果可知,85%位车速仍然较高。若按式(5-25)算得的合流区限速值过小,车辆由警告区进入合流区速度变化率较大,使得速度分布更加离散,具有一定的危险,所以应考虑在警告区提前限速。

警告区限速的主要目的就是要缓和交通流,降低车辆速度分布离散性。如果事故现场信息量较多,算得合流区限速值 v_2 与当前环境条件下高速公路自由流85%位车速相差较大,应该取 (v_2+20) 作为警告区的限速值,进行分段限速;如果 v_2 与 v_{85} 相差不大,警告区不需要限速。

警告区限速条件以及限速值计算式为

$$v_1 = \begin{cases} v_{85} & (v_{85} - v_2 < 0) \\ 不限速 & (0 \leq v_{85} - v_2 < 20) \\ v_2 & (20 \leq v_{85} - v_2 < 40) \\ v_2 + 20 & (v_{85} - v_2 \geq 40) \end{cases} \quad (5-26)$$

式中　v_1——警告区限速值,km/h;

　　　v_{85}——交通流85%位车速,km/h。

五、限速值辅助决策系统

鉴于合流区信息的多维性及限速值计算模型的复杂性,为便于确定合流区和警告区的限速值,根据以上计算方法,开发了限速值辅助决策系统,系统界面如图 5-5 所示。

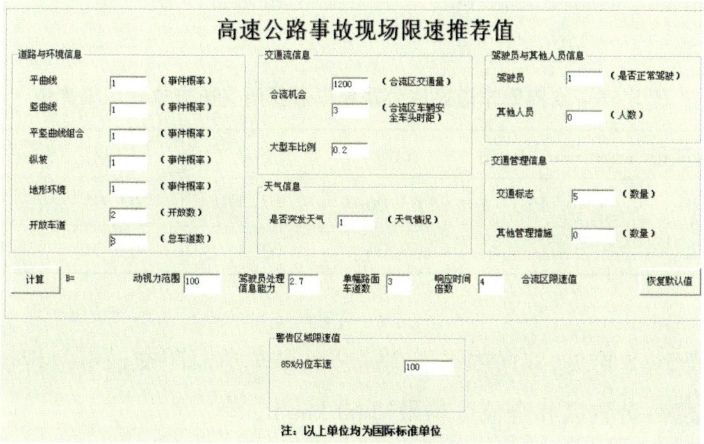

图 5-5 限速值辅助决策系统界面

限速值辅助决策系统共分为 5 个模块,即道路与环境信息模块、交通流信息模块、驾驶员与其他人员信息模块、天气信息模块和交通管理信息模块。每个模块下有对应事件的输入参数。根据事故现场的基本情况,在各个参数处输入合适的值,即代表事故现场的信息特征,最后得到推荐的合流区和警告区限速值。

第三节 限速控制方案

根据高速公路交通事故现场的信息特征及驾驶员的信息处理能力,将限速值算法中各相关参数值输入辅助决策系统,得到各类型高速公路典型交通事故现场的限速控制方案。

一、双向四车道高速公路交通事故现场限速方案

双向四车道高速公路设计速度一般为 80~100 km/h,因此 v_{85} 可取

90 km/h;设交通标志为 5 个,其他人员为 2 人;大型车辆比例为 20%;单车道封闭。将上述参数输入辅助决策系统,得到不同交通流量下双向四车道高速公路单车道封闭交通事故现场合流区和警告区的限速值,见表 5-8。

表 5-8　双向四车道高速公路单车道封闭交通事故现场限速值

交通流量/(veh·h^{-1})		600	800	1 000	1 200
限速值/(km·h^{-1})	警告区 v_1	63.06	62.41	62.64	63.41
	合流区 v_2	63.06	62.41	62.64	63.41

由表 5-8 可见,双向四车道高速公路单车道封闭交通事故现场的限速控制方案为:警告区和合流区均限速 60 km/h。

二、双向六车道高速公路交通事故现场限速方案

双向六车道高速公路设计速度一般为 100~120 km/h,因此 v_{85} 可取 110 km/h;单车道封闭的事故现场交通标志为 5 个,其他人员为 2 人;大型车辆比例为 20%。将上述参数输入辅助决策系统,得到不同交通流量下双向六车道高速公路单车道封闭交通事故现场合流区和警告区的限速值,见表 5-9。

表 5-9　双向六车道高速公路单车道封闭交通事故现场限速值

交通流量/(veh·h^{-1})		600	800	1 000	1 200
限速值/(km·h^{-1})	警告区 v_1	83.15	82.28	82.60	83.64
	合流区 v_2	83.15	82.28	82.60	83.64

由表 5-9 可见,双向六车道高速公路单车道封闭交通事故现场的限速控制方案为:警告区和合流区均限速 80 km/h。

双车道封闭的交通事故现场其他人员数量取 10 人,其余参数取值与单车道封闭事故现场的相同。将上述参数输入辅助决策系统,得到双向六车道高速公路双车道封闭交通事故现场合流区和警告区的限速值,见表 5-10。

表 5-10 双向六车道高速公路双车道封闭交通事故现场限速值

交通流量/(veh·h^{-1})		600	800	1 000	1 200
限速值/(km·h^{-1})	警告区 v_1	75.20	74.69	74.88	75.48
	合流区 v_2	55.20	54.69	54.88	55.48

由表 5-10 可见,双向六车道高速公路双车道封闭交通事故现场的限速控制方案为:警告区限速 70 km/h,合流区限速 50 km/h,分段限速。

三、双向八车道高速公路交通事故现场限速方案

双向八车道高速公路的 v_{85} 可取 110 km/h;单车道封闭交通事故现场的交通标志为 5 个,其他人员为 2 人;大型车比例为 20%。将以上参数输入辅助决策系统,得到不同交通流量下的双向八车道高速公路单车道封闭交通事故现场合流区和警告区的限速值,见表 5-11。

表 5-11 双向八车道高速公路单车道封闭交通事故现场限速值

交通流量/(veh·h^{-1})		600	800	1 000	1 200
限速值/(km·h^{-1})	警告区 v_1	82.05	81.12	81.46	82.57
	合流区 v_2	82.05	81.12	81.46	82.57

由表 5-11,双向八车道高速公路单车道封闭交通事故现场的限速控制方案为:警告区和合流区均限速 80 km/h。

除了封闭车道数外,双向八车道高速公路双车道封闭交通事故现场输入参数与单车道封闭事故现场的相同,警告区和合流区的限速值见表 5-12。

表 5-12 双向八车道高速公路双车道封闭交通事故现场限速值

交通流量/(veh·h^{-1})		600	800	1 000	1 200
限速值/(km·h^{-1})	警告区 v_1	83.16	82.51	82.74	83.52
	合流区 v_2	63.16	62.51	62.74	63.52

由表5-12可见,双向八车道高速公路双车道封闭交通事故现场的限速控制方案为:警告区限速80 km/h,合流区限速60 km/h,分段限速。

双向八车道高速公路三车道封闭交通事故现场的其他人员为10人,其他参数与单车道封闭、双车道封闭交通事故现场相同,得到双向八车道高速公路三车道封闭交通事故现场警告区和合流区的限速值,见表5-13。

表5-13 双向八车道高速公路三车道封闭交通事故现场限速值

交通流量/(veh·h^{-1})		600	800	1 000	1 200
限速值 /(km·h^{-1})	警告区 v_1	71.81	71.32	71.50	72.09
	合流区 v_2	51.81	51.32	51.50	52.09

由表5-13可见,双向八车道高速公路三车道封闭交通事故现场的限速控制方案为:警告区限速70 km/h,合流区限速50 km/h,分段限速。

第四节 限速控制方案仿真

一、VISSIM仿真软件介绍

1. VISSIM仿真基本原理

VISSIM是由德国PTV公司开发的交通流仿真系统,是一种微观的、基于时间间隔和驾驶行为的仿真建模工具,用于城市交通和公共交通运行的交通建模。该系统是一个离散的、随机的、以1/10 s为时间步长的微观仿真软件。车辆的纵向运动采用了德国Karlsruhe大学Wiedemann教授的"心理-生理跟车模型";横向运动(车道变换)采用了基于规则(Rule-based)的算法。它可以分析各种交通条件下,如车道设置、交通构成、交通信号、公交站点等,城市交通和公共交通的运行状况,是评价交通工程设计和城市规划方案的有效工具。不同驾驶员行为的模拟分为保守型和冒险型。

VISSIM仿真软件内部由交通仿真器和信号状态产生器两部分组成,它们之间通过接口交换检测器数据和信号状态信息。交通仿真器是一个微观交通仿真模型,它包括跟车模型和车道变换模型。信号状态产生器是一个信号控制软件,它以仿真步长为基础不断地从交通仿真器中获取检测信息,决定下一仿真时刻的信号状态并将这信息传送给交通仿真器。同时信号状态产生器可以通过程序实现交通流的控制逻辑。逻辑在每一个离散的时间间隔内从交通仿真器中提取检测器数据,用于确定下一仿真秒的信号状态。同时,将信号状态信息回传给交通仿真器。VISSIM 既可以在线生成可视化的交通运行状况,也可以离线输出各种统计数据,如行程时间和排队长度等。

交通仿真模型的精确性主要取决于车流量模型的质量,如路网中的车辆行驶行为。与其他不太复杂的模型采用连续速度和确定的跟车模型不同,VISSIM 软件采用的跟车模型是 Wiedemann 于 1974 年建立的心理 - 生理类驾驶行为模型,如图 5-6 所示。该模型的基本思路是:一旦后车驾驶员认为他与前车之间的距离小于其心理(安全)距离时,后车驾驶员开始减速。由于后车驾驶员无法准确判断前车车速,后车车速会在一段时间内低于前车车速,直到前后车间的距离达到另一个心理(安全)距离时,后车驾驶员开始缓慢地加速,由此周而复始,形成一个加速和减速的迭代过程。

车速和空间阈值的随机分布能够体现出驾驶员的个体驾驶行为特性。德国 Karlsruhe 理工学院进行了多次实地测试以校准该模型的参数。定期进行的现场测试和模型参数更新能够保证模型充分反映出驾驶行为的变化和车辆性能的改善。

在多车道路段上,VISSIM 允许驾驶员不仅考虑本车道上前面的车辆(默认为两辆),也可以考虑两边邻近车道的车辆。此外,在距离交叉口停车线 100 m 处,驾驶员警惕性会提高。

在 VISSIM 中,通过在路网中移动"驾驶员 - 车辆 - 单元"来模拟交通流。具有特定驾驶行为的驾驶员被分配到特定的车辆,驾驶员的驾驶行为与车辆的技术性能一一对应。VISSIM 采用的跟车模型为 Wiedemann 与 1974 年建立的心理 - 生理类跟驰模型,如图 5-6 所示,VISSIM 对于高速公路的交通建模,以单个车辆为基本单元,车辆在高速公路的跟车、超车和变换车道等微观驾驶行为都能得到较真实的反映。

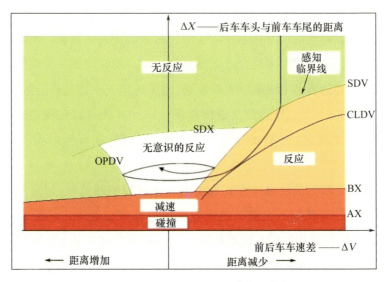

图 5-6 Wiedemann 心理-生理类跟驰车模型

2. VISSIM 仿真系统基本功能

VISSIM 可以作为许多交通问题分析的有力工具,它能够分析在诸如车道特性、交通组成、交通信号灯等约束条件下交通运行情况,不仅能对交通基础设施实时运行情况进行交通模拟,而且还可以以文件的形式输出各种交通评价参数,如行程时间、排队长度等。因此,它是分析和评价交通基础设施建设中各种方案的交通适应性情况的重要工具。

VISSIM 的交通分析功能主要有:

(1)固定式信号灯配时方法的开发、评价及优化。

(2)能对各种类型的信号控制进行模拟,如定时控制方法、车辆感应信号控制方法、SCATS 和 SCOOT 控制系统中的信号控制等。在 VISSIM 软件中,交通信号配时策略还可以通过外部信号状态发生器(VAP)来进行模拟,VAP 允许用户设计自己定义的信号控制方法。

(3)可用来分析慢速区域的交通流交织和合流情况。

(4)可对各种设计方案进行对比分析,包括信号灯控制、停车控制交叉口、环形交叉口和立交等。

(5)分析公共交通系统的复杂站台设施的通行能力和运行情况。

(6)可用来评价公共交通优化处理的各种方案。

(7)可运用内置的动态分配模式分析和评价有关路径选择的问题。例如,各种信息牌对交通带来的冲击。

同时,VISSIM 能够模拟许多城市内和非城市内的交通状况,特别适合模拟各种城市交通控制系统,主要应用有:

(1)由车辆激发的信号控制的设计、检验和评价。

(2)公交优先方案的通行能力分析和检验。

(3)收费设施的分析。

(4)匝道控制运营分析。

(5)路径诱导和可变信息标志的影响分析等。

3. 交通系统仿真的意义

交通系统仿真是指用系统仿真技术来研究交通行为,它是一门对交通运动随时间和空间的变化进行跟踪描述的技术。从交通系统仿真所采用的技术手段及其所具有的本质特征来看,交通系统仿真也是一门在数字计算机上进行交通试验的技术。它含有随机特性,可以是微观的,也可以是宏观的,并且涉及描述交通运输系统在一定期间实时运动的数学模型。通过对交通系统的仿真研究,可以得到交通流状态变量随时间与空间的变化、分布规律及其与交通控制变量间的关系。

4. 交通系统仿真软件 VISSIM 的仿真流程

交通系统仿真软件 VISSIM 的仿真流程如图 5 - 7 所示。

5. 交通系统仿真软件 VISSIM 的操作界面介绍

交通系统仿真软件 VISSIM 的操作界面如图 5 - 8 所示,其分为 5 个区域:

(1)标题栏:显示仿真程序名称、文件名称和版本号。

(2)菜单栏:设置、调整参数。

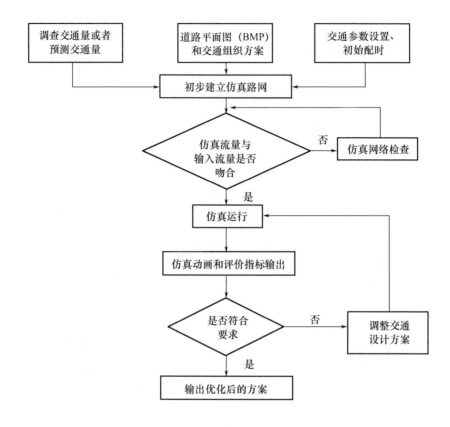

图 5-7 交通系统仿真软件 VISSIM 的仿真流程

(3)状态栏:第一部分为当前鼠标坐标;第二部分为网络编辑模式中,显示当前选择的对象信息,仿真过程中,显示仿真时间;第三部分为网络编辑模式中,显示编辑提示信息。

(4)滚动条:上下翻滚视图。

(5)工具栏:图形及模块工具。

二、仿真路网的测试与标定

在建立路网模型、设置好各种交通流特性及交通控制和管理规则后,即可运行仿真软件,对路网在当前道路、交通组成、控制及管理条件下的交通运行性能进行仿真。如果希望得到一个合理的接近实际路网状态的仿真模

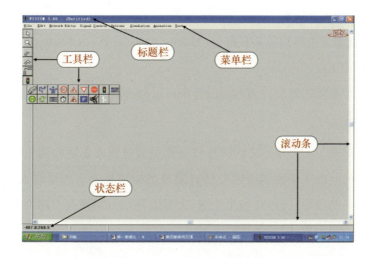

图 5-8 交通仿真软件 VISSIM 的操作界面

型,必须反复对模拟路网和运行规则等一系列参数进行调整,参数调整是不断测试与标定的过程。最基本的仿真模型参数包括流量、饱和流率、期望车速。

1. 流量检测

模拟单个交叉口,一般不需要对仿真路网上的流量进行检测。

模拟多个交叉口的长路段或路网时,有必要在一些关键路段设置数据采集器(Data Collection)检测流量。

一条干线或一个路网车流,在定义进入长路段或路网车流的路径和流量时极有可能出错。通过对流量检测,保证干线或路网中各个交叉口进口道的流量和转向比例正确。

2. 饱和流率

VISSIM 仿真软件中的车道饱和流率定义为单位时间能自由通过每车道断面的车辆数。其默认的饱和流率与我国不太符合,必须进行饱和流率的标定。在 Wiedemann74 跟车模型中,主要由以下两个参数决定:

(1)期望安全距离的累加部分(Additive Part of Desired Safety Distance),

简称 BX_ADD。

（2）期望安全距离的乘积部分（Multiplic Part of Desired Safety Distance），简称 BX_MULT。

这两个参数在驾驶行为参数设置中可以修改。

3. 车速

仿真车速与实际车速之间的校核主要是通过修改车辆的期望车速分布曲线实现的。由于全面调查需要仿真路段的期望车速工作量过大，因此可将城市道路路段形式分类（如主干道、次干道等），分别调查不同类型道路典型断面的期望车速，以备仿真时选用。

三、交通微观仿真软件的应用

由于高速公路交通事故的发生具有随机性，且事故现场空间具有多维性，为了验证限速值计算模型的可行性，因此采用微观交通流仿真软件进行现场多维特征的设置，利用 VISSIM 微观交通流仿真软件进行试验，设定小型车辆速度分布为 60~120 km/h，大型车辆速度分布为 40~100 km/h，并改变交通流量等参数输入，可对现场路段车速分布和排队扩散特性进行多尺度分析和辨识。仿真环境其他参数设置见表 5-14。

表 5-14 仿真环境其他参数设置

仿真环境	排队识别 /(km·h^{-1})	事故区长度 /m	车道宽度 /m	道路线形	大车比例/%
设定值	5~10	50	3.75	平直路段	20

交通事故现场区域的危险性主要表现为车辆行驶速度的离散性，因此在仿真过程中，警告区、合流区、缓冲区、事故区和分流区分别布设 4 个，一共 20 个数据采集点，测得车辆的最高行驶速度和最低行驶速度，因此每次仿真获得 40 个速度样本。选取通行能力、平均行驶速度、速度样本标准偏差和最

大排队长度4个评价指标,比对限速模型推荐的限速控制方案和不限速方案。车辆在合流区和事故区的仿真运行模型如图5-9所示。

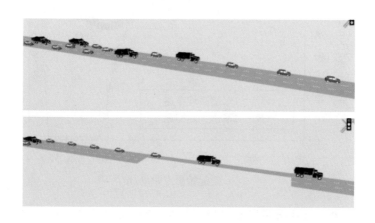

图5-9 车辆在合流区和事故区的仿真运行模型

同时,根据表5-14设置的仿真参数,在交通流量为1 000 veh/h下,分别对双向四车道、双向六车道及双向八车道高速公路不同几何特征的事故现场路段进行交通仿真。仿真时长设为3 600 s,统计测得的断面平均速度,可获得事故路段车速空间分布图。

此外,交通事故是引起高速公路车辆拥堵和排队的主要原因,排队形成和消散是分析事故空间和时间影响范围的依据。因此仿真模型中,在事故现场端处设置排队检测器,也可测得平均排队长度和最大排队长度。

四、双向四车道高速公路交通事故现场限速方案仿真

发生在双向四车道高速公路上的交通事故,现场占用的几何范围(长度、宽度)并不确定。仿真中现场长度设置为100 m,宽度设置为3.75 m(单车道封闭)。根据各个检测器测得的仿真数据,经统计得到双向四车道高速公路单车道封闭事故现场路段车速空间分布图,如图5-10所示。(图5-10、图5-12和图5-15中,原点均为起始检测器的位置,400 m处即为事故现场。)

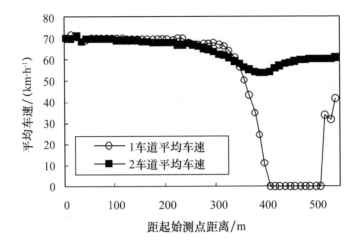

图 5-10 双向四车道高速公路单车道封闭事故现场路段车速空间分布图

仿真环境参数见表 5-14,事故现场几何参数设置(长度、宽度)与车速分布分析中一致。仿真时最低交通流量设为 600 veh/h,并以 200 veh/h 递增,获得事故现场路段排队特性。限于篇幅,选择 1 000 veh/h 和 1 200 veh/h 交通流量下,双向四车道高速公路单车道封闭事故现场路段车辆排队特性,如图 5-11 所示。

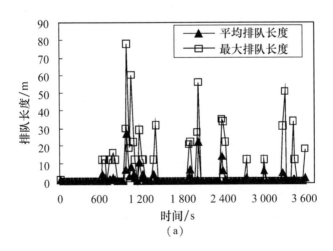

(a)

图 5-11 双向四车道高速公路单车道封闭事故现场中路段车辆排队特性

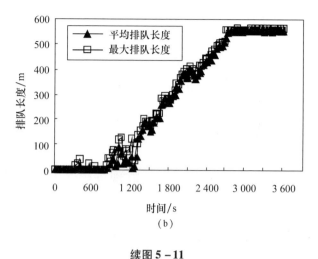

续图 5-11

(a)1 000 veh/h;(b)1 200 veh/h

由限速值计算模型得到的双向四车道高速公路单车道封闭交通事故现场限速控制方案为:警告区和合流区均限速 60 km/h。在仿真环境下,设置限速区域及限速值、排队计数器、检测时钟和数据采集点,得到双向四车道高速公路单车道封闭交通事故现场的各评价指标值,见表 5-15。

表 5-15 双向四车道高速公路单车道封闭交通事故现场各评价指标值

方案	交通量/ (veh·h^{-1})	通行能力/ (veh·h^{-1})	最大排队 长度/m	平均速度/ (km·h^{-1})	速度样本标准 偏差/(km·h^{-1})
不限速方案	600	586	15	63.87	32.20
	800	783	45	62.19	33.50
	1 000	975	90	59.97	34.30
	1 200	1 155	102	57.34	34.79
限速方案	600	585	11	53.44	28.54
	800	781	26	52.26	30.75
	1 000	973	31	51.01	31.70
	1 200	1 155	66	49.21	30.60

由表 5-15 可见,限速方案与不限速方案相比,在 600~1 200 veh/h 的交通流量下,通行能力相差不大,这是因为设定的交通流量还没有达到事故区最大通行能力;限速方案的速度样本标准偏差均小于不限速方案的,说明采用限速方案,速度离散性得到控制;另外,平均行驶速度有所降低,行程时间延长,但最大排队长度明显减小,说明采用限速方案,驾驶行为受到限制,交通流量得到有效控制。

五、双向六车道高速公路交通事故现场限速方案仿真

双向六车道高速公路事故现场长度设为 100 m,宽度分别设为 3.75 m (单车道封闭)和 7.5 m(双车道封闭)。根据检测器测得的仿真数据,得到双向六车道高速公路事故路段车速空间分布图,如图 5-12 所示。

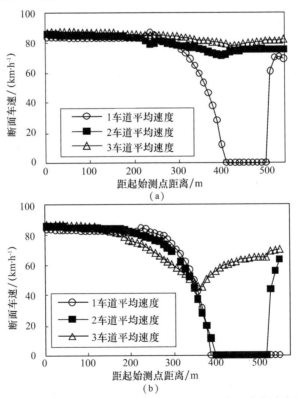

图 5-12 双向六车道高速公路事故现场路段车速空间分布图

(a)单车道封闭;(b)双车道封闭

在双向六车道高速公路单车道封闭事故现场仿真模型中,最低交通流量设为 2 000 veh/h,并以 200 veh/h 递增,获得事故现场路段排队特性。2 600 veh/h 和 2 800 veh/h 交通流量下,双向六车道高速公路单车道封闭事故现场路段车辆排队特性,如图 5-13 所示。

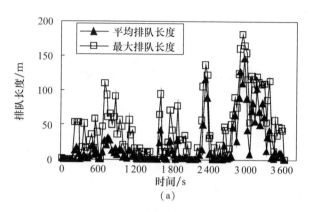

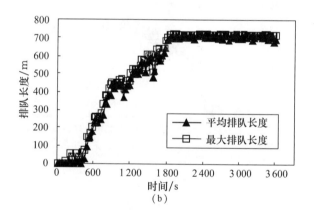

图 5-13 双向六车道高速公路单车道封闭事故现场路段车辆排队特性

(a)2 600 veh/h;(b)2 800 veh/h

双向六车道高速公路双车道封闭事故现场仿真模型中,最低交通流量设为 600 veh/h,并以 200 veh/h 递增,获得事故现场路段排队特性。1 000 veh/h 和 1 200 veh/h 交通流量下,双向六车道高速公路双车道封闭事故现场路段车辆排队特性,如图 5-14 所示。

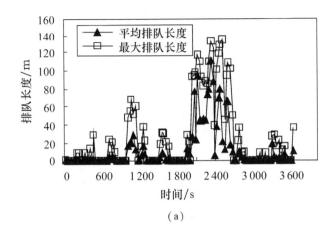

(a)

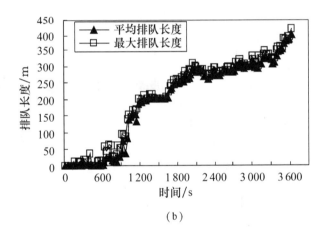

(b)

图 5-14　双向六车道高速公路双车道封闭事故现场路段车辆排队特性

(a)1 000 veh/h；(b)1 200 veh/h

由限速值计算模型得到的双向六车道高速公路单车道封闭交通事故现场限速控制方案为：警告区和合流区均限速 80 km/h。在仿真环境下，设置限速区域及限速值等，得到双向六车道高速公路单车道封闭交通事故现场各评价指标值，见表 5-16。

表 5-16　双向六车道高速公路单车道封闭交通事故现场各评价指标值

方案	交通量/ (veh·h^{-1})	通行能力/ (veh·h^{-1})	最大排队 长度/m	平均速度/ (km·h^{-1})	速度样本标准 偏差/(km·h^{-1})
不限速方案	600	588	12	70.83	40.27
	800	783	17	69.66	42.13
	1 000	976	12	68.72	40.47
	1 200	1 159	17	66.74	42.99
限速方案	600	584	0	50.05	16.79
	800	780	0	49.86	17.17
	1 000	971	0	49.41	18.01
	1 200	1 154	12	49.18	18.35

由表 5-16 可见,在 600~1 200 veh/h 交通流量下,限速方案与不限速方案相比,平均速度有所降低,行程时间增加;通行能力相差不大,速度样本标准偏差明显降低,说明采用限速方案,车辆速度离散性得到有效控制,从而提高了路段安全性;最大排队长度明显减小,说明限速方案使交通流得到控制。

由限速值计算模型得到的双向六车道高速公路双车道封闭交通事故现场限速控制方案为:警告区限速 70 km/h,合流区限速 50 km/h,分段限速。在仿真环境下,设置限速区域及限速值等,得到双向六车道高速公路双车道封闭交通事故现场各评价指标值,见表 5-17。

表 5-17　双向六车道高速公路双车道封闭交通事故现场各评价指标值

方案	交通量/ (veh·h^{-1})	通行能力/ (veh·h^{-1})	最大排队 长度/m	平均速度/ (km·h^{-1})	速度样本标准偏差/ (km·h^{-1})
不限速方案	600	587	10	64.05	41.20
	800	782	27	64.37	42.60
	1 000	974	93	57.39	43.30
	1 200	1 092	250	23.24	46.20
限速方案	600	575	13	24.66	10.15
	800	769	24	24.11	9.36
	1 000	957	40	23.41	10.29
	1 200	1 034	145	12.79	12.68

由表 5-17 可见,在交通流量小于 1 000 veh/h 时,限速方案与不限速方案相比,平均速度降低,行程时间增加,但限速方案速度样本的标准偏差较小,速度分布较集中,可见限速方案降低了速度分布离散性,提高了路段安全性。在交通流量为 1 200 veh/h 时,限速方案的最大排队长度为 145 m,低于不限速方案的 250 m,平均速度也低于不限速方案,但速度样本标准差较小。可见在交通流量较大时,限速方案有效地控制了交通流,提高了事故现场区域的安全性。此外,在 1 200 veh/h 交通流量下,限速方案和不限速方案的平均速度分别为 12.79 km/h 和 23.24 km/h,说明出现排队现象,发生供应性交通拥挤,应采取提前分流或单向关闭高速公路入口等交通诱导方式。

六、双向八车道高速公路交通事故现场限速方案仿真

双向八车道高速公路事故现场长度设为 100 m,宽度分别设为 3.75 m(单车道封闭)、7.5 m(双车道封闭)及 11.25 m(三车道封闭)。根据检测器测得的仿真数据,得到双向八车道高速公路事故路段车速空间分布图,如图 5-15 所示。

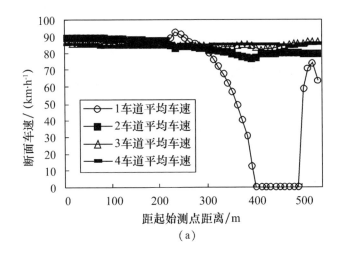

(a)

图 5-15 双向八车道高速公路事故路段车速空间分布图

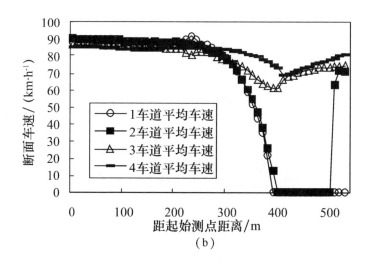

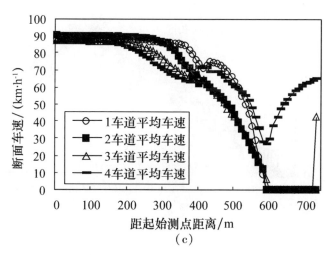

续图 5-15

(a)单车道封闭;(b)双车道封闭;(c)三车道封闭

在双向八车道高速公路单车道封闭事故现场仿真模型中,最低交通流量设为 3 000 veh/h,并以 200 veh/h 递增,获得事故现场路段排队特性。3 800 veh/h 和 4 000 veh/h 交通流量下,双向八车道高速公路单车道封闭事故现场路段车辆排队特性,如图 5-16 所示。

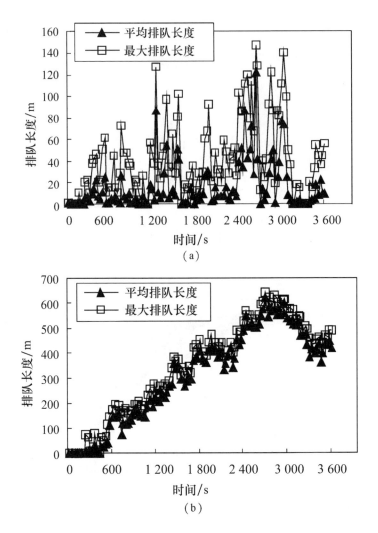

图 5-16　双向八车道高速公路单车道封闭事故现场路段车辆排队特性

(a)3 800 veh/h；(b)4 000 veh/h

双向八车道高速公路双车道封闭事故现场仿真模型中，最低交通流量设为 2 000 veh/h，并以 200 veh/h 递增，获得事故现场路段排队特性。2 200 veh/h 和 2 400 veh/h 交通流量下，双向八车道高速公路双车道封闭事故现场路段车辆排队特性，如图 5-17 所示。

双向八车道高速公路三车道封闭事故现场仿真模型中，最低交通流量

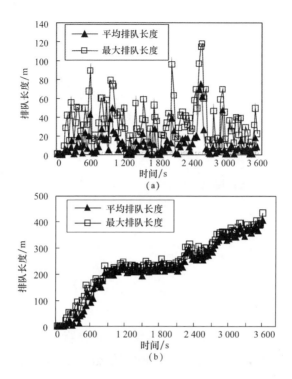

图 5-17 双向八车道高速公路双车道封闭事故现场路段车辆排队特性

(a)2 200 veh/h;(b)2 400 veh/h

设为 600 veh/h,并以 200 veh/h 递增,获得事故现场路段排队特性。1 000 veh/h 和 1 200 veh/h 交通流量下,双向八车道高速公路三车道封闭事故现场路段车辆排队特性,如图 5-18 所示。

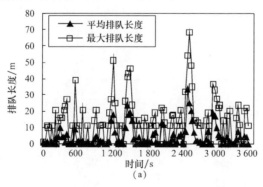

图 5-18 双向八车道高速公路三车道封闭事故现场路段车辆排队特性

213

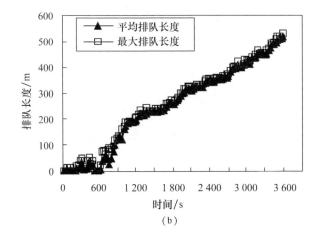

续图 5-18

(a)1 000 veh/h;(b)1 200 veh/h

由限速值计算模型得到的双向八车道高速公路单车道封闭交通事故现场限速控制方案为:警告区和合流区均限速 80 km/h。在仿真环境下,设置限速区域及限速值等,得到双向八车道高速公路单车道封闭交通事故现场各评价指标值,见表 5-18。

表 5-18 双向八车道高速公路单车道封闭交通事故现场各评价指标值

方案	交通量/(veh·h^{-1})	通行能力/(veh·h^{-1})	最大排队长度/m	平均速度/(km·h^{-1})	速度样本标准偏差/(km·h^{-1})
不限速方案	600	588	8	72.09	39.55
	800	783	8	71.68	40.82
	1 000	976	19	71.07	40.99
	1 200	1 159	8	69.87	41.07
	1 500	1 461	8	68.91	42.21
限速方案	600	584	0	50.09	13.49
	800	781	0	49.99	16.38
	1 000	972	0	49.69	13.56
	1 200	1 154	0	49.59	14.22
	1 500	1 454	0	49.20	14.60

由表 5-18 可见,在 600~1 500 veh/h 的交通流量下,不限速方案的平均速度为 70 km/h 左右,限速方案的平均速度为 50 km/h 左右,通行能力相差不大;限速方案在各交通流量下的最大排队长度均为 0,速度样本标准差也相对较小,可见限速方案虽延长了行程时间,但缓和了交通流,提高了事故现场区域的安全性。

由限速值计算模型得到的双向八车道高速公路双车道封闭交通事故现场限速控制方案为:警告区限速 80 km/h,合流区限速 60 km/h,分段限速。经仿真试验,得到双向八车道高速公路双车道封闭交通事故现场各评价指标值,见表 5-19。

表 5-19 双向八车道高速公路双车道封闭交通事故现场各评价指标值

方案	交通量/ (veh·h^{-1})	通行能力/ (veh·h^{-1})	最大排队 长度/m	平均速度/ (km·h^{-1})	速度样本标准 偏差/(km·h^{-1})
不限速方案	600	588	6	70.66	40.77
	800	782	16	70.07	41.35
	1 000	975	27	69.09	42.64
	1 200	1 159	23	67.78	41.73
	1 500	1 462	25	65.99	43.32
限速方案	600	746	11	43.01	16.04
	800	777	13	33.04	16.04
	1 000	964	13	32.86	15.82
	1 200	1 149	21	32.44	16.62
	1 500	1 443	17	31.94	16.87

由表 5-19 可见,在 600~1 500 veh/h 的交通流量下,限速方案与不限速方案相比,通行能力相差不大,平均速度相对较低,但速度样本标准差较小,速度分布离散性得到控制,最大排队长度也较短。可见限速方案虽增加了行程时间,但缓和了交通流,提高了事故现场区域的安全性。

由限速值计算模型得到的双向八车道高速公路三车道封闭交通事故现场限速控制方案为:警告区限速 70 km/h,合流区限速 50 km/h,分段限速。在仿真环境下,设置限速区域及限速值等,得到双向八车道高速公路三车道封闭交通事故现场各评价指标值,见表 5-20。

表 5-20 双向八车道高速公路三车道封闭交通事故现场各评价指标值

方案	交通量/ (veh·h^{-1})	通行能力/ (veh·h^{-1})	最大排队 长度/m	平均速度/ (km·h^{-1})	速度样本标准 偏差/(km·h^{-1})
不限速方案	600	587	25	65.64	39.46
	800	782	41	63.47	40.67
	1 000	975	91	56.18	40.49
	1 200	998	407	16.54	47.39
	1 500	1 006	溢出	9.54	48.45
限速方案	600	576	24	24.92	9.14
	800	770	20	24.38	9.84
	1 000	958	60	23.67	10.30
	1 200	1 010	349	14.95	12.99
	1 500	984	溢出	8.92	13.19

由表 5-20 可见,在 600~1 500 veh/h 的交通流量下,限速方案与不限速方案相比,通行能力相差不大;但低于 1 000 veh/h 的交通流量下,限速方案的平均速度较低;高于 1 200 km/h 的交通流量下,限速方案和不限速方案的平均速度相差不大,且均较低,说明已出现较为严重的排队现象。限速方案的速度样本标准偏差和最大排队长度明显低于不限速方案的,说明限速方案有效缓和了交通流,提高了事故现场区域的安全性。

同时,由图 5-10、图 5-12 和图 5-15 中的仿真数据,得到高速公路事故路段车速空间分布特征参数值,见表 5-21。

表 5-21 高速公路事故路段车速空间分布特征参数值

高速公路类型	事故现场特征	未封闭车道速度特征		封闭车道速度特征
		最小值/(km·h^{-1})	最小值位置/m	速度突变位置/m
双向四车道	1 车道封闭	53.5	380	300
双向六车道	1 车道封闭	71.3	390	320
	1、2 车道封闭	45.3	360	250
双向八车道	1 车道封闭	77.1	390	300
	1、2 车道封闭	61.1	380	300
	1、2、3 车道封闭	26.8	560	240

注:表中位置均指距事故现场的距离。

由表 5-21 可见,双向四车道高速公路发生单车道封闭的交通事故,在 0~300 m(距事故现场 100 m 以上)的范围内,两个车道车速相差不大,均为 70 km/h 左右,之后 1 车道车速降低较快,事故现场端车速降为 0;2 车道车速呈先降后升的趋势,最小值为 53.5 km/h,位于 380 m 处(距事故现场 20 m)。由此可知,驾驶人在距事故现场 100 m 处判断现场存在,并开始寻找安全可插入间隙,距事故现场 20 m 处完成车道变换行为。

双向六车道高速公路发生单车道封闭的交通事故,正常路段车速高于四车道高速公路,为 80 km/h 左右,1 车道车速突变位置为 320 m(距事故现场 80 m),其他车道车速呈先降后升的趋势,最小值为 71.3 km/h,位于 390 m 处(距事故现场 10 m);发生双车道封闭的交通事故,1 车道和 2 车道车速突变位置较为提前,位于 250 m 处(距事故现场 150 m),3 车道车速最小值为 45.3 km/h,位于 360 m 处(距事故现场 40 m)。

双向八车道高速公路发生单车道封闭的交通事故,对 3 车道和 4 车道车辆影响不大,2 车道的车速最小值为 77.1 km/h,位于 390 m 处(距事故现场 10 m),1 车道车速突变位置为 300 m(距事故现场 100 m);发生双车道封闭的交通事故,3 车道车速最小值为 61.1 km/h,位于 380 m 处(距事故现场

20 m),1 车道和 2 车道车速突变位置为 300 m(距事故现场 100 m);发生三车道封闭的交通事故,对各车道车速影响较大,封闭的 3 个车道速度突变位置最为提前,为 240 m 处(距现场 350 m),4 车道车速最小值为 26.8 km/h,位于 560 m 处(距事故现场 40 m)。

不同类型高速公路事故路段在临界交通流量下的车辆排队特性见表 5 - 22。

表 5 - 22　不同类型高速公路事故路段在临界交通流量下的车辆排队特性

高速公路类型	事故现场特征	交通流量临界值/(veh·h⁻¹)	平均排队长度		最大排队长度	
			最大值/m	最大值时刻/s	最大值/m	最大值时刻/s
双向四车道	1 车道封闭	1 000	27	990	78	990
双向六车道	1 车道封闭	2 600	147	2 940	181	2 910
	1、2 车道封闭	1 000	111	2 310	134	2 490
双向八车道	1 车道封闭	3 800	122	2 640	147	2 640
	1、2 车道封闭	2 200	75	2 580	118	2 610
	1、2、3 车道封闭	1 000	34	2 520	68	2 550

由图 5 - 11 及表 5 - 22 可见,双向四车道高速公路发生单车道封闭的交通事故,低于 1 000 veh/h 的交通流量下,虽存在排队现象,但在一定的时间内,排队可自行消散。在 1 000 veh/h 交通流量时,3 600 s 的仿真时间内,平均排队长度和最大排队长度最大值分别为 27 m 和 78 m,出现时刻均为 990 s,说明事故现场路段的空间影响范围较小。交通流量为 1 200 veh/h 时,从仿真运行至 810 s 开始,平均排队长度和最大排队长度均无法归 0,且逐渐增加;仿真运行至 2 820 s 时,排队现象已覆盖整个仿真路段。说明系统在 1 200 veh/h 以上的交通流量时,排队现象以事故现场为起点向上游路段扩散传播,事故现场对路段的空间影响范围较大。

双向六车道高速公路发生单车道及双车道封闭的交通事故,临界交通流量分别为 2 600 veh/h 和 1 000 veh/h。双向八车道高速公路发生单车道、双车道及三车道封闭的交通事故，临界交通流量分别为 3 800 veh/h、2 200 veh/h 和 1 000 veh/h。

七、仿真结果分析

本章以双向四车道、双向六车道和双向八车道高速公路为例，对典型交通事故现场路段不限速方案和限速方案分别进行仿真，主要考查速度样本标准偏差、最大排队长度、通行能力和平均速度。同时基于高速公路交通事故现场的多维性、随机性和时变性，采用微观交通流仿真软件分析事故现场上游路段的车速分布和排队特性。在仿真模型中设置检测器和排队计数器，在 3 600 s 的仿真时长内，将检测器和计数器测得的数据统计处理，绘制车速空间分布图。由仿真结果可见，限速方案虽然降低了平均速度，延长了行程时间，但速度标准差较小，控制了速度离散性，约束了驾驶员行为，从而提高了交通事故现场各区域的安全性，验证了限速值计算模型的可行性。研究结果为管理人员采取限速方案和其他交通管理措施提供了理论依据。事故现场路段限速方案的确定及限速方案对车辆行驶速度和排队特性的影响有待进一步研究。

第六章　高速公路交通事故现场安全标志设置

驾驶员处理交通事故现场信息过程中,过往事故现场的驾驶员首先要接收来自事故现场的各类信息,经过大脑处理后做出正确的驾驶行为。在一般交通条件下,驾驶员接收信息主要通过视觉和听觉,而在高速公路上行驶,由于车窗封闭,车速较快,驾驶员主要通过视觉接收周围信息。驾驶员处理事故现场信息的效率与其视觉传达、信息识别与处理能力有直接关系。

在警告区和合流区,交通标志是传达事故现场基本信息及约束驾驶行为的主要方式。因此,交通标志的设置位置和设置方式等参数直接关系到其效能的发挥,进而影响交通事故现场区域的安全性。如果前置距离过大,驾驶员到达决策点前容易忘记标志信息内容;前置距离过小,驾驶员来不及改变驾驶行为,标志的设置就失去了意义。此外,大车的遮挡及驾驶员的疏忽,容易错过交通标志,这就使得标志的重复设置显得非常重要。所以,对于高危险性的高速公路交通事故现场路段,分析交通标志的最优设置位置、重复设置距离和重复设置次数等参数,具有重要的现实意义。

驾驶员对交通标志内容的理解和遵守,是从认读交通标志的过程开始的。驾驶员认读交通标志的过程如图 6-1 所示。

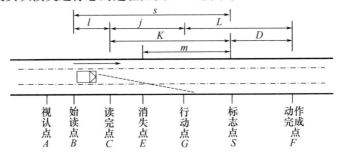

图 6-1　驾驶员认读交通标志的过程

由图 6-1 可知,与标志设置位置直接相关的参数有读取距离 l、反应距离 j、行动距离 L、视认距离 s、消失距离 m 和读完点到标志点距离 K。

第一节　标志设置参数

高速公路交通事故现场交通标志的设置虽然具有临时性,但是依然必须保证其设置的连续性、安全性和视认性,还要考虑道路使用者的舒适性和便利性。高速公路交通事故现场路段需要设置的交通标志包括警告标志(锥形路标、前方事故、道路封闭、线形诱导标志和车辆慢行等)、禁令标志(禁止超车标志和限速标志等)和指示标志(事故现场预告标志、合流标志、分流标志和车距确认标志等)。

一、读取距离

由图 6-1 可见,若交通标志放置于 S 点处,驾驶员至 A 点即可发现,A 点称为视认点;B 点开始读取交通标志内容,到达 C 点可以读完标志内容,准确理解标志信息。B 点到 C 点的距离称为标志读取距离,用 l 表示,计算式为

$$l = \frac{v_1}{3.6} t_1 \tag{6-1}$$

式中　v_1——接近标志时车辆的行驶车速,km/h;

　　　t_1——读取标志信息的时间,s,由标志字数和文字种类决定,$t_1 = t'_1 \omega_1 \omega_2$,$t'_1$ 为读取一定数量拉丁字母的时间,s,取值参考表 6-1;ω_1 为语言种类系数,取值参考表 6-2;ω_2 为语言复杂性系数,取值参考表 6-3。

表 6-1　读取拉丁字母时间

字母数量	5	10	15	20	25
时间/s	1.3	1.5	1.9	2.5	3.2

表 6-2 语言种类系数

文字种类	汉字	平假名	片假名	拉丁字母
系数	2	1.3	1.2	1

表 6-3 语言复杂性系数

文字笔画	10 画以下	10~15 画	15 画以上
系数	1	1.1	1.2

二、反应距离

由图 6-1 可见,驾驶员到达 C 点,将对 B 点读取完的信息进行处理并做出反应,所以 C 点到 G 点的距离称为反应距离,用 j 表示,计算式为

$$j = \frac{v_1}{3.6} t_1 \qquad (6-2)$$

式中 t_2 ——反应时间,一般取 1.0~2.0 s。

三、行动距离

由图 6-1 可见,到达 G 点,驾驶员采取行动,改变驾驶行为,到 F 点行动结束,即驾驶员必须在行动距离范围内按照交通标志内容完成车辆行驶状态的改变,这段距离称为行动距离,用 L 表示,计算式为

$$L \geq \lambda_1 n \frac{v_1}{3.6} t_3 + \lambda_2 \frac{v_1^2 - v_2^2}{254(f + \varphi \pm i)} \qquad (6-3)$$

式中 v_1 ——车辆行驶速度,km/h;

v_2 ——车辆限制速度,km/h;

n ——变换车道次数,次;

f ——滚动阻力系数;

i ——路面纵坡度,%;

φ ——道路摩擦系数;

t_3——变换车道时间,可取 3 s;

λ_1、λ_2——变道、减速行为系数,采取该驾驶行为取 1,否则取 0,且 $\lambda_1 + \lambda_2 = 1$。

四、视认距离

道路交通安全的实践表明:在视认范围内,交通标志的视认距离 s 越长,越有利于标志传递信息。目前我国高速公路上广泛使用的交通标志为逆反射交通标志。在标志背景一定及标志本体所载信息视认性相同的条件下,对于不同的逆反射标志,驾驶员能够识别标志的视认距离主要取决于由标志发现点与标志设置点之间的水平距离和标志发现点到标志设置点之间连线所构成的瞬时设置视角大小和逆反射标志的亮度水平。当瞬时设置视角在正常范围内时,逆反射标志亮度越大,越利于驾驶员在其视线搜索过程中及早发现标志。在标志本体背景与视认信息之间对比度一定的条件下,对于同一逆反射交通标志,驾驶员能够识别标志的视认距离主要取决于道路环境的亮度水平,道路环境越暗,驾驶员能够识别的视认距离越大。

由图 6-1 可见,车辆未行驶至 B 点,只能看到交通标志的存在,并不能判断交通标志所含信息内容。因此,驾驶员的视认距离由视野决定,并和驾驶员与标志的横向和纵向距离有关。标志始读点 B 到标志点 S 的距离称为表示视认距离,用 s 表示,计算式为

$$s = \frac{v_1}{3.6}t_4 + \sqrt{\frac{h^2 + d^2}{\tan\frac{\alpha}{2}}} \qquad (6-4)$$

式中　h——标志与驾驶员视线高度差,m,$h = h_s - h_d$;h_s 为标志上缘高度,m;h_d 为驾驶员视线高度,可取为 1.2 m;

d——驾驶员与标志的横向距离,m;

α——驾驶员视野,(°);

t_4——驾驶员理解标志时间,由反应时间和理解时间组成,即

$$t_4 = t_4' + t_2 \qquad (6-5)$$

式中 t'_4——标志理解时间,一般取 1 s。

驾驶员的视野与车速是成反比的关系。虽然车速较低时,视野范围较大(40 km/h 时,视野为 100°),但驾驶员的注意力主要集中于正前方 30°左右的范围,对于此范围之外的信息,认读性差。因此,计算时取 30°。

根据《道路交通标志和标线》(GB 5768—1999),圆柄形标志的直径不小于 60 cm,各类固定式交通标志的下缘高度、与路肩距离等参数,见表 6-4。

表 6-4 固定式交通标志设置参数

交通标志类型	柱式	悬臂式	门式	附着式
下缘高度/m	1.80~2.50	一、二级公路净高为 5 m;三、四级公路净高为 4.5 m	一、二级公路净高为 5 m;三、四级公路净高为 4.5 m	1.80~2.50
与路肩距离/m	≥0.25	≥0.25	≥0.25	≥0.25

但事故现场放置的交通标志都是交通警察临时放置的,标志可放在右侧路肩上,标志上缘高度可取 1.2 m,驾驶员与标志的横向距离 d 为

$$d = \frac{B}{2} \tag{6-6}$$

式中 B——单幅路面宽度,m。

五、消失距离

由图 6-1 可见,信息消失点 E 到标志点 S 的距离称为消失距离,用 m 表示。高速公路的驾驶员视野范围主要集中在前方路面,车辆经过 E 点,标志即处于视野之外,可认为标志在视野中消失。所以消失距离越短,越有利于驾驶员读取标志信息。

根据交通标志类型,柱式、悬臂式和门式交通标志消失距离的计算原理如图 6-2 所示。

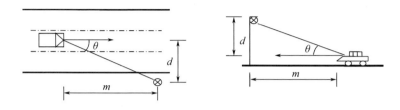

图 6-2 柱式、悬臂式和门式交通标志消失距离计算原理图

消失距离 m 计算式为

$$m = \frac{d}{\tan \theta} \quad (6-7)$$

式中　θ——消失点与路侧标志或与头顶标志的夹角,对于路侧标志,θ 取 15°;对于悬臂式标志或门式标志,θ 取 7°。

高速公路交通事故现场路段放置的交通标志均为交通警察临时放置的柱式交通标志,因此,式(6-7)中 d 的取值可参见式(6-6)。

六、读完点到标志距离

信息读完点 C 到标志点 S 的距离用 K 表示,计算式为

$$K = s - l \quad (6-8)$$

为了保证认读效果,要求:

$$K \geqslant m \quad (6-9)$$

即

$$K \geqslant \frac{d}{\tan \theta} \quad (6-10)$$

若 $K < m$,则驾驶员不能读完标志信息内容。

第二节　标志设置位置

驾驶员从发现交通标志到操作行动结束车辆行驶的距离称为前置距离。前置距离的长短影响交通标志的设置效果。前置距离过短会导致驾驶

员来不及反应,失去标志前置的意义。由于驾驶员对交通标志的记忆具有瞬时性,前置距离不宜过长,否则驾驶员容易忘记标志内容;另外,由于事故现场车辆类型复杂时,会出现车辆遮挡交通标志的情况,所以对重要标志信息可以采用重复设置的方式提醒驾驶员。

一、前置距离

标志点 S 到动作完成点 F 的距离称为标志的前置距离,用 D 表示。标志前置的目的是为了保证车辆在 F 点之前完成行驶状态的改变。交通标志的前置距离是标志设置最为重要的参数。

由图 6-1 各参数关系知

$$L = K + D - j \qquad (6-11)$$

由式(6-3)知

$$L = K + D - j \geq \lambda_1 n \frac{v_1}{3.6} t_3 + \lambda_2 \frac{v_1^2 - v_2^2}{254(f + \varphi \pm i)}$$

所以,前置距离 D 满足

$$D \geq \lambda_1 n \frac{v_1}{3.6} t_3 + \lambda_2 \frac{v_1^2 - v_2^2}{254(f + \varphi \pm i)} + j - K$$

结合式(6-10)得到标志设置的前置距离为

$$D \geq \lambda_1 n \frac{v_1}{3.6} t_3 + \lambda_2 \frac{v_1^2 - v_2^2}{254(f + \varphi \pm i)} + j - \frac{d}{\tan \theta} \qquad (6-12)$$

前置距离过大会使驾驶员遗忘交通标志内容,因此前置距离 $D \leq 200$ m。放置于交通事故现场的交通标志都是交通警察随车携带,并在封闭事故现场过程中放置的,因此在确定前置距离时,还要考虑可操作性,有些交通标志可以放在同一处,但同一处的交通标志数量又不能太多,否则驾驶员来不及认读标志信息内容。此外,在满足认读性的前提下,标志尽量放置于路幅的同一侧。

二、重复间距

由于高速公路车辆驾驶员接收信息的多样性,以及驾驶行为的随机性,驾驶员容易忽略某些交通标志。此外,由于大型车的存在,在标志信息读取点附近,内侧车道小型客车驾驶员的视线容易被遮挡,驾驶员也容易错过标志,如图 6-3 所示。这就要求重复设置交通标志,以充分发挥交通标志的可辨识性和约束性。

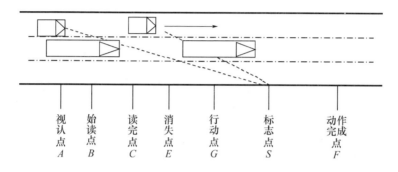

图 6-3　标志被大车遮挡

交通标志重复设置的原理如图 6-4 所示。

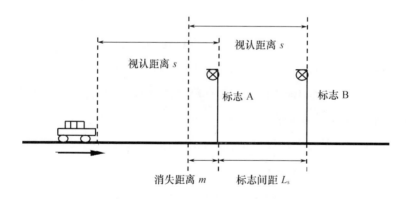

图 6-4　交通标志重复设置的原理

由图 6-4 可见,交通标志重复设置间距应满足以下条件:当车辆处于标志 A 的消失点 E(图 6-1),驾驶员刚好可以读取标志 B,交通标志信息重复传递。标志重复设置间距的计算式为

$$L_s = s - m \tag{6-13}$$

同一交通标志连续出现两次,标志信息在驾驶员大脑作用时间约为 8 s,

出现 3 次,作用时间约为 11 s。因此,考虑高速公路交通事故现场各区域的长度,同一交通标志应重复设置两次。

第三节　双向四车道高速公路交通事故现场标志设置

双向四车道高速公路若发生交通事故,至少封闭一条车道。参照限速方案,警告区和合流区限速均为 60 km/h,得到各划分区域的长度,见表 6-5。

表 6-5　双向四车道高速公路交通事故现场各区域长度计算值

区域	警告区	合流区	缓冲区	事故区	分流区	终止区
长度/m	41.67	87.66	150	视情况而定	41.67	无要求

表 6-5 的计算值均为各区域的最短长度,为了满足车辆速度缓冲及车流合流行为的需要,警告区和合流区的长度各取 200 m,分流区的长度取 100 m。由于警告区和合流区采用同一限速值,因此只在警告区前端设置限速标志,合流区不设置限速标志。

根据标志设置参数计算模型,取 $B = 7.5$ m,$h_s = 1.2$ m,得到警告区前限速标志设置参数,见表 6-6。

表 6-6　双向四车道高速公路交通事故现场警告区限速标志设置参数

设置参数	读取距离 l	反应距离 j	行动距离 L	消失距离 m	视认距离 s	读完点至标志点距离 K
长度/m	32.50	50.00	28.58	14.00	82.25	49.75

由表 6-6 可知,$K > m$,所以限速标志的前置距离为

$$D \geqslant L + j - m = 64.58 \text{ m}$$

取 $D = 70$ m。

由式(6-13)知,标志重复设置间距为

$$L_s = 68.25 \text{ m}$$

取 $L_s = 70$ m。

即间隔 70 m 重复设置 60 km/h 的限速标志,并在分流区末端设置限速解除标志。

合流区需设置合流导向标志,设置参数见表 6-7。

表 6-7 双向四车道高速公路交通事故现场合流导向标志设置参数

设置参数	读取距离 l	反应距离 j	行动距离 L	消失距离 m	视认距离 s	读完点至标志点距离 K
长度/m	21.67	33.33	50	14.00	57.25	35.58

由表 6-7 可知,$K > m$,所以标志的前置距离为

$$D \geqslant L + j - m = 69.33 \text{ m}$$

取 $D = 70$ m。

由式(6-13)知,标志重复设置间距为

$$L_s = 43.25 \text{ m}$$

取 $L_s = 50$ m。

由于车辆必须在缓冲区前完成车道变换行为,所以两个合流导向标志应分别设置在距离缓冲区警示标志 70 m 和 120 m 处。但警告区第一个限速标志的起始位置可按前置距离设置,因为警告区的长度取值比计算值略大,双向六车道、双向八车道高速公路交通事故现场警告区和合流区限速标志设置方案与之同理。

此外,警告区前还需设置"前方事故"指示标志;"右道封闭"标志与合流导向标志共同设置,缓冲区端"车辆慢行标志"与警示标志共同设置。双向

四车道高速公路交通事故现场标志设置位置和设置方案分别如图6-5和图6-6所示。

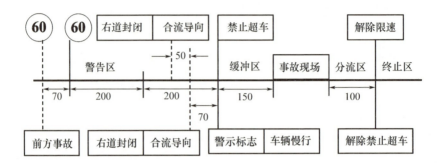

图6-5 双向四车道高速公路交通事故现场标志设置位置（单位：m）

图6-6 双向四车道高速公路交通事故现场标志设置方案

第四节　双向六车道高速公路交通事故现场标志设置

一、单车道封闭事故现场

车辆碰撞护栏、车辆侧翻及翻滚事故等单车事故都可能形成单车道封闭的重特大交通事故现场。事故发生后,交通警察对事故现场进行勘查,还要等待起重机械、救护车或消防车辆等救援车辆。因此,事故现场存在的时间较长,事故现场路段的安全性差。交通标志设置合理,在一定程度上能够提高事故现场的安全性,保证事故现场交通警察及事故当事人的人身安全。

以干燥沥青混凝土路面的双向六车道高速公路为例,每车道宽度为 3.75 m,封闭单车道,根据确定的限速方案,即车辆在警告区与合流区均限速 80 km/h,得到各划分区域的长度,见表 6-8。

表 6-8　双向六车道高速公路单车道封闭交通事故现场各区域长度计算值

区域	警告区	合流区	缓冲区	事故区	分流区	终止区
长度/m	55.57	187.5	150	视情况而定	55.57	无要求

警告区和合流区长度各取 200 m,分流区长度取 100 m。

根据标志设置参数计算模型,取 $B = 11.25$ m,得到警告区限速标志设置参数,见表 6-9。

表 6-9　双向六车道高速公路单车道封闭交通事故现场警告区限速标志设置参数

设置参数	读取距离 l	反应距离 j	行动距离 L	消失距离 m	视认距离 s	读完点至标志点距离 K
长度/m	39.72	61.11	36.20	21.00	102.54	62.82

由表 6-9 可知,$K > m$,所以警告区限速标志的前置距离为

$$D \geq L + j - m = 76.31 \text{ m}$$

取 $D = 80$ m。

由式(6-13)知,标志重复设置间距为

$$L_s = 81.54 \text{ m}$$

取 $L_s = 90$ m。

在合流区需放置合流导向标志,以引导车辆在缓冲区前完成合流行为,合流导向标志设置参数见表6-10。

表6-10 双向六车道高速公路单车道封闭交通事故现场合流导向标志设置参数

设置参数	读取距离 l	反应距离 j	行动距离 L	消失距离 m	视认距离 s	读完点至标志点距离 K
长度/m	28.89	44.44	66.67	21.00	77.54	48.65

由表6-10可知,$K > m$,所以缓冲区前合流导向标志的前置距离为

$$D \geqslant L + j - m = 90.11 \text{ m}$$

取 $D = 100$ m。

由式(6-13)知,标志重复设置间距为

$$L_s = 56.54 \text{ m}$$

取 $L_s = 60$ m。

其他标志设置与双向四车道高速公路交通事故现场设置相同。

双向六车道高速公路单车道封闭交通事故现场标志设置位置和设置方案分别如图6-7和图6-8所示。

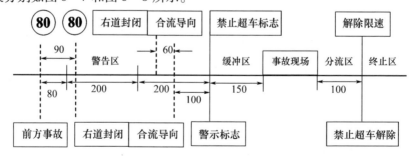

图6-7 双向六车道高速公路单车道封闭交通事故现场标志设置位置(单位:m)

第六章 高速公路交通事故现场安全标志设置

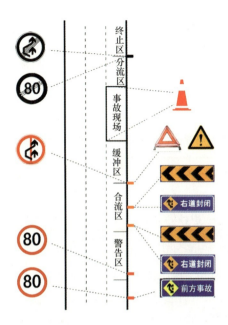

图6-8 双向六车道高速公路单车道封闭交通事故现场标志设置方案

二、双车道封闭事故现场

如果双向六车道高速公路发生的交通事故现场占据两个车道(或1.5个车道),只留下一个车道供车辆通行,由于通行能力的突然降低,危险性高于单车道封闭的事故现场。

根据分段限速方案,即警告区限速70 km/h,合流区限速50 km/h,计算得到各划分区域的长度,见表6-11。

表6-11 双向六车道高速公路双车道封闭交通事故现场各区域长度计算值

区域	警告区	合流区	缓冲区	事故区	分流区	终止区
长度/m	64.36	121.75	150	视情况而定	34.72	无要求

233

因此,警告区和合流区长度各取 200 m,分流区长度取 100 m,以满足安全性需要。

根据标志设置参数计算模型,得到警告区限速标志设置参数,见表 6-12。

表 6-12 双向六车道高速公路双车道封闭交通事故现场警告区限速标志设置参数

设置参数	读取距离 l	反应距离 j	行动距离 L	消失距离 m	视认距离 s	读完点至标志点距离 K
长度/m	39.72	61.11	45.72	21.00	102.54	62.82

由表 6-12 可知,$K > m$,所以警告区限速标志的前置距离为

$$D \geqslant L + j - m = 85.83 \text{ m}$$

取 $D = 90$ m。

由式(6-13)知,标志重复设置间距为

$$L_s = 81.54 \text{ m}$$

取 $L_s = 90$ m。

根据标志设置参数计算模型,得到合流区限速标志设置参数,见表 6-13。

表 6-13 双向六车道高速公路双车道封闭交通事故现场合流区限速标志设置参数

设置参数	读取距离 l	反应距离 j	行动距离 L	消失距离 m	视认距离 s	读完点至标志点距离 K
长度/m	25.28	38.89	15.24	21.00	69.20	43.92

由表 6-13 可知,$K > m$,所以合流区限速标志的前置距离为

$$D \geqslant L + j - m = 33.13 \text{ m}$$

取 $D = 40$ m。

由式(6-13)知,标志重复设置间距为

$$L_s = 48.20 \text{ m}$$

取 $L_s = 50$ m。

缓冲区前还需设置合流导向标志,设置参数见表 6-14。

表 6-14 双向六车道高速公路双车道封闭交通事故现场合流导向标志设置参数

设置参数	读取距离 l	反应距离 j	行动距离 L	消失距离 m	视认距离 s	读完点至标志点距离 K
长度/m	18.06	27.78	41.67	21.00	52.54	34.48

由表 6-14 可知,$K > m$,所以合流导向标志的前置距离为
$$D \geq L + j - m = 48.45 \text{ m}$$

取 $D = 50$ m。

由式(6-13)知,标志重复设置间距为
$$L_s = 31.54 \text{ m}$$

取 $L_s = 40$ m。

除了设置限速标志和合流导向标志,还需在缓冲区端设置禁止超车、车辆慢行标志和警示标志,在分流区末端设置限速解除标志和禁止超车解除标志。双向六车道高速公路双车道封闭交通事故现场标志设置位置和设置方案分别如图 6-9 和图 6-10 所示。

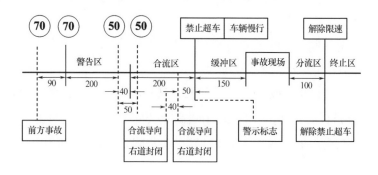

图 6-9 双向六车道高速公路双车道封闭交通事故现场标志设置位置(单位:m)

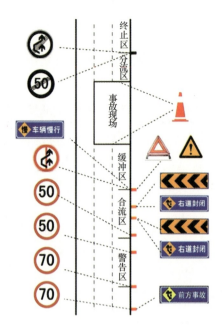

图 6-10　双向六车道高速公路双车道封闭交通事故现场标志设置方案

第五节　双向八车道高速公路交通事故现场标志设置

为了满足日益增长的交通需求,充分发挥高速公路作为运输大通道的综合效益,国内新建的很多条高速公路都是按照双向八车道标准设计,部分六车道高速公路也相继改扩建成八车道。双向八车道高速公路单幅路面宽度为 15 m,通行能力较大。双向八车道高速公路交通事故现场的交通标志设置参数与双向六车道高速公路的计算方法相同,只需修改其中个别参数。

一、单车道封闭事故现场

单幅四车道的高速公路,如果事故现场只占用最外侧车道,在事故损失较小,交通流量不大,事故现场其他人员很少的情况下,可按照简易程度处理的事故现场进行标志设置。交通流量较大,其他人员较多,处理时间较长的事故现场就需放置必要的交通标志,以提示过往现场的车辆驾驶员。

双向八车道高速公路单车道封闭交通事故现场限速方案与双向六车道单车道封闭交通事故现场相同,即警告区和合流区均限速 80 km/h,因此,事故现场各划分区域长度计算值同表 6-8。

根据标志设置参数计算模型,取 $B=15$ m,得到警告区限速标志设置参数,见表 6-15。

表 6-15 双向八车道高速公路单车道封闭交通事故现场警告区限速标志设置参数

设置参数	读取距离 l	反应距离 j	行动距离 L	消失距离 m	视认距离 s	读完点至标志点距离 K
计算值/m	39.72	61.11	36.20	28.00	106.16	66.44

由表 6-15 可知,$K>m$,所以限速标志的前置距离为

$$D \geqslant L+j-m=69.31 \text{ m}$$

取 $D=70$ m。

由式(6-13)知,标志重复设置间距为

$$L_s = s-m = 78.16 \text{ m}$$

取 $L_s=80$ m。

缓冲区前合流导向标志设置参数,见表 6-16。

表 6-16 双向八车道高速公路单车道封闭交通事故现场合流导向标志设置参数

设置参数	读取距离 l	反应距离 j	行动距离 L	消失距离 m	视认距离 s	读完点至标志点距离 K
计算值/m	28.89	44.44	66.67	28.00	81.16	52.27

由表 6-16 可知,$K>m$,所以限速标志的前置距离为

$$D \geqslant L + j - m = 83.11 \text{ m}$$

取 $D = 90$ m。

由式(6-13)知,标志重复设置间距为

$$L_s = s - m = 53.16 \text{ m}$$

取 $L_s = 60$ m。

除了限速标志,还需设置警示标志、右道封闭标志和解除限速标志,标志设置位置和设置方案见分别如图6-11和图6-12所示。

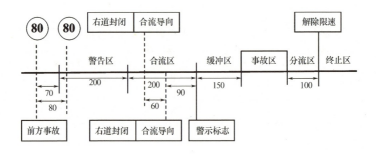

图6-11 双向八车道高速公路单车道封闭交通事故现场标志设置位置(单位:m)

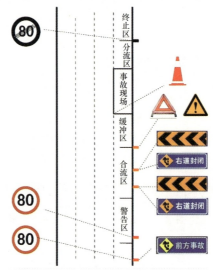

图6-12 双向八车道高速公路单车道封闭交通事故现场标志设置方案

二、双车道封闭事故现场

双向八车道高速公路由于设计时速较高,发生多车道封闭的交通事故后,必须合理放置一定数量的交通标志,以确保事故区交通警察和其他人员的人身安全。

交通事故现场封闭两个车道时,根据分段限速方案,即警告区限速80 km/h,合流区限速60 km/h,计算得到各划分区域长度,见表6-17。

表6-17 双向八车道高速公路双车道封闭交通事故现场各区域长度计算值

区域	警告区	合流区	缓冲区	事故区	分流区	终止区
长度/m	63.43	175.32	150	视情况而定	41.67	无要求

由表6-17可知,警告区和合流区长度均取200 m,分流区长度取100 m。

警告区限速标志设置参数同表6-15。限速标志前置距离为70 m,间隔80 m重复设置一次。

根据标志设置参数计算模型,合流区限速标志设置参数见表6-18。

表6-18 双向八车道高速公路双车道封闭交通事故现场合流区限速标志设置参数

设置参数	读取距离 l	反应距离 j	行动距离 L	消失距离 m	视认距离 s	读完点至标志点距离 K
计算值/m	28.89	44.44	17.78	28.00	81.16	59.49

由表6-18可知,$K > m$,则合流区限速标志的前置距离为

$$D \geqslant L + j - m = 34.22 \text{ m}$$

取 $D = 40$ m。

由式(6-13)知,标志重复设置间距为

$$L_s = 53.16 \text{ m}$$

取 $L_s = 60$ m。

合流区合流导向标志设计参数与表6-18相比,只有行动距离变化,因

为在合流区域,车辆进行变换车道行为,速度始终限制为 60 km/h,所以 $L = 50$ m。

合流导向标志的前置距离为

$$D \geqslant L + j - m = 66.44 \text{ m}$$

取 $D = 70$ m。

重复设置间距为

$$L_s = 53.16 \text{ m}$$

取 $L_s = 60$ m。

除了限速标志和合流导向标志,还应设置右道封闭、减速慢行和禁止超车标志等,标志设置参数和设置方案,分别如图 6-13 和图 6-14 所示。

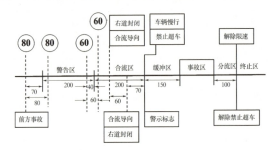

图 6-13 双向八车道高速公路双车道封闭交通事故现场标志设置位置(单位:m)

图 6-14 八车道高速公路双车道封闭交通事故现场标志设置方案

三、三车道封闭事故现场

交通事故现场封闭三车道时,根据分段限速方案,即警告区限速 70 km/h,合流区限速 50 km/h,计算得到各划分区域长度,见表 6-19。

表 6-19　双向八车道高速公路三车道封闭交通事故现场各区域长度计算值

区域	警告区	合流区	缓冲区	事故区	分流区	终止区
长度/m	64.36	182.62	150	视情况而定	34.72	无要求

由表 6-19 可知,警告区和合流区均取 200 m,分流区为 100 m。

警告区限速标志设置参数与表 6-15 相比,只有行动距离不同;三车道封闭交通事故现场警告区限速标志的行动距离 L 为 45.72 m。

因此,限速标志的前置距离为
$$D \geqslant L + j - m = 78.83 \text{ m}$$
取 $D = 80$ m。

标志重复设置间距为
$$L_s = 78.16 \text{ m}$$
取 $L_s = 80$ m。

双向八车道高速公路三车道封闭交通事故现场合流区限速标志设置参数见表 6-20。

表 6-20　双向八车道高速公路三车道封闭交通事故现场合流区限速标志设置参数

设置参数	读取距离 l	反应距离 j	行动距离 L	消失距离 m	视认距离 s	读完点至标志点距离 K
计算值/m	25.28	38.89	15.24	28.00	72.82	47.54

由表 6-20 可知,$K > m$,则合流区限速标志的前置距离为
$$D \geqslant 26.13 \text{ m}$$
取 $D = 30$ m。

标志重复设置间距为

$$L_s = 44.82 \text{ m}$$

取 $L_s = 50$ m。

双向八车道高速公路双车道封闭事故现场合流导向标志设置参数见表 6-21。

表 6-21 双向八车道高速公路双车道封闭事故现场合流导向标志设置参数

设置参数	读取距离 l	反应距离 j	行动距离 L	消失距离 m	视认距离 s	读完点至标志点距离 K
计算值/m	18.06	27.78	41.67	28.00	56.16	38.10

由表 6-21 可知，$K>m$，则合流导向标志的前置距离为

$$D \geqslant 41.45 \text{ m}$$

取 $D=50$ m。

标志重复设置间距为

$$L_s = 28.16 \text{ m}$$

取 $L_s = 30$ m。

由于三车道封闭，道路通行能力突然降低，车辆在合流区和缓冲区极易出现交通混乱，因此在缓冲区前应设置减速慢行和禁止超车标志，设置在隔离带处，以提高视认效果；如果事故现场较长，也可重复设置。

双向八车道高速公路事故现场三车道封闭交通事故现场标志设置位置和设置方案分别如图 6-15 和图 6-16 所示。

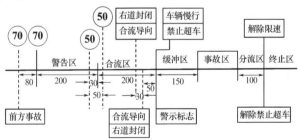

图 6-15 双向八车道高速公路三车道封闭交通事故现场标志设置位置（单位：m）

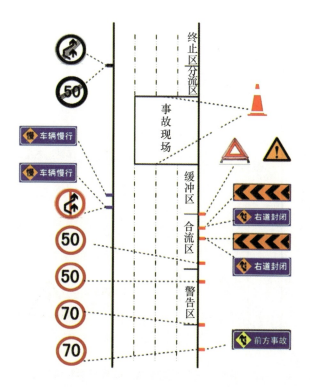

图 6-16　双向八车道高速公路三车道封闭交通事故现场标志设置方案

第六节　简易程序处理的事故现场标志设置

如果发生在高速公路上的交通事故情况简单,事故车辆和当事人损失较轻,当事人对事故过程和责任认定无争议时,可应用简易程序处理事故现场。由于当事人和车辆只有轻微损伤,事故现场长度较短,基本不存在其他无关人员,事故现场很快解除。因此,事故现场只需放置警示标志和少量锥形桶,放在距离事故现场 150 m 处,警车停放在事故车辆的前方。

简易程序处理的交通事故现场标志设置方案如图 6-17 所示。

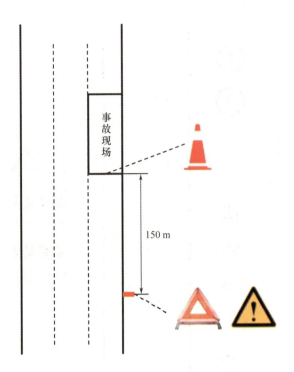

图6-17　简易程序处理的交通事故现场标志设置方案

第七节　其他安全设施

随着高速公路的发展,高速公路中的安全隐患不断暴露,高速公路事故频发引起了人们对高速公路安全设施设计的重视。高速公路的安全设施设计主要包括护栏安全设计、交通标志安全设计、交通标线安全设计、隔离设施设计、防眩设施设计、视线诱导设施设计、长大陡坡路段安全设施设计、绕城高速路段安全设施设计、桥隧路段安全设施设计、收费广场安全设施设计。探讨高速公路安全设施设计现状不仅有利于保障高速公路安全,而且对交通运输业的发展有着重要意义。

对高速公路相关路段中设置的道路标志标线进行排查,有计划地对其进行改造和更新,并结合现有的技术手段对其功能和类型进行完善,运用新型的技术手段,对标志标线的类型和数量进行丰富和完善。对标志标线的内容和形式进行创新,增加标志标线的创意性和人性化理念,发挥道路交通标志标线的指引作用。加强对高速公路标志标线的重视,对其管理制度信息改革,构建新型的标志标线管理制度,并改变以往的旧观念保证高速公路与其网络建设规划的同步性。结合路况的实际情况相关部门要进行经验总结,对于高速公路标志标线发展中的问题,进行了解并解决,提高高速公路车辆行驶安全性。

一、固定可变信息情报板

可变信息情报板是现代交通监控系统中重要的信息发布设备,主要安装于高速公路及城市道路,用于提示驾驶员前方路况信息或其他交通诱导信息,如路段最高限速、前方路况、突发事件和天气情况等,并给出相应的通行建议,对道路交通进行疏导,保证道路的安全畅通。并可显示相关宣传标语、法规等。可变信息情报板主要分为悬臂式、龙门架式和立柱式,如图6-18所示。

图6-18 可变信息情报板

高速公路发生交通事故后,可利用可变信息情报板及时发布事故信息,提醒驾驶员事故路段的位置及事故严重程度等。特别在高速公路交通事故黑点地段,一旦发生交通事故,可变信息情报板可以及时发布事故信息及限速要求,与事故现场交通警察临时放置的交通安全标志配合使用,提高事故现场区域的安全性。

二、车载可变信息情报板

车载诱导设备是交通事故现场防护的第一道防线,它主要利用光电信号,对来车方向的车辆发出警示和诱导信息。目前大多采用车载可变电子诱导屏,配合警灯,发出警示和诱导信息。

车载诱导设备应当具备适应现场警示诱导的灵活多变的信息库,必要时,其显示的信息可以人工输入。同时在移动车上安装视频监控和超速抓拍设备,及时记录过往交通事故现场车辆的规范行车情况,同时也起到威慑超速车辆的作用。

高速公路巡逻车辆或事故现场勘查车辆应配备车载可变信息情报板,到达事故现场后,车辆可停在缓冲区,将信息情报板安装在车辆顶部,通过拨码开关或手动编辑输入显示内容,提示过往车辆注意安全、禁止超车或变换车道等信息,如图 6-19 所示。

图 6-19 车载可变信息情报板

三、被动防护装置

美国、日本一些发达国家交通事故安全防护装备已经实现了系列化、规范化。在事故现场,通常采用大面积、远视距、可扩展性的警示灯、警示信息显示屏、防撞车辆,以及使用机器人指挥引导车辆等组合设置来保护现场,通过声、光、电配套,警示距离远,警示效果好。

如果高速公路发生重特大交通事故,事故现场的存在时间一般较长。为了保护事故现场人员,可在缓冲区停放防撞缓冲车,也可在巡逻车后面加装防撞吸能装置,如图 6-20 所示。防撞缓冲车可加装信息情报板或其他指示标志。在美国,防撞缓冲车是重特大交通事故现场必须停放的被动防护装备。另外,针对高速公路事故现场危险性更高这一特点,专门规定了高速公路事故现场和人员安全防护的技术要求,开发了防护等级更高的专用反光服来保护高速公路事故处理人员的安全。为防止车辆意外闯入事故现场或施工现场,发生次生伤人事故,通常使用防撞车辆,即大吨位满载货车和防撞设施(图6-20),停放在事故现场或施工现场前一定距离的来车方向,保障现场工作人员的安全。

图6-20　防撞缓冲车

四、高速公路事故现场三级安全防护方法

公安部交通管理科学研究所开发了高速公路交通事故现场安全防护设备,提出了三级安全防护方法并制定了公安部行业标准《道路交通事故现场安全防护规范》。不仅使防护设备系列化,而且使道路交通事故现场的防护方法规范化,有效地提高了交通事故现场安全防护等级和能力。二次交通事故与初次发生的交通事故相比较,有相对较高的可防性和可控性。由于高速公路车辆行驶速度快,刹车距离长,在雨、雪、雾、夜间等环境条件不佳情况下,高速行驶的车辆发现前方路面有异常情况时,往往会因刹车不及或急刹导致事故发生。为减少二次交通事故伤人事件发生,使在现场的所有工作人员能够有时间躲避因意外闯入的车辆,我们研究和提出了高速公路的三级防护方法,建立高速公路交通事故现场三级防护体系,并通过在山东和广东等多地实地使用,结果表明高速公路的三级防护(图6-21)方法可有效预防和减少二次交通事故的发生。

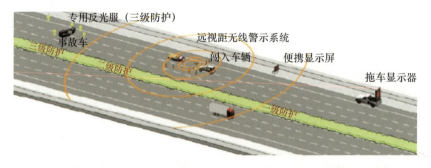

图 6-21 高速公路交通事故三级安全防护示意图

(1)高速公路交通事故处理现场一级防护及设备。

图 6-21 中一级防护区域为预警距离,这段区域称为预警区。作为三级防护中的第一级,我们希望在路面高速行驶的车辆能够提前发现道路前方情况减速行驶,按照预警标志提示的限速安全通过事故现场。因此我们在预警区设置的是主动发光的大型显示屏——拖车式显示屏(显示面积达 2.6 m^2 以上,可视距离 500 m 以上,如图 6-22(a)所示),对高速行驶的车辆提前进行警示、限速,特别是在视线不佳、路面湿滑的雨雾天气的夜晚,必须警示车辆提前减速,以低速接近警戒区才能够保障事故现场内工作人员安全。另一种是便携折叠式警示标志(图 6-22(b)),这种警示标志平时折叠收起后体积很小,可随勘查车携带,使用时打开设置于路边。通过在道路上设置的各种警示标志,提前警示驾驶员前方有意外情况发生,限制车速行驶,是保障事故现场工作人员安全的一级防护。

(a)拖车式显示屏　　　　　　(b)便携折叠式警示标志

图 6-22 拖车式显示屏和便携折叠式警示标志

(2)高速公路交通事故处理现场二级防护及设备。

防闯入预警装置是利用新研制的防闯入预警技术设备。防闯入预警设备在交通事故现场使用时自动建立一个无线数字网络,通过无线网络完成防护设备工作状态的设置、报警及设备的实时检测等功能,如图6-23所示。

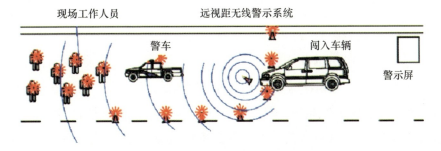

图6-23 防闯入预警设备工作示意图

防闯入预警设备在使用时前端闪烁的高强度灯光定向警示来车,能够在较远距离发现道路交通事故现场设置的警戒线,系列黄色顺序闪烁的灯光可引导车辆低速绕行通过,齐闪的红色灯光可警示车辆及时将车辆停在警戒线外(图6-24)。防闯入预警设备内设系列传感器,当驾驶员因意外闯入警戒区,车辆撞击安装在锥筒上的防闯入设备时,现场所有设备立即鸣叫报警,及时警示驾驶员已闯入事故现场应采取制动等措施。另外任一安装防闯入设备的锥形桶在被撞的同时,会发出无线报警信号,此时所有现场工作人员随身携带的无线报警器立即鸣叫报警,提示工作人员及时撤离躲避。

图6-24 防闯入预警设备现场使用情况

①高速公路交通事故处理现场防护二级防护设备警示时间计算。

《道路交通事故现场安全防护规范》防闯入预警设备最低必须设置在距事故现场150 m外,气象条件不佳的夜晚或特殊地形时设置距离还需增加留给现场工作人员躲避时间,即

$$T = 3.6L/v \qquad (6-14)$$

式中　L——设置距离,m;

　　　v——车速,km/h。

以150 m计,当车辆以100 km/h速度闯入时,留给现场工作人员躲避时间为5.4 s;如设置在200 m处,留给现场工作人员躲避的时间为7.2 s。由此可见,防闯入预警设备前端设备的设置距离越远,现场人员躲避时间越长,设置在150 m时最短的逃生时间约为5.4 s,一般情况下5.4 s可跨越1~2个车道。

②第二级防护设备的可靠性及使用。

任何电子设备都有可能发生故障,当这套防护设备中的某一个发生故障,而正好车辆闯入的情况时怎么办？这套设备在事故现场自行组成一个智能的无线数字网络,系统正常工作时在循环"点名",当安装在锥形桶上的某一设备连续被点名3次都无回应信号(20 ms点名一次),系统会自动发出故障警示,提示使用者及时进行撤换。防闯入设备可最大限度地为现场工作人员提供最简单最方便的操作。设备操作只有一个按键,可使用220 V交流电或汽车点烟器的12 V充电,一次充满电可使用60 h。工作温度为-40~70 ℃,可满足我国大多数地区室外使用。设备可在雨天使用。设备置入箱体自动断电关机,取出后自动开始工作,插入电源后自动充电。

(3)高速公路交通事故处理现场第三级防护。

第三级防护的要点是增加驾驶员对路面工作人员的识别距离。通过比较身着专用服装的国内外交警(图6-25),我们可以清楚地看到国内与国外交警专用服装的差别,特别是在雨天、黄昏及夜间,现有的国内交警专用服装识别能力较差。从目前执行的我国警用反光服的标准及应用来看,性能单一,反光背心、反光雨衣均为单用途,可视面积小,不具备多种天气条件下

的适用性。如交警雨衣采用图 6-25 国内(左)外(右)交警服装识别对比,藏蓝色聚氨酯涂层雨衣布在阴雨日间光线较弱条件下的可视性大幅下降,而反光背心则只能在无雨夜间提高可视性。

图 6-25　国内(左)外(右)交警服装识别对比

通过研究国外相关产品技术及材料,针对高速公路交通事故处理专用反光服对不同气候条件下的可视性要求,我们在材料性能、人体舒适性及人眼视觉特性等方面开展研究,研制系列新型高速公路事故处理专用防护服,具备荧光材料面积大、反光材料的逆反射材料性能强(图 6-26)。高速公路事故处理专用防护服为满足穿着舒适性要求,采用多层复合材料,保证外部雨水等在一定压力下不浸透织物,而人体散发的汗液等却能以水蒸气的形式通过织物传导到外界,不在人体表面与织物之间冷凝积聚,保持干爽、温暖。其不仅具备防水、透气透湿、防风等功能,并且将逆反射材料与荧光材料结合在一起,提高在恶劣天气及外部光照不良时驾驶员对路面工作交警

图 6-26　新旧反光服的夜间对比

的识别距离。为防止市场上以次充好,将不合格的交警专用防护服供应交警,危及交警生命安全,公安部交通管理科学研究所制订了《道路交通事故现场防护服》(GA/T/1045——2012)行业标准,规范生产质量。大反光面积、高反射系数的交警专用防护服可大大提高交警在路面上被识别距离及识别性,我们希望通过专用防护服的高识别性为路面工作的交警带来更为安全的工作环境,减少二次交通事故发生。

第八节　特殊条件下交通事故现场的处置

一、全车道封闭的事故现场

前面所述均为一般条件下高速公路交通事故现场的标志设置及交通组织方案。一些重特大交通事故现场有时占据整个车道,如图6-27所示,这时高速公路单向无法通行,必须借用对向一个或几个车道,而借用的车道一般为对向的快速车道,由此引发严重的交通冲突,而且也带来对向车道通行能力的降低。

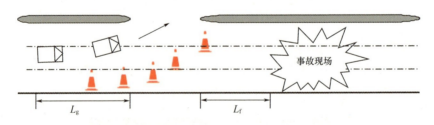

图6-27　高速公路全车道封闭交通事故现场

根据车辆制动距离公式,当车辆行驶速度为120 km/h时,安全制动距离为

$$s = 177.81 \text{ m}$$

因此,当交通事故现场距离中央分隔带开口距离 $L_f > 200$ m 时,由于事故现场上游道路中央设置锥形桶等警示标志(图6-27),车辆一般不会冲入

事故现场,在 L_f 范围内不需要设置其他交通标志。L_g 的范围可视为合流区域,取 $L_g = 200$ m。在此区域,车辆完成合流行为,进入对向车道。由于在合流过程中及进入对向车道时会产生严重的交通冲突,需要限制车辆行驶速度,限速值不应高于多车道封闭的事故现场合流区限速值,即双向四车道限速 60 km/h,双向六车道限速 50 km/h,双向八车道限速 50 km/h。

对向车道由于通行能力下降,车头时(间)距变小,交通冲突增加,也应限速,并在分隔带开口处解除限速。

在合流区端设置限速标志和合流导向标志,不同车道数的高速公路前置距离和重复设置间距,见表 6 - 22。

表 6 - 22　高速公路全车道封闭交通事故现场限速标志设置参数

高速公路类型	双向四车道		双向六车道		双向八车道	
前置距离/m	138.78	140	131.78	140	124.78	130
重复间距/m	84.92	90	81.54	90	78.16	80

以双向四车道高速公路为例,全车道封闭并借用对向车道的交通事故现场标志设置方案如图 6 - 28 所示。

如果 $L_f < 200$ m,则有发生二次交通事故的危险。此时,L_g 长度取 150 m,并视为缓冲区,前方依次为合流区和警告区,各划分区域标志设置方案与双向四车道单车道封闭事故现场(图 6 - 6)、双向六车道双车道封闭事故现场(图 6 - 10)及双向八车道三车道封闭事故现场(图 6 - 16)相同。

根据《公路路线设计规范》(JTGD 20—2006),中央分隔带开口的最小间距不小于 2 km。所以,借用对向车道的车辆需要至少行驶 2 km 才能回到原车道。由于车辆行驶中会产生交通冲突,必须限速。限速值参照分隔带开口前合流区的限速值,并且间隔 500 m 重复设置一个限速标志。

与对向车流间以锥形桶分隔,直至下一个开口处,车辆驶回原车道,解除限速。根据《公路路线设计规范》,中央分隔带开口长度不大于 50 m,因此

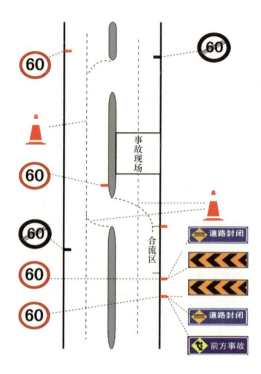

图 6-28　高速公路全车道封闭交通事故现场标志设置方案

开口处易发生拥堵,并向上游路段传播,道路通行能力和服务水平严重下降。所以,如果交通流量较大,应在匝道处提前分流,或将高速公路单向关闭。

二、特殊路段的事故现场

1. 标志设置原则

标志设置以确保交通畅通和行车安全为目的,并结合公路线性、交通状况、沿线设施等情况,根据交通标志的不同种类来设置,以利于向公路使用者提供准确、及时的信息。

(1) 合理设置原则。

在长大纵坡路段,公路标志的设置应通盘考虑、整体布局、相互配合;其位置应根据标志的类别分别计算确定,应充分考虑公路使用者对标志感觉、识别、理解、行动的特性,根据运行速度和反应时间确定合理的设置位置。

(2)一致性原则。

交通标志作为道路交通管理措施的具体形式之一,有其法定的约束力和严肃性。因此必须保持在一定的空间内所设置的所有的交通标志内容协调一致,不能相互矛盾。同时交通标志与标线所传达的交通信号应保持一致。

(3)相互配合、排列有序原则。

长大纵坡路段沿线标志比较多,标志设置时尤其要注意相互配合,合理排序,避免杂乱无章、信息堆叠,以免出现麻痹驾驶的情况。

(4)明显突出原则。

长大纵坡路段,由于车速普遍偏高,道路使用者对标志的醒目性与易读性要求更高。为了达到这个目的,建议在标志板设计过程中版面和字体均按最大标准设计。也可使用人工旗手提示驾驶员,以达到明显突出的提示作用。

(5)安全牢固。

由于长大纵坡路段长处于陡坡山区,气候条件恶劣,为确保交通标志设置的安全性,建议普遍加大立柱的直径,加大基础底座的配筋,确保标志不倾斜、倒地。

2. 长大纵坡特殊路段事故现场标志设置

长大纵坡路段的标志设置不仅要正确、及时传达道路信息(道路线性、长下坡的长度、避险车道位置等),而且内容要简单易懂,尽量不设置与长大纵坡路段信息无关的标志(如景区预告标志),以提高驾驶员在长大纵坡路段标志信息的获取效率,使驾驶员有充足的时间进行反应以采取必要的措施,保证行车安全。标志设置要以警告标志和提示性标志为主。突出此路段的危险程度,以及道路的真实信息。还应充分考虑公路附属设施(照明设施、监控设施等)及路上构造物(门架、过线桥等)对标志视觉影响。长大纵坡区段应隔一定的距离就设置显示驾驶员所处位置、避险车道距离等信息的标志。长大纵坡的重点标志或关键标志可以采取主动闪频标志,在极端危险的路段可采用"大型图标"传达道路危险信息。

如果交通事故现场位于最大纵坡下坡处,除了安排必要的限速标志和警示标志外,还需要在坡顶或上坡段安排旗手,并放置警示标志,以提示驾驶员提前减速,研究表明旗手对于交通事故的警示作用相当明显。对于位于曲线半径处的事故现场,也要在最小圆曲线半径处或前方安排旗手及其他警示标志,提前预警,如图 6-29 所示。

图 6-29 位于最大纵坡和最小曲线半径处的交通事故现场

在长大纵坡段标志标线设置中,可以在不同的信息传输阶段,采用安保工程,对车辆驾驶员的视觉器官和触觉器官形成刺激作用,以此纠正车辆驾驶员的驾驶行为。具体而言,在长大下坡段标志标线设置方面,可以根据视线诱导、视觉警示、触觉强制减速和紧急救援 4 个层次设置标志或者标线。

3. 隧道的事故现场标志设置

(1) 隧道事故成因。

相对于洞外道路而言,隧道属于半封闭环境,具有与洞外路段不一致的行驶条件,这就必然造成了交通状况的差异,通过对驾驶员的视觉特性、隧道内的空气环境和声音环境方面的分析,得出产生隧道交通事故的原因有以下几点:

①视觉特性。

高速行驶的汽车穿过隧道时,生理基础决定了驾驶员的视觉要发生微妙的变化。白天当驾驶员从隧道外行驶进隧道内时,由于隧道内外的亮度差别极大,所以从隧道外部看照明很不充分的隧道入口时,是一个黑洞(长隧道)或是一个黑框(短隧道),即黑洞效应。由于人眼视觉上的滞后性,当人从较亮的外部环境进入较暗的区域后,要经过一段时间才能看清暗区内的情况,这种现象称为滞后现象。由于这种视觉适应滞后的影响,驾驶员进入隧道后,立即产生视觉上的盲区,经过 4~9 s 的时间才能逐渐适应,但依旧无法看清前方景象,这种现象对于行车来说是极其危险的。

无论是白天还是黑夜,隧道内的道路环境及对行车视觉上产生的影响都不同于一般道路。在隧道内由于车辆排出烟气,受到汽车前车的照射,管线被烟气吸收而形成光散射现象,这些散射光在烟气中造成光幕,从而使前方的障碍物及其背景(地面、墙壁)亮度对比较小,驾驶员识别障碍物的能力降低。

白天当车辆通过较长的隧道接近其出口时,看到的是一个刺眼的白洞,视觉产生亮适应,同样会降低出洞时的视觉功能和视觉舒适性,无法准确判别与前车的间距,容易发生交通事故。在夜间行驶,其效果恰好与白天相反,驾驶员在隧道内看到的是黑洞而不是白洞。在这种情况下,驾驶员难以辨别洞外的道路线性、道路上的交通情况及道路上的任何障碍物情况,会产生一个视觉盲区。

②环境照度。

照度是用来表示被照面上光的强弱,用被照场所面积密度来表示。无眩光条件下的适当照度,可使隧道行车感到轻松。但是,在隧道照明中,如果照明太亮,不仅能节能,而且十分刺眼,容易让人疲倦,严重危及行车安全;如果照度太暗,加上车辆排出的烟气受到汽车前灯的照射,光线被烟气吸收而形成光散射现象,降低能见度,影响驾驶员驾驶判断的准确性,容易诱发交通事故。此外,隧道照明的效果,不仅取决于灯光的亮度,而且与背景空间的发射率密切相关。

③环境噪声。

隧道内的噪声主要由射流风机产生的噪声和车辆运行过程中产生的噪声两部分组成,其中车辆产生的噪声是主要的。就噪声源的产生类型来看,车辆产生的噪声可分为气体噪声和固体噪声。气体噪声主要来源于汽车与路面作用产生的泵气效应,固体噪声主要来源于路面不平整而引起的轮胎和车体的震动,噪声的大小与汽车发动机类型、车速、隧道内空气、路面的表面构造、路面材料及汽车轮胎有关。

根据房间声学理论,隧道内的噪声可看作是扩散声场,由扩散声场的原理可知,其声场是直达声和混响声的叠加,假定隧道内洞壁的反射,其环境噪声非常大,严重影响了驾驶员的正常思维判断和反应能力,加大了发生交通事故的概率。

④空气质量。

在公路隧道内,特别是隧道内由于汽车的频繁来往,汽车排放的尾气污染整个隧道空间。在隧道污染空气中,存在来自汽车尾气的多种有毒有害成分,如 CO、HC 等;此外,还有来自汽车行驶过程中产生的大量扬尘。隧道是个相对狭小的空间,污染物不易扩散,所以隧道内污染空气的浓度会逐渐积累。当有害成分浓度增大时,会对驾驶员和乘客的身体健康造成危害,同时也危及行车安全。

⑤隧道内的湿度。

隧道内潮湿情况,一般用相对湿度来衡量。隧道一般会产生渗漏水问题,隧道渗漏水不仅使洞内空气潮湿,恶化洞内环境,还会严重影响路面质量与寿命;同时因为渗漏水浸湿路面,路面的附着系数减小,从而影响行车安全。

(2)隧道安全设施。

在高速公路隧道入口前 50～100 m 位置,需要设置隧道标志,提示车辆驾驶员注意前方路况,在入口前 25 m 位置,需要设置禁止超车标志及禁止停车标志。在隧道口路段,不应该设置其他标志,避免对车辆驾驶员形成吸引作用。在隧道出口位置,由于受到视觉障碍因素的影响,在一定行车距离内,驾驶员很难明确识别高速公路两边的标志,根据实践研究分析,如果隧道内限速为 60 km/h 或者 80 km/h,则在隧道出口位置,标志与隧道出口之间的距离应该分别为 120 m 和 140 m。如果高速公路隧道出口安全距离不足,则可以结合实际情况适当提高标志的视认性。

(3)隧道事故交通事故现场的预防措施。

为及时、迅速、妥善、有效地做好交通事故先期处理,最大限度地减少人员伤亡和财产损失,切实有效预防二次事故的发生,必须制定出一套完善的预案来应对隧道内各种事故的发生。

①民警在接到街道事故出警指令后,要求指挥中心在可变情报板上显示事故相关信息,并要求事故所在隧道群内后方所有隧道打开全部灯光(长隧道还将开启排风措施)。距离事故现场最近的执勤巡逻车立即赶赴现场,同时按照事故区域划分,调动离事故现场最近的巡逻车辆、施救车辆等机动力量赶赴现场。

②根据事故所处位置,由距离事故现场最近的民警赶赴先期处置点(隧道口或坡顶处),实施主线封道。总体原则是:先截断车流,做好预警,再进入事故现场处理,避免二次交通事故的发生。

③按照"谁先到,谁先封"的原则进行处置。并根据车流量和事故的严重程度。要求在事故后方出口分流,必要时可安排旗手做好指示工作。

(4)监控系统工作框架。

隧道内线圈检测器、视频检测器及隧道外的预警检测线圈、雷达测速拍照设备通过光缆将信息传输到监控中心;监控中心对数据进行处理,通过光缆将发布的事件信息传输到门架式可变情报板及隧道入口处红绿灯,如图6-30和图6-31所示。

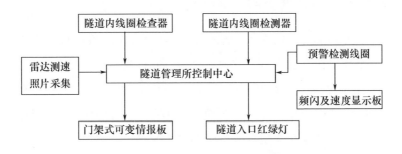

图 6-30　监控预警系统工作框架

(5)预警系统。

高速公路交通事故预警系统是依据对交通事故发展稳定状况的判断采用定性与定量相结合的方法,对高速公路交通安全发展态势进行过程描述、

图 6-31　视频检测器和门架式可变信息板

追踪分析和警情预报。高速公路交通事故预警系统是根据宏观高速公路交通安全的风险因子,建立一个能够综合评价交通事故发展状况的高速公路交通事故预警指标体系。然后利用统计部门数据或其他途径收集的数据计算指标,运用模型计算综合指数进行预测。在定量分析的基础上结合定性分析,综合评价高速公路交通事故发展变化的趋势,当多数指标值接近警戒线时应及时发出警报,以便采取措施,避免交通发展受到严重损害。

如图 6-32 所示为隧道内事件监测的工作流程及对策。在确认事件发生后,由工作人员根据现场情况,估计事件的持续时间,根据持续事件的不同,发布不同的管理对策,以标志的形式提醒即将到来的车控制车速或等待交通事故的处理。

三、特殊气候条件下的事故现场

在高速公路上行驶的车辆,车速快、车流量大,雾、雪等特殊天气,极易引发交通事故。在普通道路上行驶的车辆,遇雾、雪、雨等天气,应随时减速慢行,或选择地点避让后继续行驶,而高速公路全封闭全立交的自身特点要求车辆不得任意减速或停车。怎样维护特殊天气下高速公路的交通安全,是高速公路交通警察和驾驶员努力探索的新课题。

1. 特殊天气下引发交通事故的主要原因

(1) 季节因素。

7 月至 9 月正值夏季多雨,且易出现连续降雨天气。路面有水对行驶车辆构成潜在威胁。11 月至 12 月,常出现雾、雪天气,路面结冰易对车辆造成影响。

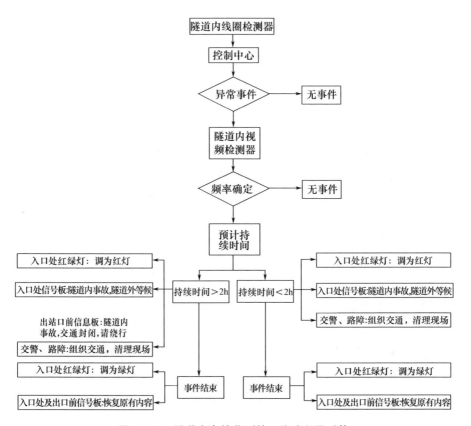

图6-32 隧道内事件监测的工作流程及对策

(2)路况因素。

①雨水路面。大量降雨易造成路面积水和视线不良。发达国家一项事故统计表明,雨天高速公路事故危险性要比不下雨时增加2~3倍。雨天,路面淋湿后,附着一层薄薄的水膜,会起到润滑剂的作用,使路面的附着系数大大减小,路面变滑。这层水膜越厚,车速越快,影响越大。如果地面上再有一些泥土没有及时被冲刷干净,则会混合成泥浆,比单纯雨水膜的威胁还要大。雨天路面湿滑给高速行车带来的影响主要有延长制动距离及易发生侧滑和甩尾。当路面积水为2 cm时,紧急制动距离可延长250~300 m。主要发生在车辆制动时,车辆失控导致事故。

②雾天路面。雾天高速公路的交通事故占较大比例,几乎雾天都会发

生交通事故。雾越重,事故越多。雾天使驾驶员视距大大缩短,因景物、交通标线及前后车辆都无法辨别清楚,驾驶员易判断失误,导致车辆前后碰撞事故。如果再有尾灯不亮或不按规定停放车辆,这类天气下的事故危险性便会大大增加。

③雪天路面。冰雪会使路面变滑,汽车转向及制动系统的稳定性下降,汽车操纵起来比较困难。据测定,冰雪路面附着系数为正常干燥路面附着系数的 1/8~1/4。在这样滑的路面上行驶,车轮各部分作用力稍有不平衡(如转向、制动和骤然加、减速度)都会使整车失去平衡,导致侧滑、甩尾、失去控制,发生事故。

(3)车辆因素。

车辆运行状况的好坏是保障车辆在高速公路特殊天气下正常行驶的基本因素。主要包括以下几方面:

①操作系统。操作系统包括转向系统和制动系统。车辆在高速行驶时,方向盘的灵敏性增加,如果驾驶员操作过猛,汽车的方向变动过大,易使汽车失去控制,造成侧滑、甩尾、翻车等事故,因此制动系数的好坏在高速公路上显得尤为重要。没有一个良好的制动系统,在高速公路上将无法保证正常、安全的行驶。

②轮胎。过于陈旧的轮胎,其磨损程度较大,使轮胎与地面接触时出现少量滑移,带来不安全因素,另外,轮胎气压过高、过低都会产生不良影响。高速行驶时,如汽车轮胎气压不平衡,车辆行驶到某一速度易产生共振,各种干扰力增大,使汽车出现明显的抖动或方向摆动,严重影响行车安全。

③其他因素。车辆综合性能包括许多方面。高速行驶时,车辆各部件构成都应保持良好状态。例如,汽车的驱动系统、电气系统和润滑系统都必须经过检查后才能上路行驶。

(4)人为因素。

人为因素是指驾驶员的自身因素,主要有:

①驾驶员自身缺乏必要的高速公路安全行车知识,交通安全意识差。由于高速公路是近几年来发展的新生事物,还没有形成普遍性的规模,有些

城市至今还没有高速公路,因此,相当一部分驾驶员没有学习过或者很不了解高速公路安全行车的知识及交通法规,仍沿袭普通道路上的行车经验,按照自己的主观意志驾驶车辆,因此对于行驶中遇到的一些新情况、新问题缺乏冷静、沉着的判断,易慌手脚,以至采取措施不当,人为地导致事故。

②驾驶员思想麻痹,违章操作。违章历来是道路交通事故的一大危害,在高速公路上行车,一些在普通道路上危害不是很大的违章行为,也可能会酿成惨祸。例如,超载,车辆功率一定,运载货物有限,车辆其他系统是与之相匹配的,超载带来的影响突出体现在影响车辆正常制动性能,使刹车距离延长。在高速行驶时,遇有紧急情况,会因不能及时刹车而导致事故。

2. 特殊天气下交通事故现场的预防措施

雨、雪、雾或大风等特殊气候条件下,一般高速公路管理部门都有相应的应急预案,封闭高速公路或者全线限速。如果发生交通事故,事故现场的区域设置与一般交通事故现场区域设置相同,但每个区域均不可省略,且长度要根据交通流量、大车比例、能见度等情况适当延长。在合流端需设置旗手或者警示灯,以提示驾驶员事故现场的存在。落实制度,认真做好"3个完善"。

(1)完善交通管理工作预案。可行的工作预案,对实际工作能起到正确的指导作用,因此在制定工作预案时要从工作目标、组织领导、实施程序、安全措施和具体要求等多方面严格做出规定。同时要明确3个制度,即领导包片负责制、民警岗位责任制和责任追究倒查制,从而达到目标明确、指挥得力、程序适当、制度完善、责任落实的目的。在具体实施中还要不断提高和完善工作预案,使之最适用于指导我们具体工作,成为我们对付恶劣天气的行动指南。

(2)完善信息通报制度。一旦出现恶劣天气,要迅速掌握路面情况,包括大雾、冰雪路段的起止地点、变化趋势、能见度、路面摩擦系数、交通流量、事故等情况,及时采取措施加以防范和协调调度。同时,向上级领导汇报路面秩序和事故情况,以及已采取或拟采取的交管措施,并与相邻部门互通信息,做到协作配合、共同防范。要不断完善信息通报制度,随时接收上级的指令，做到上下信息畅通，绝不允许发生行动迟缓、不听从上级指挥调度，甚至以封代管等不负责任的现象。

（3）完善事故现场勘查规范。对恶劣天气条件下发生的交通事故，要严格按照事故现场勘查规范实施处理，严防二次事故发生。具体要做到"一控、二摆、三勘、四报、五清撤"，一控：控制现场，指挥、疏导过往车辆；二摆：迅速摆放警示标志，在白天，距中心现场来车方向100 m外（可视事故规模延长距离）；在夜间，1 000 m外（可视事故规模延长距离）连续设置移动警告标志和发光、反光锥筒，同时安排专人负责外围警戒人员在道路边或中心隔离区指挥提示过往车辆减速或停车。

四、夜间的事故现场

近年来，高速公路的建设不断加快，高速公路网络已初具规模，出门走高速已经成为人们首选，从而造成高速公路的车流量急剧增加，不仅白天车流如潮，晚间车辆也是川流不息。然而，由于高速公路夜间没有灯光照明，加上车速普遍较快，极易发生交通事故。从历年的交通事故统计来看，事故发生在18时至次日6时之间的总数占事故总数的比例较大。因此，高速公路夜间的交通管理越显重要，不容忽视。

1. 高速公路夜间存在的安全隐患

驾驶员在夜间行车心情会比较放松，由于光线和天气温度等诸多因素的影响，注意力会容易分散，大多数交通事故和逃逸案件都发生在夜间。因此，做好夜间交通事故的预防尤为重要。高速公路夜间容易发生交通事故的原因归结下来有以下几点：

（1）驾驶员生理机能下降。从人的生理上来看，人体内的生物钟调节着生命的节奏，会对人的行为产生较大的影响，夜间工作与人的正常生物钟颠倒，在一天中，夜晚是人体生理节奏的低潮期，人的清醒程度比较低，因而容易产生视觉误差和疲劳，一些长途行驶车辆的车主为了赶时间，让驾驶员长途奔波，没有按要求每行驶4小时休息一下，从而造成疲劳驾驶，把安全行车抛至脑后，遇到意外突发情况时，大脑反应能力变低，操作动作变得迟钝，准确性下降,协调功能也跟着减弱,判断和操作失误比白天增加,不利于驾驶员遇情况及时采取措施。更有甚者,一些驾驶员在驾驶过程中因为疲劳过度而睡着,看不到前方道路情况,车毁人亡的悲剧就难免发生了。

(2)视线不良。夜间车辆的灯光装置都开始启用,特别是在会车时,对方车辆不变换灯光、开远光灯,对眼睛照射力强,易使驾驶员的视觉系统受到严重干扰,易引起暂时性视觉模糊和视力下降,易导致观察信息失真、判断失误,在这种情况下,很容易发生交通事故。

(3)因夜间路面车辆相对少,有些驾驶员就无所顾忌地放开手脚猛踩油门开车。在夜晚,光线不好,驾驶员视线能见距离缩短,路面状况模糊不清,虽然车灯的照明度达到了一定的亮度,但视线总不如白天清晰;速度太快会使驾驶员视力相对下降,判断情况的时间缩短。速度太快,前方一旦遇到紧急情况,车辆在接收停止或减速信号指示时需要一段缓冲时间,车在接收信号做出相应动作的时间段就长,增加了危险系数;车辆在夜间高速行驶时突然发现前方有紧急情况,驾驶员就会措手不及,采取措施不及时或不正确,诱发交通事故的发生。

(4)夜间交通管理相对松懈,交警检查车辆比较困难,警力相对不足。这种情况给违法驾驶员带来了可乘之机,驾驶员在心理上放松了遵章守法的意识,抱有侥幸心理,认为违反交通法规不会被抓到,因此疲劳驾驶、酒后驾驶、超载超速等交通违法行为在夜间有明显上升趋势,为道路交通安全埋下隐患。

2. 对夜间高速公路交通管理的建议

夜间或凌晨道路能见度差,驾驶员对视线、视野内的信息判断不清,驾驶员易疲劳和判断失误,易发生二次交通事故。除了广开信息发布渠道,提前发布交通事故路段位置及事故现场基本信息外,事故车辆还应开启尾灯和示廓灯,在交通事故现场合流区端设置警示灯,在缓冲区设置缓冲保护车等被动防护装置,保证交通警察等事故现场人员的安全。

参 考 文 献

[1] 公安部交通管理局. 道路交通事故统计年报[M]. 无锡:公安部交通管理科学研究所,2015.

[2] 许洪国. 道路交通事故分析与处理[M]. 北京:人民交通出版社,2004.

[3] KONONOV J, ZNAMENACEK Z. Risk analysis of freeway lane closure during peak hour[C]. Washington:The 84th Annual Meeting Transportation Research Board, 2005.

[4] SAYED Y, NAVIN F, ABDELUAHAB W. A countermeasure – based approach for identifying and treating accident prone locations[J]. Canadian Journal of Civil Engineering,2011,24(5):683-691.

[5] FOUAD A, GHARAYBEH. Identification of accident prone locations in greateramman[J]. Transportation Research Board,1991,1318:70-74.

[6] AGENT,KENNETH R. Evaluation of 70 mph speed limits in Kentucky[M]. Kentucky:Kentucky Transportation Centre,1997.

[7] TANIGUCHI H, NAKAMURA T, FURUSAWA H. Methods of Trafic Flow Measurement U – sing Spatio Temporal Image[C]. Kobe:Intermational Conferece on Image Processing, 1999.

[8] KAMIJO S,YASUYUKI MATSUSHITA,KATSUSHI IKEUCHI. Traffic monitoring and ac – cident detection at intersections[J]. IEEE Transactions on Interligent Transportation Systems,2000,1(2):108-118.

[9] LEE JUNG – TAEK. Incident detection algorithm development on signalized urban arterial streets[M]. East Lansing:Michigan State University,1997.

[10] IVAN J N. Neural network representations for arterial street incident incident detection data fusion[J]. Transportation Research Part C:Emerging Tech-

nologies,1999,5(3-4):245-254.

[11] SHEU J B,RITCHIE S G. A new methodology for incident detection and characterization on surface streets [J]. Transportation Research part C(Emerging Technologies),1998,6(5):315-335.

[12] SANSO B,SOUMIS F. Communication and transportation networks reliability using routing models [J]. IEEE Transportation Reliability,1991,40(1):29-38.

[13] MILOT L,SABSO B. Performability of a congested urban transportation network when accident infomation is available [J]. Transportation Science,1999,33(1):68-79.

[14] LEE C,HELLINGA B,FRANK S. Evaluation of variable speed limits to improve trafic safety [J]. Transportation Research Part C Emerging technologies,2006,14(3):213-228.

[15] DIAL R. A Probabilistic multipath traffic assignment model which obriates path enumeration [J]. Transportation Research,1971,5(2):83-111.

[16] MICHALOPOULOS P,PISHAODY V. Derivation of delays based on improved macroscopic traffic models [J]. Transportation Research, Part B (Methodological),1981,15(5):299-317.

[17] NEWELL G F. A Simplifed theory of kinematic waves in highway traffic, Part Ⅰ:General theory [J]. Transportation Research Part B,1993,27B(4):281-287.

[18] SHEU J B,CHOU Y H. Stochastic modeling and real – time prediction of inci – dent effects on surface street traffic congestion [J]. Applied MathematicalModeling,2004,28(5):445-468.

[19] 陈凯贤,曾俊伟,钱勇生,等.高速公路交通事故影响区域交通流限速管控特征研究[J].公路工程,2018,43(2):91-95.

[20] 王建军,周伟.线性模型下高速公路交通事故和干涉车流波模拟理论研究[J].西安公路交通大学学报,1998,18(3):283-289.

[21] 王建军.交通事件和干预作用影响下的高速公路车流波分析[J].重庆交通学院学报,2006,25(6):104-108.

[22] 吴正,汪茂林.高速公路交通事故和干涉车流波的非线性数学模型[J].西安公路交通大学学报,2001,21(2):77-80.

[23] 汪茂林,吴正.高速公路交通事故和干涉车流波的数值模拟[J].水动力学研究与进展,2001,16(3):265-273.

[24] 臧华,彭国雄.城市快速道路异常事件下路段行程时间的研究[J].交通运输系统工程与信息,2003,3(2):57-59.

[25] 孔惠惠,秦超,李新波,等.交通事故引起的排队长度及消散时间的估算[J].铁道运输与经济,2004,27(5):65-67.

[26] 贾顺平,唐祯敏.基于微观模拟的城市快速路交通事故影响评价系统[J].交通运输系统工程与信息,2006,6(1):55-59.

[27] 俞斌,陆建,陶小伢.道路交通事故的影响范围算法[J].城市交通,2008,6(3):82-86.

[28] 陈斌,魏朗.高速公路意外事件影响下的车辆跟驰模型[J].交通运输工程学报,2006,6(3):103-108.

[29] 吴正.高速交通中堵塞形成阶段的交通流模型[J].交通运输工程学报,2003,3(2):61-64.

[30] 裴玉龙,程国柱.高速公路车速离散性与交通事故的关系及车速管理研究[J].中国公路学报,2004,17(1):74-78.

[31] 干宏程,孙立军.高速公路可变限速控制技术研究[J].交通科技,2004,6:28-30.

[32] 吴小丹,余志,李喆,等.基于微观交通仿真的限速控制方案的评价[C]//科学技术部全国智能运输系统协调指导小组办公室.第二届中国智能交通年会论文集,2006:334-337.

[33] 姜紫峰,刘小坤.基于神经网络的交通事件检测算法[J].西安公路交通大学学报,2000,20(3):67-73.

[34] 张秀媛,达庆东,张国伍.公路自动事件检测技术[J].系统工程理论与

实践,2001,6:119-124.

[35] 李文江,荆便顺,杨光,等.基于小波分析的事件检测算法[J].西安公路交通大学学报,1997,17(2B):134-138.

[36] 张云伟,刘跃明.交通事件检测的一种滤波算法[J].云南工业大学学报,1998,14(4):17-23.

[37] 姜桂艳,温慧敏,杨兆升.高速公路交通事件自动检测系统与算法设计[J].交通运输工程学报,2001,1(1):77-81.

[38] 周伟,罗石贵.基于模糊综合识别的事件检测算法[J].西安公路交通大学学报,2001,21(2):70-73.

[39] 谭光莉,姜紫峰.高速公路事故自动检测算法的探讨[J].西安公路交通大学学报,1999,19(3):55-57.

[40] 郭艳玲,吴义虎,黄中祥.基于小波分析和SOM网络的交通事件检测算法[J].系统工程,2006(10):100-104.

[41] 仝秋红,黄丽,刘宇.交通事故智能预测系统[J].公路,2006,4:189-192.

[42] 张良春,夏利民.基于Adaboost方法的高速公路事件检测[J].计算机工程与应用,2007,43(28):230-232.

[43] 张慧哲,王坚,梅宏标.基于FCM与模糊粗糙集理论的交通事件检测模型[J].计算机工程与应用,2008,44(23):4-7.

[44] 杨涛,张良春.基于Adaboost集成RBF神经网络的高速公路事件检测[J].计算机工程与应用,2008,44(32):223-229..

[45] 覃频频,牙韩高,黄大明.基于Logit模型的城市道路交通事件检测仿真[J].公路交通科技,2006,23(12):137-141.

[46] 梁大林.交通事故现场勘察车技术发展研究[J].专用汽车,2000,4:28-30.

[47] 中国农业大学.道路交通事故现场快速勘察处理系统:中国,92214985.2[P].2002-12-15.

[48] 范亚非.高速、高等级公路交通事故现场勘查模具:中国,G01C15/00[P].2003-04-09.

[49] 姜华平.道路交通事故社会经济损失评价理论研究[D].长春:吉林大学,2005.

[50] BENER A, ABUZIDAN F M, BENSICDI A K, et al. Strategy to improve road safety in developing countries[J]. Saudi Medical Journal, 2003, 24(6):603-608.

[51] 徐丽丽,张兴强.道路交通事故中道路条件因素影响分析[J].道路交通与安全,2005,2:35-38.

[52] 崔洪军,魏连雨,庞建勋.道路条件与交通安全的研究方法[J].西安公路交通大学学报,2001,21(4):36-39.

[53] 魏庆曜,陈斌,金炜东,等.基于分层关联解析的事故道路因素分析[J].长沙交通学院学报,2005,21(1):82-86.

[54] 苑春苗,陈宝智,李畅.基于BP神经网络的事故致因分析方法[J].工业安全与环保,2005,31(10):54-56.

[55] 席建锋等.基于粗糙集的道路交通事故成因层次分析方法[J].长春理工大学学报(自然科学版),2009,32(2):257-259.

[56] 李相勇,张南,张学尽,等.高速公路交通事故致因的人机工程学分析[J].公路,2003,8:108-112.

[57] 林忠,宇仁德.基于主成分分析理论的交通事故成因研究[J].山东交通学院学报,2006,14(1):55-57.

[58] 李嘉,朱顺应,张启明,等.用改进的灰色关联度分析交通事故成因[J].公路交通技术,2006,1:114-116.

[59] 姚智胜,邵春福,龙德璐.基于粗糙集理论的路段交通事故多发点成因分析[J].中国安全科学学报,2005,15(12):107-109.

[60] 肖慎,过秀成,徐建东.模糊聚类法在公路交通事故黑点成因分析中的应用[J].交通运输系统工程与信息,2002,2(3):40-43.

[61] 张林峰,范炳全,严广乐,等.交通影响下的城市中心演化系统动力学模型及仿真研究[J].系统工程,2004,22(5):61-65.

[62] 张波等.基于系统动力学模型的松花江水污染事故水质模拟[J].中国

环境科学,2007,27(6):811-815.

[63] 丁松滨,石荣,施和平. 基于系统动力学的空中交通系统安全管理研究[J]. 交通运输工程与信息学报,2006,4(4):1-6.

[64] 林晓飞,曹庆贵,张鹏. 我国煤矿安全形势的系统动力学模型分析[J]. 矿业安全与环保,2008,35(1):83-87.

[65] 王云鹏. 基于系统动力学的道路运输量预测模型[J]. 吉林大学学报(工学版),2005,35(4):426-430.

[66] 李俊玲,袁连冲,钱自立. 系统动力学在需水量预测中的应用[J]. 人民长江,2008,39(2):20-22.

[67] 王莲芬,许树柏. 层次分析法引论[M]. 北京:中国人民大学出版社,1990.

[68] HERBERT F. Geomeric measure theory[M]. Berlin:Springer,2016.

[69] BENHARD S. Elderly drivers in Germany:fitness and diving behavior[J]. Accident Analysis and Prevention,1993,25(1):47-55.

[70] CASTILLO J,PINTADO P,BENITEZ F G. The reaction time of drivers and the stability of traffic flow[J]. Transportation Research. Part B,1994,28(1):35–60.

[71] DIANNI P,James T R,Antony S R,et al. Driving errors,driving violations and accident involvement[J]. Ergonomics,1995,38(5):1036-1048.

[72] MESON J M J,FIZPATRICK K,SENECA D L,et al. Identification of inappropriate driving behaviors[J]. Journal of Transportatiom Engineering,1992,118(2):281-298.

[73] ALAN D. Human reliability analysis:need,status,trend and limitations[J]. Reliability Engineering and System Safety,1990,29(3):301-313.

[74] 许洪国. 汽车事故工程[M]. 北京:人民交通出版社,2004.

[75] 李忠范,高文森. 应用数理统计[M]. 北京:高等教育出版社,2009.

[76] 高文森,张魁元. 概率统计教程[M]. 长春:东北师范大学出版社,1999.

[77] 阎莹,王晓飞,张宇辉,等. 高速公路断面运行车速分布特征研究[J]. 中

国安全科学学报,2008,18(7):171-176.

[78] 王殿海.交通流理论[M].北京:人民交通出版社,2002.

[79] HAAG M, NAGEL H H. Tracking of complex driving maneuvers in traffic image sequences[J]. Image and Vision Computing,1998,16(8):517-527.

[80] 李江.交通工程学[M].北京:人民交通出版社,2002.

[81] 李铁柱,李文权,周荣贵,等.高速公路加减速车道合流分流特征分析[J].公路交通科技,2001,18(4):89-91.

[82] 李文权,王炜,周荣贵.高速公路合流区1车道车头时距分布特征[J].公路交通科技,2003,20(1):114-117.

[83] 张小东,郭忠印,高建平,等.高速公路入口合流区域安全性理论分析[J].重庆交通学院学报,2006,25(1):99-106.

[84] 刘伟铭,梁雪.交通事故下高速公路有效通行能力分析与估算[J].科学技术与工程,2018,18(18):112-117.

[85] 陈俊.驾驶人对交通标志视认的短时记忆衰减研究[D].西安:长安大学,2009.

[86] 常华.高速公路互通式立交分、合流区辅助车道设置长度的研究[D].南京:东南大学,2000.

[87] 罗霞.混合车流合流运行模式研究[J].西南交通大学学报,2000,35(4):36-39.

[88] 吴兵,刘开平,王一如.公路养护安全作业规程[M].北京:人民交通出版社,2004.

[89] SUMMALA H. Driver/vehicle steering response latencies[J]. Human Factors and Erginomics Society,1981,23(6):638-692.

[90] 周一鸣,毛恩荣.车辆人机工程学[M].北京:北京理工大学出版社,1999.

[91] 中交第一公路勘测设计院.公路线形设计规范[M].北京:人民交通出版社,2006.

[92] 丁玉兰,郭钢,赵江洪.人机工程学[M].北京:北京理工大学出版

社,1991.

[93] 罗良鑫,李相勇,段力.基于信息处理的道路限速设置探讨[J].人类工效学,2004,10(4):42-44.

[94] 戴彤宇,裴于龙,陈瑜.基于驾驶员信息处理能力的高速公路作业区限速值计算方法[J].公路交通科技,2007,24(9):127-130.

[95] LOOM R. Individual diferences and the perception of tratfic sign[J]. Human Factors,1978,20(1):65-74.

[96] SOLOMON D. Accidents on main rural highways related to speed, drivers and vehichle[R]. Washington: VS Department of commerce,1964.

[97] 侯力杨.高速公路交通流控制及二次事故预警技术研究[D].长春:吉林大学,2017.

[98] 刘霞,胡凯,龚鹏.基于元胞自动机的事故交通流模型仿真[J].解放军理工大学学报(自然科学版),2017,18(03):285-288.

[99] 隽志才,曹鹏,吴文静.基于认知心理学的驾驶员交通标志视认性理论分析[J].中国安全科学学报,2005,15(8):8-11.

[100] KIRWAN B. Human error identificatiom in human reliability assecement Part Z: Petialed compaison of technigues[J]. Applied Ergonomics,1992,23(6):311-381.

[101] 李文权,王炜.高速公路路侧标志设置问题[J].东南大学学报(自然科学版),2007,37(1):164-169.

[102] STEINFELD A, GREEN P. Driver responses to navigation information on full-windshield, head up displays[J]. Intermational Journal of Vehicle Desing,1998,19(2):135-149.

[103] 王武宏,孙逢春,曹琦,等.道路交通系统中驾驶行为理论与方法[M].北京:科学出版社,2001.

[104] 司银霞.限速标志对驾驶行为影响研究[D].长春:吉林大学交通学院,2006.

[105] 余志生.汽车理论[M].北京:机械工业出版社,2004.

[106] PURDUSKI J M, RYS M J. Evaluations of a new advance flagger traffic sign[J]. International Journal of Industrial Ergonomics, 1999, 24(1):107-114.

[107] 张文会,许洪国. 交通事故现场管理安全测度评价[J]. 交通信息与安全, 2009, 27(1):89-93.

[108] 林涛. 高速公路交通安全影响因素及对策[J]. 交通安全, 2012, (18):140-141.

[109] 张文会,许洪国. 高速公路交通事故现场路段限速方案[J]. 吉林大学学报, 2012, 42(2):316-320.

[110] 张文会,邓红星,王宪彬,等. 交通事故现场安全性综合评价[J]. 交通运输系统工程与信息, 2010, 10(3):105-109.

[111] 曹志远,郭忠印,张起森,等. 高速公路重大交通事故时空影响范围研究[J]. 交通科学与工程, 2011, 1(4):55-58.

[112] 张文会,李德才,罗文文. 高速公路事故路段车速空间分布与排队特性仿真[J]. 系统仿真学报, 2013, 25(1):158-163.

[113] 陈国卫,金家善,耿俊豹. 系统动力学应用研究综述[J]. 控制工程, 2012, 6:921-928.

[114] 马阿瑾. 高速公路交通事故持续时段和影响范围研究[D]. 西安:长安大学, 2013.

[115] 罗文文. 高速公路事故路段行车风险分布研究[D]. 哈尔滨:东北林业大学, 2015.

[116] 谢正全. 基于VISSIM的实时数据交通仿真技术的应用研究[D]. 成都:西南交通大学, 2010.

[117] 杜纯,王瑛,汪送,等. 集成DEMATEL/ISM的复杂系统安全事故致因因素分析[J]. 数学的实践与认识, 2012, 22:143-150.

[118] 王晓,李明,石城秋. 基于ISM模型分析港口集疏运系统的主要影响因素[J]. 港口经济, 2010(8):21-24.

[119] 阎莹,盛彦婷,袁华智,等. 高速公路出入口区域行车风险评价及车速

控制[J].交通运输工程学报,2011,2:90-96.

[120] 张建华,韩颖,黄大喜,等.高速公路交通事故救援路段安全设施设置方法[J].公路交通技术,2015(5):119-121.

[121] 马庆,周显臻.高速公路交通事故现场安全防护[J].道路交通管理,2013(4):30-34.

[122] 张俊洲,马社强.高速公路交通事故现场交通标志设置方法[J].中国人民公安大学学报(自然科学版),2016,22(4):65-69.

[123] 欧丽云,喻玲.高速公路雾区监控系统的探讨[J].黑龙江交通科技,2008,31(8):76-77.

[124] 梁营力.高速公路长大下坡路段安全设施研究[D].西安:长安大学,2009.

[125] 徐成建,杨文发.特殊天气下高速公路交通事故的成因及预防[J].交通与运输,1997(5):19-20.

[126] 吴德兴,李伟平,郑国平.浙江省高速公路隧道事故的调查分析及对策研究[J].公路,2011(8):312-317.

[127] 秦才福.高速公路多雾不良气候路段安全性设计探析[J].山西建筑,2018,44(2):144-145.

[128] 徐娟,谭宇麟,彭云博.高速公路二次事故成因及预警研究[J/OL].中国战略新兴产业:1-4[2018-10-17].http://www.doc88.com/p-1761766413825.html.

[129] 缪和匠.高速公路二次事故预防关键技术研究[D].重庆:重庆交通大学,2009.

[130] 郑荣莉.高速公路二次交通事故预警及信息发布研究[D].西安:长安大学,2010.

[131] 吕晓宇,戈普塔,张志伟.双车道公路事故多发路段运行速度特征分析[J].中国公路学报(增刊),2010,23:58-61.

[132] 赵新勇.中国道路交通安全现状及改善对策[J].汽车与安全,2013(11):94-96.

[133]刘艳.高速公路二次事故预防便携式超速告警系统研究[D].长春:长春理工大学,2013.

[134]刘俊,朱文武,靳雨,等.预防高速公路二次事故的便携式超速告警装置[J].科技资讯,2013(6):30-31.